目录 Contents

陆军工程大学"星火"理论宣讲服务政治教员群体

播撒理论火种　点燃信仰火炬 / 2

播火者 / 6

海军航空大学某基地舰载机飞行教官群体

培育"飞鲨勇士"制胜海天 / 17

逐梦，在新时代的"大课堂"里 / 20

陆军第八十三集团军某旅"红一连"

铁心向党的红色传人 / 29

永葆青春的红色魅力 / 33

东深供水工程建设者群体

为香港用水提供保障 / 39

一泓东江水　五十余载粤港情 / 42

空军某运输搜救团一大队

播撒无边的绿色 / 47

种子情怀 / 50

福建省"漳州110"

牢记初心使命　永做"人民的保护神" / 55

人民至上　使命向前 / 58

山东港口集团青岛港"连钢创新团队"

建设中国自己的全自动化码头 / 62

山东港口"连钢创新团队"：突围破壁争创一流 / 65

10个抗疫一线医务人员英雄群体

逆行出征的生命守护者 / 72

闻令而动，勇挑重担 / 75

勇往直前　守护生命 / 78

筑起牢不可破的安全屏障 / 81

白衣为甲　不胜不归 / 83

用血肉之躯，为患者筑起"新的长城" / 85

守护患者　共抗疫情 / 88

疫情防控阻击战的中医力量 / 90

天津有，恩施就有 / 93

冲锋在科技战疫最前沿 / 96

江西省九江市消防救援支队

洪水敢挡　火海敢闯 / 101

九江哺忠士　水火炼英雄 / 103

陆军第74集团军某旅"硬骨头六连"

钢铁连队这样炼成 / 108

"硬骨头"的硬功夫 / 113

闽宁对口扶贫协作援宁群体

山海携手　圆梦小康 / 118

山海起新潮 / 120

榜样的故事

伟大时代呼唤伟大精神
崇高事业需要榜样引领

任初轩 ◎编

奋进新征程

人民日报出版社
北京

图书在版编目（CIP）数据

榜样的故事：奋进新征程 / 任初轩编. — 北京：
人民日报出版社，2022.12
ISBN 978-7-5115-7595-1

Ⅰ.①榜… Ⅱ.①任… Ⅲ.①人物－先进事迹－中国－现代 Ⅳ.①K820.7

中国版本图书馆CIP数据核字（2022）第229661号

书　　名：	榜样的故事：奋进新征程 BANGYANG DE GUSHI：FENJIN XINZHENGCHENG
编　　者：	任初轩
出 版 人：	刘华新
策 划 人：	欧阳辉
责任编辑：	寇　诏
文字编辑：	杨冬絮
封面设计：	春天书装工作室
出版发行：	人民日报出版社
社　　址：	北京金台西路2号
邮政编码：	100733
发行热线：	（010）65369509　65369527　65369846　65369512
邮购热线：	（010）65369530　65363527
编辑热线：	（010）65363105
网　　址：	www.peopledailypress.com
经　　销：	新华书店
印　　刷：	大厂回族自治县彩虹印刷有限公司
法律顾问：	北京科宇律师事务所　010-83622312
开　　本：	710mm×1000mm　1/16
字　　数：	300千字
印　　张：	19
版　　次：	2022年12月第1版　2023年6月第2次印刷
书　　号：	ISBN 978-7-5115-7595-1
定　　价：	58.00元

目 录

敦煌研究院文物保护利用群体

此生不悔入沙海　勇担重任始见金 / 126

似水如沙久相伴 / 129

海军"和平方舟"号医院船

和平方舟 / 133

中国之舟，满载和平友爱而来 / 138

河钢集团塞尔维亚公司管理团队

无私奉献　不辱使命 / 144

铸造多瑙河畔的"金色名片" / 147

八步沙林场"六老汉"三代人治沙造林先进群体

从沙赶人到人赶沙：六老汉　三代人　一片绿 / 151

八步沙第三代人自述 / 154

北京榜样优秀群体

北京榜样，平凡中的力量 / 158

中船重工第七六〇研究所抗灾抢险英雄群体

生命的壮歌 / 163

恪尽职守　许党报国 / 166

海军海口舰

忠实捍卫万里海疆的深蓝利剑 / 170

万里海疆铸军魂 / 180

航天员群体

筑梦九天写忠诚 / 184

为国出征叩苍穹 / 192

榜样的故事：奋进新征程

陆军某部"大功三连"

信仰之光，在这里闪耀 / 196
制胜之剑，在这里锻造 / 199
转型之翼，在这里高飞 / 203

广西军区某边防团十连

"我的战位请放心，我的阵地不失守" / 208
风清气正好十连 / 210

第二炮兵某洲际战略导弹旅

壮哉，"东风第一枝" / 216
美哉，大国仗剑人 / 220

江苏南京站"158"雷锋服务站

47年"义务帮" / 225
南京"158"雷锋服务站：让雷锋精神随火车飞驰 / 228

浙江省皮肤病防治研究所上柏住院部医疗队

香樟树下的守望 / 232

武汉长江救援志愿队

守护生命的好汉们 / 243
湍激江流中的生命守望 / 245

海军372潜艇官兵群体

生死航程　英雄壮歌 / 250
矢志打赢的深海铁拳 / 258

长沙市望城区公安消防大队

雷锋家乡消防兵与时俱进学雷锋 / 264

雷锋家乡"雷锋兵" / 267

国航"金凤"乘务组
蓝天上唱响"中国服务" / 272
万米高空,"这厢有礼了" / 275

编外雷锋团
"编外雷锋团"记事 / 283
河南邓州"编外雷锋团" / 285

塞罕坝机械林场
荒原上筑起绿色长城 / 288
塞罕坝机械林场里的年轻人 / 290

陆军工程大学"星火"理论宣讲服务政治教员群体

    陆军工程大学"星火"理论宣讲服务政治教员群体,长期奋斗在军队政治理论教学和理论宣讲服务一线,认真贯彻新时代军事教育方针,坚持不懈用习近平新时代中国特色社会主义思想武装官兵,学习宣传习近平强军思想,善用"大思政课",学风教风过硬,教学成果丰硕。他们持续开展理论服务走基层活动,成立多个宣讲小分队,深入高原海岛、边关哨所,将理论火种播撒在基层军营,让听党话、跟党走的信念成为广大官兵的自觉追求。党的二十大召开后,他们分赴驻地部队、城乡社区、中小学校开展宣讲,推动党的二十大精神走进官兵、走进群众。教员群体中12人次获评全军优秀教师、军队院校育才奖,4人次荣立二等功。

播撒理论火种　　点燃信仰火炬

初冬南海，波涛万顷。11月中旬，党的二十大代表、陆军工程大学"星火"理论宣讲服务政治教员群体骨干成员俞红来到广东，为南部战区海军部队宣讲党的二十大精神。

"党的二十大报告描绘了如期实现建军一百年奋斗目标、加快把人民军队建成世界一流军队的宏伟蓝图，鲜明标定了未来5年我军建设的中心任务。这是人民军队必须扛起的时代重任，必须交出的历史答卷！"精彩的讲述，赢得官兵们的阵阵掌声。

心中有信仰，脚下有力量。"星火"群体由陆军工程大学青年政治教员群体、传播党的创新理论的"红色娘子军"等5个理论宣讲服务团队发展而来。从院校讲台到部队一线，从繁华都市到边关哨所……他们高擎信仰火炬、矢志铸魂育人，将点点星火播撒在座座军营和祖国的四面八方。

"我们要做的，就是帮助官兵点燃心中的火焰、点亮眼里的光芒"

"党的二十大，是在全党全国各族人民迈上全面建设社会主义现代化国家新征程、向第二个百年奋斗目标进军的关键时刻召开的一次十分重要的大会。作为军队院校政治理论教员，必须把学习宣传贯彻党的二十大精神作为首要政治任务，让党的声音第一时间走进官兵、走进群众。"在党的二十大精神学习研讨中，教员曹二刚坚定地说。

党的二十大召开期间，该群体第一时间组织收看党的二十大开幕盛况，认真开展学习研究和讨论交流，深刻领悟党的二十大提出的新思想新论断、作出的新部署新要求，为宣讲党的二十大精神做好准备。

这些年，"星火"群体始终坚持带领学员深化习近平新时代中国特色社会主义思想武装，深入学习习近平强军思想，授课施教既讲清理论观点，又回答学员"为什么"的追问。

"教员们会用学员喜闻乐见的方式，激发大家对理论学习的兴趣，引导学员把党的创新理论学深悟透。"博士学员刘一鸣说。

教员徐学文在参加《军营理论热点怎么看》编写任务时，通过胸标和臂章的变化来解读部队转型发展方向，用"办事员"来形象描述军委机关职能变化……一个个鲜活的案例，使党的创新理论、重大决策部署变得鲜活生动接地气。

"宣讲的关键是联系实际、研机析理、解疑释惑，努力做到深入浅出、入脑入心，让基层官兵听得懂、能领会、可落实。"徐学文说。

今年上半年，毕业学员卯贵道专门给徐学文打来电话："我在经常性学习教育中，借鉴了您'把大道理讲透、把小道理讲实'的授课思路，帮助深化学习理解，这样的课大家都爱听。"

如何固牢听党指挥的命根子、锻造能打胜仗的真本领、激荡奋斗强军的精气神，是政治教员必须回答的重要命题。"星火"群体积极创新方法手段，用党的创新理论拨开认知迷雾、讲透方向路径，引领学员找到奋斗强军的方向和目标。

"清澈的爱，只为中国！"教员王晶把新时代卫国戍边英雄群体的先进事迹纳入政治理论课，引导激励学员厚植家国情怀，奋力投身强军兴军伟大征程。

"深入学习英雄们的先进事迹，我受到很深的鼓舞。未来的军旅之路，我愿像骆驼刺一样，扎根基层、戍守边疆，让火热青春在许党报国中闪光。"学员晏子祎听了王晶的课后，主动递交了赴边申请书。

一次启发，往往能改变青年学子的人生抉择。当年临近毕业时，全校有390名学员和晏子祎一样，申请到艰苦边远地区建功立业。

"头脑不是一个等待填满的容器，而是一支需要点燃的火炬。"教员李暄说，"我们要做的，就是帮助官兵点燃心中的火焰、点亮眼里的光芒。"

"我所讲的，必是我信仰的；我所做的，必是我坚守的"

"送给您的这束天山红花，就像我们戍边人一样，一颗红心心向党。感谢您为我们传播红色信仰,凝聚红色力量。"前不久,教员佘颖颖收到了一封来自新疆的信。拆开信封,一束火红的天山红花标本和娟秀的字迹映入眼帘。

寄信人马明,是佘颖颖教过的一名来自卫国戍边一线的士兵学员。马明在信中说,自己组织战士们学习习近平强军思想,坚持学思践悟,大家越学越有兴趣,越学体会越深,前进的方向更加清晰。

"予人星火者,必心怀火炬。教员们怀着崇高信仰和高尚品德,坚守初心立德树人,言传身教把党的创新理论、共产主义信仰讲到了学员的心坎里。"该校领导说。

"星火"群体始终坚定对马克思主义、共产主义的信仰,对中国特色社会主义的信念,对实现中华民族伟大复兴的信心,深学细研、虔诚笃信新时代党的创新理论,在真学深悟中武装思想、固本培元,影响带动广大官兵把青春播撒在强军事业上。

"那是我们上过最难忘的一堂教育课!"北部战区陆军某旅官兵对曹二刚的授课记忆犹新。

那年6月,曹二刚在野外驻训场给该旅官兵授课,突然刮来一阵狂风,卷起漫天沙尘。他迎风而立,不顾泥土钻入口鼻,奋力提高说话音量,让背风而坐的战士都能听清。

那次理论服务活动中,曹二刚常常是讨论问题在车上、修改讲稿在路上、累了休息靠椅上,始终满含激情为官兵讲好每一课。

近年来,"星火"成员无论走到哪里,都坚持言行一致,传播党的好声音,树立政治教员好形象。"我所讲的,必是我信仰的;我所做的,必是我坚守的。""星火"群体始终坚持着这样一个信念,用言传身教引燃学员的理想信念火种。

"部队官兵练兵备战按下快进键,政治教员向战为战必须拉满弦"

2021年,教员李暄赴新疆军区某团代职,主动请缨到任务最前线与战士们一起执勤训练。班公湖畔,空气含氧量少,昼夜温差大,严酷的自然环境是一种考验。

"沾满泥巴的脚,才会留下深刻的足迹。到练兵一线播撒信仰的种子、鼓舞备战打仗的士气，是时代赋予军校政治教员的使命重任。"李暄坚定地说。

到达任务一线不到一个月，李暄走遍了团里的营房和点位。她因地制宜设课堂，来到官兵身边，和大家一起学习感悟习主席关心基层建设、关爱基层官兵的故事，激励大家不畏艰险、冲锋向前。

春风化雨，滋润心田。下士赵鹏说："教员把道理阐释得通俗易懂，更加坚定了我扎根生命禁区、献身雪域高原的信念。"

"部队官兵练兵备战按下快进键，政治教员向战为战必须拉满弦。"这句话，是"星火"群体教员们的座右铭。军队政治理论工作者必须聚焦备战打仗、紧贴战场需求，把提高对战斗力的贡献率作为使命追求，为部队练兵备战、打赢未来战争提供支撑。

东至海防前哨，西赴雪域高原，南到丛林腹地，北达茫茫戈壁，班组点位、高原哨所、万里边关，这个群体笃信而坚定。"再远，也要到达；再难，也要播撒，这是教员们的坚定信念。"学员李子康感慨。

演训场上，一堂题为"刻不容缓推进应急备战准备"的理论宣讲课开讲。台上，教员结合国家安全形势和部队任务深入讲解；台下，一双双渴望的眼睛聚焦在这名军校政治教员身上。

"这堂课让我更加深刻认识到，打赢现代战争、制胜未来战场，不仅要靠先进的武器装备，更要靠科学理论的武装。"党的二十大代表、"最美新时代革命军人"马和帕丽表示。

讲到心坎才能根植心灵。近年来，"星火"群体立足三尺讲台，以如火激情投身政治理论教学；坚守初心使命，用师者魅力诠释党的创新理论。如今，接受过"星火"群体培塑的学员和官兵，就像一枚枚钢钉，扎根各自战位，聚力强军打赢。

第83集团军某旅"红一连"政治指导员郑纪文是"星火"群体培育出的优秀代表。刚上军校时，他因为找不到学理论的门道而兴趣不浓，在教员们循循引导下，逐渐品尝到真理的甘甜。

担任基层主官后，郑纪文坚持用习近平强军思想建连育人，用真理火种燃旺连队炉火。2021年，郑纪文所带连队被中央宣传部授予"时代楷模"称号。"教员们传授的科学道理，给了我无穷力量，也帮助我探索到了连队转型发展之路。"郑纪文说。

在服务部队官兵的同时,"星火"群体还向群众宣讲党的创新理论。"星火"群体及其指导成立的11个群众性宣讲团队,进机关、走街道、入乡村、串农户,把真理火种播撒在祖国大地。大家都说,他们的辅导有温度,讲出了"时代味道"、讲到了群众心坎上,让党的创新理论"飞入寻常百姓家"。

(《人民日报》2022年11月22日4版,记者:李龙伊)

播火者

2022年10月16日晚,京西宾馆。

时间已是深夜,党的二十大代表、陆军工程大学教授俞红合上电脑,活动活动肩膀,走到窗前拉开窗帘。窗外,光彩夺目的中华世纪坛,在这个注定载入史册的日子里,更显诗意之美。这一天,从清晨到晚上,俞红的心一直被难以抑制的情感包围着。而此刻,她内心更多了一种坚定与踏实。

俞红教授是全军思想政治教育专家库专家,也是陆军工程大学"星火"理论宣讲服务政治教员群体(以下简称"星火"群体)的带头人。有人把他们誉为"播火者",因为伴随他们的宣讲服务,党的创新理论如星星之火,不断播撒在人们心田,不断点燃新的战斗激情,不断催生新的奋进篇章。

2022年11月22日,在学习宣传贯彻党的二十大精神的火热氛围里,这个群体被中央宣传部授予"时代楷模"称号。

一

在"星火"群体的先进事迹展上,有一本《习近平强军思想学习纲要》教材。这本教材里面密密麻麻写满了学习心得。已经被翻得皱起的书页,仿佛在诉说着它与主人的无数次心灵对话。

这本教材的主人,是"星火"群体中的郭幼茂教授。

"这么小的字,您能看得清吗?"

"还好。在书本上作备注,主要是为了方便。讲到哪个地方,就可以把备注上的内容,自然链接上。写在别的地方,还容易找不到。"郭教授扶了扶眼镜,微笑地说。镜片后的眼神,让人感受到一位学者特有的专注。

郭幼茂教授现年59岁,在思想政治教育讲台上已经耕耘了30多年。当年在学生时代,他曾因为在学习生活中特别严谨认真,常常一副不苟言笑的样子,被冠以"老夫子"的外号。

而今,多年的军旅历练,反倒很难让人感觉到他身上有多少"老夫子"的气质。言谈举止间,更多的是老兵特有的激情,是师者的随和谦逊,还有不经意间透出的那股专注劲儿。

那天,在他办公室,我们又见到几本类似的教材,有前两年出版的,也有前段时间刚刚出版的。在这些教材里,同样写满了密密麻麻的心得。在他看来,这只是自己多年来养成的一个习惯,并没有什么特别之处。

理论宣讲关键看效果,而效果首先决定于宣讲者本身的综合素养。作为新时代党的创新理论的宣讲者,应该具备怎样的素养,怎样才能提升素养,什么叫学习紧迫感和理论敬畏感?这些问题的答案,仿佛都蕴藏在那一本本写满备注的教材里。

去年,郭幼茂教授作为全军党史宣讲团成员,先后在各战区、军兵种的机关和部队宣讲30多场。生活中,郭幼茂教授有个习惯,每次坐飞机,他都要把登机牌留下来作个纪念,就像我们很多人记日记一样。去年一年,他竟保存了50多张登机牌。

"他仿佛一直在路上,这条路当然不是普通意义上的路,而是他用热情铺就的学习研究之路、宣讲传播之路。"这是青年教员王晶对郭幼茂教授的感受。

"一直在路上",可谓一语中的。对于一位理论宣讲者来说,最怕的是什么?就是思维脱节、观念陈旧、方式老套,让听课者感觉味同嚼蜡。一直在路上,意味着方向正确,能够第一时间学习党的创新理论的最新成果,始终活跃在理论学习研究的最前沿。一直在路上,意味着能够持续吸纳现实生活的新鲜养分,让科学理论与现实生活有机融合在一起。一直在路上,还意味着很多很多。

党的二十大胜利闭幕后的第一个周末，在陆军工程大学某学院，郭幼茂教授为官兵作了一场题为《凝心聚力擘画复兴新蓝图，团结奋斗创造历史新伟业》的宣讲。课后，他告诉我们："作为这个时代的政治理论教员，我觉得我们是幸运的。因为我们所讲的理论，能够被我们身边正在发生的现实所印证。我们所讲的理论，有着很强的说服力，可知可感，更可信。我们要感恩这个时代。"那一刻，他镜片后的眼神，除了专注，还透出一种敬畏感。

诚然，这就是科学理论的魅力；这是时代的馈赠，更是时代赋予宣讲者的使命。

三尺讲台，使命如山、责任如山。也许是基于这种共同的价值追求，我们在采访中明显感到，在这个涵盖老中青、有着不同专业背景的教员群体中，每个人身上都散发着一种相近的精神气质。这种精神气质，会在与你交谈时的眼神和情感里流淌出来，也会让你在办公室、学习室、资料室乃至走廊里，不经意间察觉到。这种精神面貌是什么？我们想到了那句话，"予人星火者，必心怀火炬"。

二

今年中秋节，正好是教师节。这天清晨，陆军工程大学博士学员刘一鸣早早发了两条祝福信息，一条是发给自己的导师、"八一勋章"获得者钱七虎院士，另一条就是发给政治教员俞红教授的。

在很多人眼里，刘一鸣无疑是个幸运儿。

刘一鸣本科期间曾在华东地区高校结构设计竞赛中获得优异成绩。赛后，有赞助商找到他，希望他毕业后到公司上班，并许诺高薪。

"老实说，他们开出的条件，对当时的我还是很有诱惑力的。"回忆起那段往事，刘一鸣笑着说。

最终，因为内心的军旅情结，刘一鸣没有去那家公司，而是选择到陆军工程大学读研。那时的刘一鸣虽然已进入部队，但内心依然有些迷茫。专业有前途吗？未来的军旅生活，应该怎样度过？就是在这种状态下，刘一鸣因为学校开设的政治理论课，开始与俞红教授等"星火"群体的教员们有了接触。

"确实有一种眼前一亮的感觉。俞教授的课讲得很有亲和力,她会结合我们的实际情况,去解读很多看似深奥的理论。很多话都说到我心坎上去了。"课后,刘一鸣主动找到俞教授,表达自己的困惑和想法。

"我觉得,她很重要的是让我走出了'小我'的空间,感受到自己在军营里发展的广阔天地。"后来的时间里,刘一鸣一直把俞红教授视作自己的良师益友。在俞红教授的支持鼓励下,他的视野和心胸都逐步打开,并如愿考取钱七虎院士的博士研究生。2020年,他被评为"全国向上向善好青年",还荣立了三等功。这其中,让刘一鸣尤其感恩的是,俞教授在自己选择研究课题时给予的支持和鼓励。

"对于我们从事科研的学员来说,课题方向的选择很多时候跟人生选择一样重要。一旦选择了,就没有回头路。当时,很多人不建议我选择目前的研究方向,因为这是一个全新的领域,困难很多,远不如我原来所学专业得心应手。"刘一鸣再一次找到俞红教授,征求她的意见。

"她告诉我,她不懂我的专业,但选择的标准要着眼长远,着眼部队建设的前瞻需要。这样的选择,才是有价值的选择,也是值得为之拼搏的选择。当时真有种豁然开朗的感觉。"现在的刘一鸣已经接近毕业。经过不懈努力,他在某研究方向上已经取得突破性进展,其成果得到多方认可。

刘一鸣只是陆军工程大学的一名普通学员。这些年来,在这所知名高等学府里,不知有多少学员像刘一鸣一样在这样春风化雨般的影响中,跨过一道道难关,不断接近自己的梦想。

"我们的学员都很阳光,很可爱,在学习生活中多数都非常努力,但是他们同样也会遇到很多困难、很多思想上的难题。我们要在课堂上把道理讲深、讲透、讲活,就得知道他们在想什么、缺什么、担心什么……"说起与学员的互动,"星火"群体成员佘颖颖的感触非常多。这些年来,她面对的学员主要是军士学员。她感觉,正是因为自己积极倾听他们的真实想法,带着问题去教学,才更准确地找到了发力点,让学员们产生了共鸣。

"我们党的创新理论,从来都是深深扎根于实践的。始终带着强烈的问题意识,能够真正从根本上回答问题、解决问题,这正是我们党的创新理论的魅力所在。政治理论离我们的生活其实很近,很近。"说这些话的时候,佘颖颖放慢了语速,仿佛略有所思。"生活总是由矛盾问题构成,一个问题解决,另一个问题可能接踵而至。我觉得，我们'星火'群体有个特点，就是并不满足于在课堂上把课讲好，帮助大家解决当时的思想困惑，更重要的是，在学员们毕业后，我们还跟他们保持着联系，大家一起交流探讨问题，一起学习进步。"

佘颖颖所言不虚。这些年来，"星火"群体中的教员们在开课时，就会留下手机号码、电子邮箱和办公地点；学员们在校期间，他们坚持每人挂钩一个学员队，在党和国家重大政策出台、国内外重大事件发生、学员学训的重要阶段、思想心理倾向性问题凸显、毕业岗位分配等重点敏感时期，下沉到学员队，及时做好解疑释惑和教育引导工作；学员们毕业后，他们还会跟踪了解部分学员的工作情况，为他们及时搞好思想引导……

师者，传道授业解惑。"播火者"是在灵魂深处默默耕耘、点燃梦想与激情的师者。在与陆军工程大学师生们的交谈中，我们深深感到，"星火"群体之所以能打动人，一个很重要的原因就是他们虽然立于讲台，但身心深深扎根于军营沃土。因此，在他们的宣讲实践中，党的创新理论从那些经典文字化作可感可亲的智慧，化作润物无声的和风细雨，化作激扬青春热血的慷慨豪情。真理之火，也因此穿透火热的现实生活，燃烧在官兵的心灵世界。

三

每年秋天，处处飘香的桂花，总会让南京这座古老的城市氤氲在收获的味道里。紫金山下，陆军工程大学校园里此时也会较往日平添一份新的活力——又有一批学子怀揣着梦想，来到这里开启新的人生篇章。

"老实说，每年这个时候，看到新生们的身影，我心里既开心，又隐隐增加了一些压力。""星火"群体成员秦岩教员坦言。

秦岩至今记得，10年前自己第一次独立授课时，站在讲台上那种紧张发怵的感觉。这些年来，她尽管在业务上已经轻车熟路，但是这种紧张感并没有减轻多少。"主要是因为新东西太多了。我们要教授的内容、学员们的状态，还有全社会的各种变化，几乎每年都是全新的。每一次开课，几乎都是全新的起点。"

一个"新"字，对于以传播党的创新理论为己任的"星火"群体来说，饱含着太多意蕴。

近些年来，党和国家持续加大思政课教学的支持力度，出台一系列强化思政课教学的指导意见。与此同时，国内建设发展面貌日新月异，国际局势变幻莫测，新技术运用层出不穷，学员们接触外界信息更加便捷、思想更加活跃……所有这些，都让"星火"群体的教员们必须围绕一个"新"字，持之以恒地做文章。唯有"新"，才能不辱使命。

2020年上半年，突如其来的疫情影响了正常的课堂教学。为了不影响教学进度，很多学校都不得已开始实施线上教学。"星火"群体的教员们开始加班加点打造自己的线上课程。没过多久，全新的线上课程就正式登录"陆工在线"平台。只要登录这个平台，学员们随时随地都可以选修不同课程。

当时，很多人也许意想不到，这次线上课程开发，成为"星火"群体打造"智慧教学"的一个新起点。

2020年12月，在一次陆军召开的关于院校建设工作会议上，"星火"群体向会议代表展示了以《切实增强政治敏锐性，坚守意识形态"上甘岭"》为题的线上线下混合式教学示范课。当弹幕、抢答、投稿等交互功能开启，当抗疫英雄通过视频连线到课堂分享自己的感想……这堂课从内容到形式，都让与会代表眼前一亮。随后，这堂课又在军队院校政治理论教学联席会上作了展示。

目前，"星火"群体开设的"马克思主义基本原理""毛泽东思想和中国特色社会主义理论体系概论"等多门课程，都实现了线上线下混合式教学，构建起多维立体的铸魂育人格局。其中，"马克思主义基本原理"被推荐参加国家级一流本科课程认定。在全面推进"智慧教学"的创新之路上，"星火"群体走得扎扎实实，更走得紧锣密鼓。

"其实在疫情发生之前，我们就在打造线上课程方面做了一些准备。因为'智慧教学'代表着教学改革的方向，对我们提升教学效果帮助很大。老实说，是疫情和教学改革创新的时代大潮，倒逼我们加快了步伐。在创新这方面，很多时候，你不能满足齐步走，必须永远比别人快半步。"回忆起那段历程，俞红教授深有感慨地说。

创新是有目标的创新，而不是"跟风"式的创新。比别人快半步，从一个侧面道出了创新的真谛。事实上，对于"星火"群体来说，这个"快半步"

并非仅体现在用好信息网络技术等教学手段的创新上。这些年来，从问题式教学、启发式教学到研讨式教学、情景式教学等，他们在传播党的创新理论过程中，从内容到形式上，都在争取思想理念快半步、精神状态快半步、落实行动快半步。由此，他们的教案是动态更新的教案，他们的课堂是动态交流的课堂，他们的目光总是从三尺讲台延伸到四面八方。持之以恒的创新之举，不断点燃星火，而星火又将点燃更多的星火。

四

可能在不少人印象里，教员就是"教书先生"；"教书先生"，无非与教室、讲台、黑板、粉笔相伴。可是，当你走近"星火"群体的教员们，就会很快改变这种看法。

在陆军工程大学训练基地，有一座白色二层小楼，这是军政基础系政治工作教研室的办公地。"小白楼"二楼东西两侧，有两间办公室的灯光常常亮到深夜。这两间办公室的房间号是223和203，分别属于两位正高职政治理论教员：曹二刚教授和张伟教授。

两位教授都是"星火"群体的骨干成员，也是大家眼里的"能人"。2021年，两位教授带领的团队提交的科研成果双双获得军队政治理论研究优秀成果一等奖。与此同时，他们也是长期活跃在理论宣讲服务一线的主要成员。

在党的二十大召开前夕，曹二刚教授刚刚获得"全军优秀政治教员"荣誉。说起这些年的部队之行，他告诉我们："多年来，我们其实是既当先生，又当学生。比如到部队去，我们是既送宝，也淘宝。每次到部队与基层官兵在一起，都是受教育的过程。我觉得，我们课堂的源头活水在部队、在基层。基层官兵关心的问题，就应该是我们重点研究的课题和重点讲授的内容。"

是的，"星火"群体成员都是一身戎装的"教书先生"，但他们的学生不仅在学校，他们的课堂不仅在教室，他们教授的内容也不仅在课本里……

2021年，已年过40的女教员李暄再次赴新疆军区某团代职，并主动请缨到边境一线与战士们一起执勤训练。在这里，结合新时代卫国戍边英雄群体的感人事迹，她动情讲述基层官兵忠诚戍边的责任担当和家国情怀。尽管每说一句话都让李暄感到呼吸困难，但是为了拉近与战士之间的距离，保证授课效果，授课时她坚持不吸氧。官兵对李暄的授课由最初的好奇变为期待和敬佩，每当她讲到动情处，战士们常常湿了眼眶。

回到学校后，每当李暄行走在草木葱茏的校园，她的内心常常闪过一张张可爱的脸庞。那天，她在课堂上朗诵了自己为高原官兵创作的一首小诗：有一群最可爱的人/矗立在巍峨昆仑/守护在冷月边关……

"你只有走近他们，才能了解他们的真实想法，才能体会他们的思想和情感。有了这些了解，你才能将讲课变成一种心灵交流，才能真正打动他们。"电脑旁的李暄，一边给我们翻看她在高原留下的珍贵瞬间，一边给我们讲述着高原的故事。

李暄的话，让我们听起来感到有些熟悉。我们突然意识到，离官兵近些、近些、再近些，其实已经成为"星火"群体多年来形成的经验和共识。而且，很多年轻教员对此感受颇深。

这些年来，"星火"群体积极参加各级组织的理论服务走基层活动。在西部边关，秦洁教员先后登上红其拉甫、卡拉苏等高海拔边防哨所，与官兵讨论"新时代的好战士是什么样子"；在青铜峡部队演训点，陈聪教员和战士们畅聊"怎么看幸福生活靠奋斗来实现"……"理论宣讲服务，要想在短时间里抓住官兵的注意力，打动他们的心，很重要的是，要把讲课内容同官兵所处的情境密切关联起来。"教员李智告诉我们，结合不同的授课情境，宣讲不同的理论主题，这是"星火"群体这些年来总结的一条经验。

那年10月，李智参加国家教育部组织的骨干教师巡回授课。在半个多月的时间里，李智和同事们前往甘肃、青海、宁夏、新疆，跨越5000多公里，为当地多所中学和大学开展理论宣讲服务。

当时的大西北已是冷风瑟瑟，干燥的天气让李智嘴唇裂了口子。在西宁海拔3000多米的一所学校，一堂《让刀锋凛凛》的主题讲座结束后，学校礼堂响起雷鸣般的掌声。在西北的那些日子里，这掌声让他一次又一次地体会着作为一名政治理论课教员的价值和幸福。"当时自己身体不是很好，在海拔3000多米就有些胸闷头晕，可看到课堂上那一张张泛着高原红的面孔、一双双清澈的眼睛，所有的不适也就抛之脑后了。"李智现在仍然对当时的情景记忆犹新，也把这段经历当作自己宝贵的财富。

从院校向部队辐射，从部队向地方辐射，近年来，"星火"群体经常应邀出现在地方高校、企事业单位、街道社区等，熟悉他们的人越来越多。今年"五四"前夕，在热烈庆祝中国共产主义青年团成立100周年的日子里，他们联合中国人民大学"延河讲师团"、北京航空航天大学研究生宣讲团、南京理工大学"红话筒"政治理论宣教团、山东科技大学"青春·知行"宣讲团，开展"青春向党、不负人民"主题联学活动，合力打造了"军地思政课一体化"育人平台。"星火"群体的教员们相信，这个平台将为他们在未来共享优质教学资源、进一步提升宣讲质量、扩大受众群体，提供更有力的支持。

五

虽为一点星火，也要努力照亮一方梦想的天空。这是星火的魅力所在，也是星火的价值哲学。

党的二十大胜利闭幕后，俞红教授作为全军学习贯彻党的二十大精神宣讲团专家，开始为北京、福州、广州、湛江、南宁等地部队宣讲党的二十大精神。与此同时，在南京、重庆、武汉、石家庄、徐州等地，在陆军工程大学各校区，在部分机关和基层部队，在地方学校、街道等单位，"星火"群体其他教员也迈开了理论宣讲的脚步。

路就在脚下，光明就在前方。这路上，播火者传播理论之火、思想之光；这路上，播火者点燃青春热血、奋进激情；这路上，播火者已如星星之火。

（《解放军报》2022年11月28日12版，作者：栗振宇　王含丰）

海军航空大学某基地舰载机飞行教官群体

  海军航空大学某基地舰载机飞行教官群体担负着培养舰载机飞行人才的艰巨任务。该群体始终牢记党和人民的期望重托,矢志投身舰载机飞行人才培养事业,以战领训、为战育人,探索出一条具有我军特色的舰载机飞行人才培养新路,为部队培养输送了一大批舰载机飞行员。教官群体中多人荣立一等功、数十人次荣立二等功,涌现出全国优秀共产党员、中国青年五四奖章获得者、全军备战标兵个人等先进典型。

  舰载机飞行教官群体是忠实贯彻习近平强军思想的光辉典范,是牢记强军目标、聚力备战打仗的时代标杆,是忠诚使命担当、矢志为战育人的突出代表,是勇于攻坚克难、奋力转型突破的优秀榜样。他们的先进事迹,深刻反映了新时代强军事业的生动实践,鲜明体现了新时代人才强军战略的显著成效,充分展示了新时代革命军人听党指挥、奋斗强军的昂扬风貌。为宣传褒扬他们的先进事迹和崇高精神,中共中央宣传部决定,授予海军航空大学某基地舰载机飞行教官群体"时代楷模"称号,号召广大党员干部特别是部队官兵,深入学习贯彻习近平新时代中国特色社会主义思想和习近平强军思想,深刻领悟"两个确立"的决定性意义,不断增强"四个意识"、坚定"四个自信"、做到"两个维护",更加紧密地团结在以习近平同志为核心的党中央周围，坚持党对人民军队的绝对领导，全面贯彻军委主席负责制，坚持走中国特色强军之路，深入推进政治建军、改革强军、科技强军、人才强军、依法治军，为实现党在新时代的强军目标、把人民军队建设成为世界一流军队，为建设社会主义现代化强国、实现中华民族伟大复兴的中国梦而不懈奋斗！

海军航空大学某基地舰载机飞行教官群体——
培育"飞鲨勇士"制胜海天

渤海湾畔,战鹰列阵、引擎轰鸣,一架架有着"飞鲨"绰号的歼–15战机接连起飞。随着拦阻索被高速飞驰的战机拉成巨大的"V"字形,又一批学员驾驶战机成功降落航母甲板,再次刷新单批次上舰认证人数最多的纪录。

得知成绩后,海军航空大学某基地舰载机飞行教官孙宝嵩十分欣慰:"学员们顺利通过资质认证,就是对我们最大的认可。"

海军航空大学某基地舰载机飞行教官群体深入贯彻落实习近平强军思想,始终以党在新时代的强军目标为指引,培养了一批又一批优秀的舰载机飞行员。舰载机飞行教官群体敢于担当、勇于开拓,用青春和热血探索出舰载机飞行员培养的"中国样本"。

"航母舰载机事业需要什么,我们就愿意干什么"

为加强舰载机飞行人才培养,海军航空大学某基地首个舰载机训练团正式组建成立。一批舰载机飞行员转身成为飞行教官,担起了舰载机人才培养的重任。

飞行教官王勇就是其中之一。"航母舰载机事业发展壮大需要更多优秀的舰载机飞行员。航母舰载机事业需要什么,我们就愿意干什么。"怀着对航母舰载机事业的热爱,王勇和战友们投入到培养"飞鲨勇士"的事业中。

舰载机飞行着舰操纵方式跟陆基飞行时相反,为了练好"反区操纵",飞行员必须建立起新的"肌肉记忆",难度可想而知。怎样把积累的经验系统地传授给学员,提高培养质效,成为摆在飞行教官们面前的难题。

"再难也要干出来!这么光荣的任务交给我们,我们责无旁贷!"成为该基地飞行教官们坚如磐石的信念和矢志不渝的追求。

面对缺教材、缺标准规范、缺组训经验的现实情况，孙宝嵩、王勇等飞行教官开始了一场"拓荒之旅"。他们边训练、边总结、边完善、边固化，每天下了训练场就上另一个"战场"。那段时间，"白加黑""五加二"成了飞行教官们的工作常态。

航母舰载机着舰指挥，是舰载航空兵区别于陆基航空兵的全新领域。着舰指挥官要全心全意守护"刀尖上的舞者"，确保战机着舰挂索万无一失。担任着舰指挥官后，罗胡立丹发现，飞行员在执行一些指令时，普遍存在短暂的迟疑。

"指令冗长，不利于飞行员及时作出反应，能不能精简指令，建立一套更加符合发音习惯的着舰指挥术语？"在两个多月时间里，罗胡立丹和团队连续攻关，一条指令一条指令地修改、一遍又一遍地模拟指挥、一次又一次地征求意见，最终形成了一套精简高效的指挥术语体系。

面对时代赋予的使命，飞行教官们不敢有半分懈怠："时代选择了我们，我们绝不能辜负时代。"正是靠着这股韧劲，他们先后编写了多种教学资料，规范组训流程，一套系统的舰载理念培养方案逐渐形成。

"只有学会较真，才能成为合格的舰载机飞行员"

"舰载机着舰飞行因为难度大、风险高，被称为'刀尖上的舞蹈'。"孙宝嵩说，"舰载机飞行，严字当头。只有学会较真，才能成为合格的舰载机飞行员。"

一名学员在进行模拟飞行时，做动作总是差零点几秒，被飞行教官曹先建多次点名。"就零点几秒，不至于完不成动作吧。"一开始，这名学员有些不解。

"舰载机着舰时速度很快，零点几秒的误差，足以造成不可挽回的后果。"那段时间，曹先建一直陪着这名学员飞模拟机，一边为他树立信心，一边指导他改正错误动作。通过连续指导和训练，该学员逐渐悟出了方法，成功通过了考核。

高标准严要求，教官们是这么说的，也一直是这么做的。曹先建在身负重伤后，创造了术后复飞仅70天便成功着舰的奇迹；飞行教官艾群在战友飞机高速飞行遭遇鸟撞飞机、发动机停车后，以精准的判断力，全程伴飞护送战友驾驶战机顺利降落……时刻冲锋在前、敢打必胜，飞行教官以自身的高标准为学员树立了榜样。

"飞行学员经历各异，只有深入了解他们，因材施教，才能帮助每一名学员快速成长。"这是飞行教官们交流时常说的话。

一次训练中，一名学员在下滑段油门使用不及时，导致飞机高度持续下降。眼看飞机距离跑道越来越近，艾群一把推满油门，学员才猛然发觉自己的失误。

下飞机后，艾群并未批评学员，而是仔细询问了解学员状态。针对学员特点，艾群强化关键要点讲解，把油门在各阶段的使用技巧掰碎讲透。在当天接下来的飞行中，这名学员逐步改进了动作。

在教官们的耐心帮助下，学员们对"精准、守纪、零容忍"的舰载飞行铁律有了更深的理解，航母舰载机事业的种子播撒在每名学员心中，所有学员都满负荷投入到学习训练中。

星光不负赶路人。海军首批"生长模式"培养的舰载战斗机飞行员通过昼间航母资质认证。自组建以来，该基地培养出多批舰载机飞行员，成功打通了生长培养路径，形成了"改装模式"和"生长模式"双轨并行的舰载机飞行员培养格局，闯出了一条具有中国特色的舰载机飞行员培养新路。

"把每一次训练当作实战，让每一名学员都成为战斗员"

8月，渤海湾畔某机场阴云笼罩，训练团在复杂气象条件下组织学员跨昼夜多课目训练考核。就在第二批次参考飞机即将升空时，海风裹挟着雨扑面而来。

"学员能不能完成？会不会超条件飞行？"经过缜密分析，王勇下定决心："飞！"

战机在夜幕下由远及近，在着舰指挥官的指挥下不断修正飞机姿态，如尖刀般穿云破雨，精准降落在陆基模拟着舰区。

讲评室内，飞行教官与学员一起复盘总结。王勇说："飞行训练要更贴近实战，锤炼学员战场适应能力，促进部队整体战斗力加速提升。"

雄鹰不仅要换羽振翅，更要面向战场。近年来，舰载机飞行教官始终坚持以战领训、为战育人，聚焦航母体系作战能力生成，瞄准短板强能、紧盯强敌备战、朝着一流练兵，努力练就克敌制胜的硬招狠招，推动从教技术向教打仗、从培养飞行员向培养战斗员跃升转变。

"我们把每一次训练当作实战,让每一名学员都成为战斗员。"飞行教官丁阳介绍,带着特定的战术背景训练,已成为该基地飞行教官带教学员的常态。广大学员训练热情更加高涨,一批批雄鹰从这里砺羽振翼,飞向远海大洋。

强军之道,要在得人。该基地通过老、中、青搭配的"育苗"方式,逐渐形成了金字塔形的年龄结构,让教官团队呈现出梯次衔接、良性循环、人才辈出的局面。

梁李彬等年轻飞行员陆续从部队投身舰载机飞行人才培养事业中,与先行者一道担起了飞行教官这一重任。"这里就是我的战位,我愿为航母舰载机事业发展奉献我的青春!"

开始带教生涯后,飞行教官们虽然离开了一线作战部队,但他们一直保持奋进姿态,攻克一个又一个难题,努力拓宽人才培养的边界。

王勇驾驶歼-15战机稳稳降落在辽宁舰甲板上。随着最后一架战机平稳着舰,此次舰载战斗机飞行教官夜间航母资质认证顺利完成,标志着海军航空大学具备了舰载战斗机昼夜间全时域教学能力。

云飞浪卷,"飞鲨"逐梦。在战机轰鸣之间,这群飞行教官瞄准未来海天战场,时刻挽弓待发。"我们一定不辱使命、不负重托,努力培养出更多更优秀的舰载机飞行员!"

(《人民日报》2021年12月28日7版,记者:刘博通)

逐梦,在新时代的"大课堂"里

——记矢志强军的海军航空大学某基地舰载机飞行教官群体

天边传来轰鸣声,一张张年轻的面孔,驾驭歼-15战机出现在预定空域。航空塔台内,一双双充满血丝的眼睛,紧盯着屏幕上不断跳动的参数。

近了，更近了！航母敞开了宽广的"胸膛"，随时准备迎接与"雏鹰"的第一次拥抱。此刻，在场的官兵都屏住了呼吸。

随着一声拉动弓弦般的脆响，舰载机的两个后轮"拍"在甲板上，机腹后方的尾钩精准地钩住了拦阻索，战机掀起的气流，猛然涌向两侧，激起了一缕青烟，一个象征胜利的巨大"V"字出现在甲板上。

掌声和欢呼声瞬间激活了所有人紧绷的神经，一颗颗揪着的心一下子舒展开来。

迎着寒冷的海风，中国海军新一批舰载机飞行员通过航母着舰资质认证，创下了单批认证人数最多的新纪录。

此刻，教官、学员紧紧相拥，站在这片与他们共同见证了使命、见证了梦想的甲板上。

在壮志凌云的学员眼中，星辰大海之间的坐标，勾勒出一个时代的"大课堂"。

在历经风雨的教官看来，他们的每一次转型、跨界、重塑，均是时代的"大手笔"。

时代的风生水起，带给中国军队更多意想不到的"馈赠"。从"1"到"N"的量变积累，从"飞"到"战"的质变跃升……作为航母力量建设的核心环节之一，海军航空大学某基地肩负改革之重，舰载机飞行教官群体为战育人、敢于担当，打造出舰载机飞行人才培养的"中国样本"。

逐梦海天，矢志强军，他们奋飞在新时代的"大课堂"里……

新痕·旧痕

"航母舰载机事业，靠一个人不行，靠一代人也不行。时代早已教会了我们如何选择"

"雏鹰"的航迹，仿佛绘出一个"镜中的我"。教官王勇眼眶一热。他，忘不了自己第一次驾机着舰的那一刻，更忘不了中国舰载机飞行员第一次驾机着舰的那一刻——

2012年11月23日，王勇的飞行教官、"航母战斗机英雄试飞员"戴明盟一着惊海天，以一道完美的弧线，定格了中国海军"航母时代"的镜像。

"可你知道吗？着舰时，戴明盟已经40多岁了……"

从一个人到一群人，从40多岁到20多岁，舰载机飞行人才培养的历史性突破，饱含着飞行教官们太多的心血和汗水。

"航母舰载机事业，靠一个人不行，靠一代人也不行。时代早已教会了我们如何选择。"王勇意味深长地说。

我国在舰载机飞行人才培养体系方面完全是从零开始。通过初级阶段"量的积累"摸索出的方法，是不是适合更多的后来人？如何用最少的代价办最多的事情，获得最大的效益？

这意味着，现在以及未来一段时期内每个培养班次都是在提供标准和方法，一代代舰载机飞行教官都要承担这种探索和选择。

一次训练，教官杨勇进行战术机动时，屏显系统突发故障，飞行高度、速度、姿态等重要参数信息都无法显示。

紧急返场，在旁人看来，摆在杨勇面前的选择只有两种：一是像陆基战斗机一样"正区"着陆，这样最安全；二是仍然实施"反区"着陆，但为了安全，应该选择更合适的着陆位置。

然而，杨勇作出了第三种选择：着舰应该怎么飞就怎么飞！

本是"刀尖起舞"，何况"蒙眼"飞行，这个选择让现场所有人都捏了一把汗。事后，杨勇道出内心真实的想法："海上作战，任何情况都可能遇到。这次特情，是摸索提升着舰技术的好机会，也正好给学员们探探路。"

"5、4、3……"回到惊魂时刻，杨勇凭着过人胆识、过硬本领，与LSO（舰载机着舰指挥官）密切配合，在"黑区"精准触地。漆黑的轮胎擦痕，记录下这一次完美的着陆。

如今凝视这片"黑区"，一道道擦痕新旧叠加，早已分辨不出哪一道是当时留下的。

而在杨勇看来，这片"黑区"投射着舰载机飞行教官的"精神疆域"——无论这一落多么惊险、意义几何，都不过是一道寻常的擦痕。而每一次对前路的探索，无数个热血的选择就藏在这一道道擦痕里。

未知·应知

"尽管道路漫长，也许要经过几代人的付出，但我们不能满足于做赶路者，还要勇敢去做领跑者"

渐次亮起的舰面灯光，记录下飞行员突破夜间起降难关的历史时刻。

首个升空的身影，是基地司令员孙宝嵩。紧随其后的，则是王勇。

这是打仗的序列。他们面前，是舰载机飞行员在夜间尝试的一条着舰新航线。

"一片漆黑，除了座舱仪表，什么也看不见。"孙宝嵩告诉记者，海空难辨，极易产生错觉，对人的心理是一个巨大的考验。尤其是着舰前的那段时间，飞行员在一个很低的高度，以很低的速度操纵飞机，却看不见航母，也看不见海面，"看不见是最令人恐惧的"。

"最后一段反而简单了。"孙宝嵩解释说，"看到航母了，你马上能虚拟出一个世界，航母在那儿，下面是海，上面是天。只要确保精确的操控，就能将舰载机降落在航母上。"

尽管他描述得云淡风轻，但不可否认，夜间着舰是国际公认的危险课目。

几个月后，孙宝嵩、王勇带领首批飞行教官顺利取得夜间航母起降资质认证，标志着海军航空大学具备了昼夜间全时域教学能力，我国舰载机事业向前迈出一大步。

从成功着舰的一落惊海天，到常态起落的海天往复间；从改装模式到生长模式、从探索上舰到常态上舰……许多未知的风险和挑战，就像水下的冰山逐渐浮出水面。

"尽管道路漫长，也许要经过几代人的付出，但我们不能满足于做赶路者，还要勇敢去做领跑者。"孙宝嵩谈了自己的认识——

战斗力生成，通常基于前期条件进行，表现为单循环的顺时性发展，但也容易陷入"落后—发展—再落后"的被动局面。最好的办法，就是基于未来作战需求设计牵引训练，由顺时性发展转为共时性发展，在同一时段内干几个时段的事，在主动设计、主动求变中实现跨越。

教官罗胡立丹细心地发现，飞行员在执行一些指令时，普遍存在短暂的迟疑。

"指令冗长，不利于飞行员及时作出反应，能不能精简指令，建立一套更加符合汉语习惯的指挥术语？"罗胡立丹的这一想法，起初并没有多少人在意。

"汉语博大精深，一个词甚至有几十个意思。在未来实战中，当我们要琢磨某个词究竟是啥意思的时候，错失良好的战机就会成为大概率事件。"罗胡立丹说，其实，我军为了避免"误听"，在实战中也有很多创造性做法。比如，1、7、0三个容易混听的数字，不说是"壹、柒、零"，而说是"幺、拐、洞"。作战讲求精准，要从"有话好好说"开始。

"今天要做好今天该做的事，也要努力去做明天该做的事。"在两个多月时间里，罗胡立丹带领团队连续攻关，一条指令一条指令地修改，一遍又一遍地模拟指挥、一次又一次地征求意见，最终形成了一套精简高效的指挥术语体系。

作家博尔赫斯说，我们有两种看待时间大河的方式：一种是从过去，时间不知不觉地穿过此刻的我们，流向未来；还有一种比较猛烈，它迎面而来，从未来，你眼睁睁看着它穿过我们，消失于过去。

从现实方位到未来擘画，舰载机飞行教官们有一种独特的"清醒"。

那年，杨勇受命参与舰上最大起飞重量试飞任务。根据计划，他需要试飞不同载重的战机。

当杨勇驾驶中段载重的战机起飞后，明显感到战机迎角比预先设定参考值大。飞行一结束，他判读参数后发现，已经接近该型机最大安全迎角。

如果继续增加载重，飞出舰艏后的迎角会更加明显，势必危及飞行安全。"性能到此为止了吗？"

"能不能在战机飞出舰艏后立刻推杆抑制机头上扬，从而把迎角控制在安全范围内？"杨勇将目光放到了平时研究的飞行方法上。

杨勇的想法让陷入僵局的任务重现曙光，最终成功标定舰上最大起飞重量，为全面掌握战机操纵性能积累了宝贵经验。

孙宝嵩将这归结为舰载机飞行员"对未知的热爱，对应知的执着"。而这些，恰是"拓荒者"最得心应手的工具。

"去做事，把时间填满吧！"下一个起飞时刻，他们初心依旧，激情依旧。

有我·忘我

"这个时代里，不缺用身躯去铺路的人。尽管路途艰难又布满风险，但奋斗者并不孤独"

这是一道不期而遇的考题——

刚飞离航母甲板，上级命令任务时间推迟数十分钟，机舱里的王勇陷入两难。

是在空中待战，还是申请着舰重新起飞？空中待战可能会导致返场油量不足，重新起飞又可能错过进攻的关键节点。

每一秒都变得沉重起来，"两个可能"在大脑里快速进行解算。通过计算任务时间和油量，王勇判定可以空中待战。

战斗打响，王勇赢得主动，占尽先机。然而，许多人不知道，当王勇驾机降落时，飞机所剩油量已逼近极限。如果估算和操控稍有偏差，后果不堪设想。

精准是舰载机飞行员的行动"铁律"。这精准，不单是着舰时对"黑区"的精准把握，更是对战机状态和任务形势的精准认识。

舰载飞行操纵方式不同于普通飞行，想掌握精准没有任何捷径，每一项"日常"都要以极为苛刻的标准来完成。

晚2分钟行不行——一次战术训练，受逆风影响，一名学员比预定时间晚2分钟到达点位，受到罗胡立丹的严厉批评："贻误战机1秒钟，都可能遭到毁灭性打击。"

误差1米行不行——一次模拟着舰，一名学员因高度保持上误差了1米，被王勇打出低分："标准300米就是300米，绝对不能是301米或299米。"

驾驶十几米长的庞然大物精准平稳地在航母上起降，需要飞行员日复一日地不断雕琢技艺，精益求精。

只有我们这样严苛吗？飞行教官艾群有自己的见解。

一次着舰训练，多架战机空中列队。前一架次着舰后，拦阻索因受损必须更换。后续战机是否需要"暂停"等待？没想到，舰面操作员发出确定信号：继续进行，按时着舰。

"那是疾风闪电般的着舰间隔。舰面战友就在我们认为似乎不可能的时间里，快速精准地更换拦阻索，确保战机依次着舰。严丝合缝，一点都没卡！"

这让艾群感慨万千,"航母事业是个'巨系统',每个战位都是不可缺少的重要一环。在各个战位运转的大体系中,精准是基本素养。"

舰载机飞行员被称为"刀尖上的舞者"。在"刀尖上起舞"的又何止是飞行员。舰载机在离舰的瞬间,一旦偏离跑道,高达上千摄氏度的巨大尾喷,就可能流扫到旁边的起飞助理……

舍我其谁的胆气,是面对高危事业一不怕苦二不怕死的无畏,是"刀尖上"不离不弃地守望与升腾。

"这个时代里,不缺用身躯去铺路的人。尽管路途艰难又布满风险,但奋斗者并不孤独。"王勇讲起一个故事。

一次特情课目训练,飞行教官丁阳驾机在高空按指令"单发关车",等待飞机达到边界状态。

取得预期效果后,指挥员下达重启指令,但监控画面中启动信号灯并未点亮。

1秒、2秒、3秒……战机在空中晚启动1秒,风险就会成倍增长。

时间仿佛在这一刻静止,塔台陷入一片寂静,只见屏幕上的参数不断刷新。

座舱里,丁阳的神经同样紧绷,他一边观察仪表参数,一边控制飞机姿态。手指放在重启按钮上,却迟迟不肯按下。

边界值越来越近……他悬着的手指终于按了下去。

"启动成功,转速、温度正常!"接到丁阳的报告,在场所有人为之振奋。一项新的极限数据被记录下来。

驾机着陆后,大家以为当时是通信出现了故障,丁阳却坦言:"晚几秒钟作出响应,是我自己想验证飞机的真实极限。我多担一分风险,带教时就多一分经验,打仗时就多一分胜算。"

这条硬汉,并不是"特殊材料"做成的。高强度的飞行,让他患有严重的腰椎间盘突出。一次飞行结束,他差点爬不出座舱……

为啥这么拼?丁阳说,自己忘不了张超。"在航母事业的征途上干得越久,越能清晰地感受到他带来的情感冲击。我有幸和他共处一个时代,一个能够把数代人用生命凝聚的梦想变为现实的时代,并不是每个时代的人都能如此幸运。"

强军有我,强军忘我。此刻海风渐起,又一批年轻的飞行员成功驾机着舰。

"乘风好去,长空万里,直下看山河。"对于逐梦海天的舰载机飞行员来说,他们从辛弃疾词作中读出了一种理想主义和英雄情怀。

(《解放军报》2021年12月28日1版,记者:魏兵、钱晓虎,特约记者:李唐,通讯员:杨皓)

陆军第八十三集团军某旅"红一连"

"红一连"是诞生于秋收起义的红军连队。"三湾改编"时,毛主席亲自在该连建立党支部,并发展了6名党员,开创了我军"支部建在连上"的先河。党的十八大以来,"红一连"坚持用习近平新时代中国特色社会主义思想特别是习近平强军思想建连育人,传承红色基因、铸牢强军之魂,践行初心使命、勇当强军先锋,圆满完成国际维和、抢险救灾、沙场阅兵等重大任务。

"红一连"不愧是坚决听党指挥、践行初心使命的先进典型,赓续红色血脉、争当红色传人的突出代表,矢志奋斗强军、聚力备战打仗的时代先锋。他们始终在党的旗帜下行动和战斗的实践,生动反映了党缔造和领导人民军队的光辉历程,鲜明体现了"支部建在连上"的政治优势,充分彰显了人民军队永远听党话、跟党走的赤胆忠诚。

陆军第八十三集团军某旅"红一连"

铁心向党的红色传人

三秦之地，华山脚下，驻守着一支战功卓著、声名赫赫的英雄连队。

走进这支连队的连史馆，一件件展品、一幅幅照片，铭刻着这支连队的厚重历史："百战百胜""英勇连"等一面面战旗，展示着连队取得的辉煌成绩；参与"三湾改编"、警卫遵义会议等历史事件，昭示着连队铁心向党的忠诚品格；连队21名英模和典型画像，诠释官兵们担当使命的价值追求……

这支连队，有一个让人耳熟能详的名字——"红一连"。

成立94年，陆军第83集团军某旅"红一连"官兵始终听党话、跟党走，争做铁心向党的红色传人。党的十八大以来，"红一连"坚持用习近平新时代中国特色社会主义思想和习近平强军思想建连育人，传承红色基因、铸牢忠诚之魂，践行初心使命、勇当强军先锋，圆满完成调整移防、国际维和、沙场阅兵等重大任务，成为强军征程上一面不褪色的旗帜。

"组织上入党一生一次，思想上入党一生一世"

"经常有人问我，在'红一连'，什么东西最宝贵？那一定是我们听党指挥的政治基因。"郑纪文说。2019年6月，他出任"红一连"第五十二任政治指导员。

一到连队，郑纪文就扎在连史馆里，重温历史、感悟初心。历史画卷，将他带回到90多年前的峥嵘岁月——

"三湾改编"半个月后的一个夜晚，毛泽东同志在"红一连"亲自组织发展6名新党员，建立了人民军队第一个连队党支部，开创了我军"支部建在连上"的先河。从此，党来到了夜晚营地的篝火边，来到了每个战士的身旁，党的血液迅速流贯部队的全身。

"正是在党的坚强领导下,'红一连'才取得了一个又一个胜利。"回望连队历史,郑纪文越发坚信一个道理:"跟党走,准没错!"

行动上的坚定,源自思想上的清醒认识。

进入新时代,连队官兵继续坚定听党指挥的信仰信念,用党的创新理论武装头脑,并将其投入强军实践。在"红一连"营区,随处都能感受到浓厚的学习氛围:班排书柜上摆满理论书籍,信息视窗内滚动播放理论要点,理论学习本上记满官兵的体会心得。官兵们说:"学习党的历史和创新理论,已经成为我们生活的一部分。"

"坚持党指挥枪、建设自己的人民军队,是党在血与火的斗争中得出的颠扑不破的真理……"讲台上,战士张鲁豫分享了自己学习习主席在庆祝中国共产党成立100周年大会上重要讲话的心得体会。他声情并茂地讲述,赢得战友阵阵掌声。

谁能想到,讲台上这个意气风发的小伙子,刚入伍时,曾在自我介绍中紧张得说不出话。下连队后,张鲁豫一有时间就往学习室里钻,如饥似渴地学习党的创新理论,将《习近平论强军兴军》等书籍读了又读,渐渐地从一个怕写心得、怕被点名提问的"困难户",变成了理论学习"小达人"。

"组织上入党一生一次,思想上入党一生一世!"张鲁豫的这句座右铭,也是"红一连"全体官兵的心里话。日积月累的教育熏陶,一点一滴的感召浸润,使"红一连"像一座赤诚火热的红色熔炉,感染着、塑造着、激励着一代代"红一连"官兵高高举起听党指挥的旗帜,做党和人民的忠诚卫士。

"即便再多艰难险阻,我也要不辱使命,为战旗增色"

2019年,庆祝中华人民共和国成立70周年大会阅兵式上,战士胡长春擎着"百战百胜"战旗通过天安门广场,接受党和人民检阅。

完美的表现,是用无数汗水换来的:在训练过程中,脚练肿了,他换上大一码的鞋继续练,从41码一直换到44码;眼练红了,他滴点药水接着上,瞒着队医坚持训,练出了高水准。当他擎着"百战百胜"战旗通过天安门广场时,全连官兵热泪盈眶、备感振奋。

"战旗代表的是连队的荣誉。"胡长春说,"革命先烈为了信仰历尽万般险难,作为他们的传人,即便再多艰难险阻,我也要不辱使命,为战旗增色!"

连队的荣誉代代传承,"红一连"官兵愿意用生命去捍卫。行走在连队营区,记者发现,该连排排授过奖、班班有战功,荣誉旗帜和战斗英雄的画像遍布官兵宿舍、连队走廊。连长胡贯蕾介绍,他们将连队传统融入生活中,引导官兵寻根溯源感悟战斗精神,在心灵震撼中激发血性胆气。

"红一连"连史馆珍藏着一件"传家宝",是长征途中毛主席同连队官兵一起用过餐的红菜盘。它见证了那段为革命理想燃烧激情的岁月,激励着一代代官兵为了党的事业不懈奋斗、砥砺前行。

现在的"红一连",虽然红菜盘换成了分餐盘,红米饭南瓜汤变成了五菜一汤,但官兵一致、同甘共苦的作风始终没有变。每年连庆日,官兵都会吃上一顿不同寻常的"忆苦思甜饭":一盘高粱米饭、一碗南瓜汤、一碟苦野菜,官兵都懂其中的深味。

"月评6名优秀党员",是连队的优良传统,也是连队官兵最珍视的荣誉之一。月评优秀党员是连队传承几十年的传统,无论在营还是驻训,连队每月都会组织评选表彰。"优秀的党员很多,想评上这个荣誉,难度可不小。"一名班长告诉记者,"指导员郑纪文上任4个月才被评上,排长汤明达苦练6个月才获评。"

前一段时间,上等兵潘韶钰被评为优秀党员。新兵刚下连,凭借学习成绩优秀入党的潘韶钰,也遇到了训练成绩不理想、连队生活不适应等难题,但他都一一克服,不断锤炼军事素质,成为训练标兵。"是连队厚重的红色传统、数不尽的英雄故事,不断激励着我努力拼搏,奋力成为红色钢铁战士。"潘韶钰说。

"假如战争真的来临,我们有信心、有能力歼灭来敌!"

打开官兵背囊中的水壶,水是每天更换的纯净水;打开干部的挎包,里面放置着最新的作战地图、标图工具;走进研战室,里面有最新的军事前沿知识……记者们走进"红一连",都会强烈地感到,这是一个随时把备战落实在生活中和行动上的连队。

"'红一连'的威名是打出来的!"该旅旅长杨金龙介绍,革命战争年代,一连先后参加战役战斗300多次,打出"百战百胜"荣誉称号。

刀锋永不卷刃,出鞘势如钧雷。和平年代,当战争的硝烟远去,"红一连"

官兵的忧患意识从未消退，备战的思想从不懈怠，练兵的行动从不停滞，时刻保持"全时待战、随时能战"的临战状态，每逢抢险救灾、国际维和等急难险重任务，一连总是闻令而动、勇敢亮剑，次次圆满完成任务。

"红一连"有项制度，每月都要组织1次不少于25公里的战备拉练。去年冬天，连队计划次日组织战备拉练，可就在这时，突然下起雨夹雪。"连长，预报明天有大雪，训练还进行吗？"连长胡贯蕾坚定地回答："战争不会选天气，敌人不会挑时间。"

次日清晨，胡贯蕾接受战斗命令后紧急展开战斗部署，按实战要求组织了14小时的强化训练，将人员体能技能练到极限，不仅锤炼了官兵在严寒条件下的打赢本领，还从中发现了一些短板弱项，形成了一套更加完善、更贴实战的战斗预案。

官兵们将"作为一连人，横竖都是一"常挂在嘴边。训练中，"红一连"官兵们更是保持一流标准，让"勇争第一"的理念深入每名官兵内心。

2020年参加旅司号员集训的战士李赛赛，体型瘦弱、肺活量低，在集训之初，表现不突出，并不被看好。

为了争第一，李赛赛每天自我加压，下午10公里耐力跑，每晚熄灯后继续练体能……不到一个月时间，他的训练成绩突飞猛进，在最终考核中一举夺魁。在公布集训结业成绩时，一名教练员感慨地说："能实现逆袭，'红一连'的兵就是不一样！"

在军队规模结构和力量编成改革中，"红一连"奉命移防至数百公里外的关中大地。部队刚到新营区，连队党支部当机立断："安家设营工作需要过程，但战备秩序恢复一刻也不能停！"

当天下午，时任连长周光魁便带领干部骨干勘察疏散地域，调研驻地附近民社情，及时查看战备进出口道路、修订细化战备方案，组织官兵进行战备演练，周密做好各种应急准备。

训练越贴近实战，打赢就越有底气。全员全装战斗演练结束，望着一连回撤的背影，旅领导信心满满："加钢淬火，锋刃如新。制胜未来战场，'红一连'官兵时刻准备着。假如战争真的来临，我们有信心、有能力歼灭来敌！"

（《人民日报》2021年7月27日6版，记者：李龙伊）

永葆青春的红色魅力

——第八十三集团军某旅"红一连"培育铁心向党的红色传人纪实(下)

"红一连"既平凡又神奇——

到过"红一连"的人,都有一段相似的"心路历程":开始是慕名而来,听了经验介绍又觉得他们很普通,但真正读懂以后,便会由衷敬佩。

初到"红一连",看不出有什么特别。这里的兵并非精挑细选,连队氛围也没有标新立异之处……那股朴实无华的气息,是从骨子里散发出来的。

融入"红一连",官兵会被一股蓬勃力量震撼。赓续传统,他们有一种执着;面对困难,他们始终处于昂扬奋进的状态。由此形成的强大精神内核,让人感觉能产生无坚不摧、无往不胜的战斗力。

也许,这就是"红一连"的红色魅力。这种魅力不仅感召了连队一代代官兵,也感染着到过连队的每一个人。

"红一连"的战士像一团跳动的火焰

"铁心跟党,打仗冲锋,争扛红旗,生死与共。"

旭日初升,第83集团军某旅营院内,官兵整齐列队。众多连队中,"红一连"显得格外特别:官兵昂首挺胸,齐声高喊,呼号迸发吼出。

"他们像一团跳动的火焰。"在兄弟单位战友印象中,"红一连"官兵始终是一副精神抖擞的模样。

在该旅,"红一连"执行大项任务多、转换节奏快,工作最苦、最累。可"红一连"官兵"累并快乐着",始终朝气蓬勃。

点燃这团火焰的火种是什么?

这颗火种,是以连为家的强大向心力。

面对繁重任务,"红一连"官兵加班加点是常态,每个人都像上紧的发条。今年4月,陆军在"红一连"组织开展"大党日"活动,二排长汤明达带领几名战士负责电子党史橱窗布设。他们连续奋战,高质量完成任务,受到上级肯定。汤明达说:"要做就做到最好,否则在'红一连'很难找到存在感。"

这颗火种,是同甘共苦的战友情谊。

如今,"网生代"成为连队主体。每逢节假日,连队便组织官兵到网络学习室,以排为单位展开网络射击游戏对战。比赛时,有现场解说,有战友助阵,干部战士组团PK,每一场都热血沸腾。

"诞生于烽火岁月,历经数十年风雨淬炼,官兵团结互助、生死与共的优良传统代代相传,是'红一连'永葆活力的源泉。"退伍老兵鹿志方永远忘不了发生在2008年的那一幕——

汶川抗震救灾,经过一段山谷时,"红一连"时任连长朱卫华将队伍排成一字纵队,党员干部前面带头、队尾压阵。当时还是义务兵的鹿志方被夹在中间,后面是班长王跃华。突然,余震袭来,王跃华将鹿志方一把拽到怀里,一块滚石擦着鹿志方的身体落下。班长这一拉,让他躲过一劫。

"红一连"就像一座红色熔炉,越烧越旺。无论是谁,到了"红一连",都会被点燃、炼成钢。

"00后"上等兵靳志鹏入伍前是个"网瘾少年",初到"红一连"时,仍留恋以往的生活。一天自习时间,他连续几次离开学习室回宿舍,结果每次宿舍里都空无一人,大家都在忙着学习充电。

同班战友热爱学习、追求上进的氛围,深深感染了靳志鹏。他毛遂自荐,加入连队多媒体兴趣小组。"在'红一连',每个人都有一天不学就跟不上的恐慌感、三天不训怕落伍的紧迫感,身处其中,你想不学习都难。"如今已是骨干的靳志鹏对记者说。

9月29日,是"红一连"的连庆日。每到这一天,很多退役老兵会不远千里赶回连队。面向连旗,大家都会像当年一样,大声呼喊那句口号:"一天一连兵,一世一连人!"

"红一连"的战士身上看不到"虚光"

那次歌咏比赛,"红一连"取胜的方式很特别——

备赛阶段,各连摩拳擦掌,纷纷租借演出服装、研究舞台特效,誓夺第一。"红一连"却不走寻常路。

为演好抗洪战士,官兵穿着救生衣,跳进满是泥浆的大水桶;为扮得像抗疫战士,官兵顶着酷暑,戴上防护面罩、穿着防护服。那天,"红一连"出场,瞬间就把评委和观众震住了。

歌咏比赛组织者、该旅宣传科干事王晗不由感叹,虽然拥有熠熠生辉的"金字招牌",但在"红一连"的战士身上看不到"虚光"。

建连94年来,历任"红一连"主官都有一个共同特点:没人靠"烧三把火"来树立威信,也没人另起炉灶搞"政绩工程",大家开展工作的"通用准则"是继承传统和按纲抓建。

他们的理由是,对于一个基层连队而言,无论军事训练、政治教育、部队管理还是自主建设,均有章可循、有法可依,基层党支部最应该做的就是确保政令军令直抵基层、直达官兵,落地生根。

去年7月,"红一连"移防到新营区,住房紧张、设施陈旧。连队一落脚,顾不上改善生活条件,就迅速了解驻地社情民情,勘察疏散隐蔽地域,修订完善战备方案,做好应急应战准备。

有兄弟连队官兵见状,好奇地问:旅里没有要求做这些,你们在搞哪一出?

"这还用专门要求吗?战备方案里早就写得明明白白,我们只是按规定落实罢了。"连长胡贯蕾回答。

不仅如此,记者了解到,"红一连"官兵的水壶每天都会灌装新的饮用水,就连人手一张的"战备行动卡",也会根据休假、送学等人员变动,实时作出调整。

除了日常训练,在遵规守纪方面,他们也丝毫不打折扣。

去年,集团军组织所属单位指导员到"红一连"住班培训。一名指导员被子叠得不标准,负责检查内务的班长每次看到,都会帮他重新叠好。

"远来都是客,何必太较真?"次数多了,这名指导员觉得很没面子。可这名班长说话很实在："一个带兵人如果连内务都不达标，又怎能带出达标的连队？"这名指导员深受触动，从那之后每天认真整理内务。

"红一连"的战士都是红彤彤的兵

"00后"士兵个性鲜明、兴趣爱好广泛。可一些人觉得理论学习枯燥，捧起书本就犯困。

"红一连"也有这样的兵。从武校毕业的战士赵耀，下连之初，宁跑5公里，不愿去读书。连队每次组织讨论交流，他都躲在后面。一次，指导员让赵耀谈谈学习体会。他憋红了脸，半天说不出一句话。

事后，没等指导员说话，班长就不干了："'过得硬的连队，过得硬的兵，过得硬的思想红彤彤……'这歌你天天唱，咋就不走心呢？"说完，他将一本理论书籍塞到赵耀手里。

赵耀渐渐发现，在"红一连"，官兵们学习理论不是为了完成任务，而是工作必需。"蓬生麻中，不扶而直。"半年后，赵耀被连队评为"理论学习标兵"。

2017年，因改革调整，某炮兵团班长缪辉被分流到"红一连"，成为一名普通战士。岗位更换、专业变动，缪辉认为自己是"外来户"，内心很失落，打算干两年就退伍。

缪辉的思想波动，被连队党支部成员看在眼里。他们专门为缪辉制订帮带计划，第一步就是学连史、忆传统。

"连队历经数十次调整改编，每次官兵都能快速适应，为什么我就不能？"参观完连史馆，缪辉坚定了在"红一连"扎根的决心。如今，这个曾经的"外来户"，不但成为训练标兵，还当上班长。

"我来自'红一连'，我们连是军魂发源的地方，毛泽东同志亲自在连队发展了6名党员，建立了我军第一个连队党支部……"

到新单位作自我介绍，张宪民引来台下战友羡慕的眼光，但没人察觉这名列兵内心的纠结：下连之初，因适应不了"红一连"的严格管理、高标准要求，趁着其他单位选人的机会，他离开了连队。

那一刻，张宪民脸上火辣辣的。随后，他从网上搜集资料，开始深入了解"红一连",最后竟动了重返"红一连"的念头。

一年后,借着一次人员分流的机会,张宪民回到"红一连"。这次,张宪民像变了一个人,脏活累活抢着干,还向党支部递交了入党申请书。

红彤彤的连队,红彤彤的兵。"红一连"的"红",跟随一茬茬优秀退伍兵,在社会延展开来。

"优秀士兵"石骏杰,退伍后积极响应国家号召,到山东省费县薛庄镇三星村任驻村第一书记,带领村民脱贫致富,把老区贫困村建成了山东省第一批美丽村居建设省级试点村庄;"训练标兵"靳燕青,退伍后加入蓝天救援队,参与各种救援200多次,影响带动更多的人投入公益事业……

"红一连"的官兵,无论在哪儿、无论走到哪里,都自觉以青春之我、奋斗之我,书写壮美的人生答卷。

(《解放军报》2021年7月30日1版,记者:梁蓬飞、钱晓虎、韩成,通讯员:陶然)

东深供水工程建设者群体

  东江—深圳供水工程（简称"东深供水工程"），是党中央为解决香港同胞饮水困难而兴建的跨流域大型调水工程。20世纪60年代，来自珠三角地区的上万名建设者，响应党的号召，克服施工装备落后、5次强台风袭击等重重困难，通过人工开挖、肩挑背扛等方式，开山劈岭、凿洞架桥、修堤筑坝，仅用一年时间就建成了规模宏大的供水工程。20世纪70年代至2003年，工程又先后进行了四次大的扩建、改造，供水能力提升至建设初期的30多倍。经过50多年精心建设守护，东深供水工程满足了当前香港约80%的淡水需求，成为保障香港供水的生命线，增进了香港的民生福祉，保证了香港的繁荣稳定。

为香港用水提供保障

——记东深供水工程建设者

梧桐山翠影绰绰，东湖公园绿意盎然。深圳水库碧波荡漾，清风徐来。

这里是东深供水工程的最后一站。佟立辉蹲在水质自动监测站前，仔细比对着自动检测设备采样生成的数据。"作为新一代的建设者，精心守护好这条对港供水的保障线，我们责无旁贷！"一旁，曾参加东深供水工程二期、三期扩建工程建设的林圣华老人，眼中满是赞许。

北起广东省东莞市桥头镇，南至深圳市深圳水库，工程主干线长83公里（2000年实施封闭式改造后为68公里），东深供水工程为港深莞约2400万居民的生活、生产用水提供了重要保障。至2020年底，建成于1965年3月1日的东深供水工程已有效供水55年，累计向香港供水267亿立方米。

这项重大工程的背后，站立着千千万万像林圣华、佟立辉这样的建设者。他们牢记使命、接续奋斗、无私奉献，为保障香港供水贡献着力量。

建设——
仅用1年时间就建成通水

深圳水库旁的粤海水务展览馆，一幅幅老照片，讲述着这群建设者聚集在一起的缘由。

香港三面环海，淡水资源奇缺。1963年，香港遭遇百年不遇的严重干旱，不得不对市民限制供水。严重时，每4天供水一次，每次供水4个小时，全港数百万市民生活陷入困境。

香港中华总商会、港九工会联合会联名向广东省政府求援。1963年底，周恩来总理亲自批示，中央财政拨款3800万元，建设东江—深圳供水工程，引东江之水缓解香港用水困难。

为了从根本上解决香港水荒,广东省提出了一个大胆的设想:从东莞桥头镇引东江水,利用石马河道,至深圳水库,再通过钢管送水到香港。在当时的技术条件下,该方案难度极大——石马河由深圳大脑壳山由南向北流,如要利用该河道,只能硬生生将水位逐级提高46米,途经86公里进入深圳水库。

"无论如何也要按期把任务拿下来!"1964年2月20日,东深供水工程全线开工,来自广州、东莞、惠州、宝安等地的大约1万名建设者,在昔日宁静的石马河一字排开,日夜奋战。

按计划,工程设计人员分成3组分别下到东江口桥头、马滩、竹塘3个工地现场。现年86岁的王寿永当时是广东省水利厅设计院水工一室的一名技术员。在马滩站点,他主要负责马滩、塘厦等6个泵站的厂房设计工作。"工地只有临时帐篷,被褥、蚊帐、绘图工具等都得自己带。工程建设进度要求很紧,为赶工期,常常天刚亮就起床,一忙就忙到晚上10点钟之后。"

最高峰时,有两万多人奋战在东深供水工程一线。整个土建项目在汛期施工,许多基础工程是在水下5米至10米进行,有时甚至要对抗暴雨台风等恶劣天气。1964年10月13日,一名叫罗家强的大学生冒着狂风暴雨坚守在沙岭工段7米多高的闸墩,不慎跌落,献出了年轻的生命。

经过不懈奋战,闯过重重难关,东深供水工程仅用短短1年时间就建成通水,彻底解除了香港同胞的缺水之困。

扩建——

历经4次改造,供水能力大幅提升

东江水的到来,极大地促进了香港发展。1964年香港社会总产值是113.8亿港元,而到香港回归祖国前的1996年,这个数字变成了1.16万亿港元。"这都有赖国家引东江水来香港。"香港特区政府水务署前副署长吴孟冬深有感触地说。

改革开放以来,东深供水工程历经4次改扩建,年供水能力由首期的0.68亿立方米提升为24.23亿立方米。

从建设、扩建,到提升、优化,东深供水工程历时几十年,涌现出一对对"夫妻档""父子兵"。如今已81岁的陈宝强,当年还是个24岁的小伙子,1964年4月工程开工不久就进入沙岭工地当机电维修工,确保建设中的发电机、拌和机、碎石机等有效运转,在台风中坚持工作成了家常便饭。"工程建成后回到原单位,经人介绍对象,发现对方竟也是东深供水工程的工友。"陈宝强说。

79岁的黄惠棠参加东深供水首期工程建设后,因表现优秀留在原东深供水局工作,之后又全程参与了东深供水工程后续扩建。他的两个儿子黄沛坤、黄沛华也在参加工作时选择了东深供水工程,大儿媳陈娈也是东深供水工程建设者。

2000年8月,东深供水工程四期改造全面启动,将供水工程由原来的天然河道和人工渠道、一般管道组合改造为封闭的专用管道,实现清污分流,是当时世界最大的专用输水工程。

7000多名建设者迎难而上、攻坚克难,从太园泵站开始,遇山建隧、平地搭渠,先后克服了"头顶水库""脚踩淤泥""腰穿公路"等一系列复杂难题,短短3年时间内重新修建了一条现代化的供水通道,一举创造了4项"世界之最",确保了改造工程2.2万多个单元工程百分之百合格。

至此,东深供水工程输水系统由天然河道升级为全封闭的专用管道,实现输水系统与天然河道的彻底分离。

守护——
56年不变,保障供港水质

位于深圳市罗湖区的深圳水库,是东深供水工程的最后一站,水质常年优于国家地表水Ⅱ类标准。从1991年至今,广东省人大、省政府先后出台《广东省东江水系水质保护条例》《广东省东深供水工程管理办法》等13个法规、规章及规范性文件,以保护东深供水工程水质,保障东深供水工程安全运行。

在水库管理人员的带领下,记者从罗湖区沙湾路深入库区,一个个巨大的长方形池子进入视野。这是为改善和保障东深供水水质而建的大型净水工程——原水生物硝化处理工程,是东深供水工程建设者56年来精心守护优等水质的一个缩影。

作为当年的建设者之一，广东省水利电力勘测设计研究院原副总工程师林振勋退休后经常回来看看，"当时东深供水四期的'清污分流'改造还未启动。这个生物硝化池是作为确保对港供水水质的应急工程建设的，前后只花了一年左右的时间，等于给深圳水库加装了一个净水器，给供港水质又加上了一道'保险'。"

进入新发展阶段，为保障粤港澳大湾区和深圳先行示范区建设的用水需求，经国家有关部门批准，广东省决定兴建珠江三角洲水资源配置工程。该工程输水线路全长113公里，设计年供水量17.08亿立方米，总投资约354亿元，总工期60个月。工程建成后，将实现从西江向珠三角东部地区引水，有效解决广州、深圳、东莞缺水问题，并为香港等地提供应急备用水源，为粤港澳大湾区的建设发展提供重要的用水保障。

主持这项工程的严振瑞，1990年从清华大学毕业后的第一项重要设计工作便与东深供水三期扩建工程有关。眼下，他正带领团队加快推进相关课题的联合攻关。"我的职业生涯从这里起步，如今仍在坚守。我将为它的'发展'与'延续'，做出更大的努力。"

（《人民日报》2021年4月21日14版，记者：贺林平）

东深供水工程：

一泓东江水　五十余载粤港情

1963年，香港百年不遇的严重干旱，让全港350万市民生活陷入困境。1963年12月，周恩来总理在广州听取了广东省关于供水香港工程方案的汇报，同意采用从东江引水，沿石马河提水到雁田水库再流入深圳水库输往香港的方案，并指示国家计委拨出专款，尽快设计、施工。

建设者们克服了施工过程中的重重困难，用肩挑、人扛的方式，在短短一年时间内就建成通水，奏响了这曲南粤大地上荡气回肠的调水之歌。

1965年2月27日，在广东东莞塘厦举行的落成庆祝大会上，香港有关方面向大会赠送两面锦旗，题词为"饮水思源，心怀祖国"和"江水倒流，高山低首；恩波远泽，万众倾心"，表达了香港同胞对祖国和人民的无限感激之情。

广东驰援，解香港缺水之忧

1964年2月20日，东深供水工程全线开工。为解决劳动力问题，从广州动员5000名青年，从东莞、惠州、宝安等地动员5000多社员群众投入施工，高峰时期投入的工人及社员达2万多人。

时任广东省水利厅下属设计院技术员王寿永回忆，大概1963年国庆节前后，设计院就接到了东深供水工程的设计任务，他与同事们持续几个月加班加点绘制施工图纸。当时住的是油毛毡搭起来的工棚，睡的是大通铺，但是大家都全身心地投入到工作中，经常忙到夜里十点钟之后。

陈汝基作为原广东工学院65届农田水利系的80多名学生之一，响应号召去支援东深工程（首期）的建设施工。1964年19号强台风，风特猛，雨特大。夜里12点，竹塘工段打来电话，说围堰快没顶了，要求关闭雁田水库泄洪闸，否则有跨堰的危险。

工区领导命令由工务股派人护送廖工前去处理，陈汝基自告奋勇承担护送廖工的任务。行至上埔工段附近，他们遇到一段低洼路段，汽车没法开过去。他们靠着手电筒微弱的光，翻过约60米高的小山，过了小桥。低洼路段的河水浸至胸口，他死死拉着廖工，靠着公路两旁的树作导向，朝着公路的中线，一步一步涉水过了300多米公路，又半跑半行了两公里多的路。凌晨2点多钟，他们终于赶到雁田工段，及时指挥关闭泄洪闸，减少了泄洪流量，从而拯救了竹塘工段的围堰，确保了围堰的安全。

工程的关键，是发源于深圳大脑壳山的石马河。如果要引水香港，需要将由南向北流入东江的水位提高46米，使之倒流83公里进入深圳水库。为了让香港同胞早日喝上东江水，由知青、社员组成的万人建设大军在昔日宁静的石马河一字排开，喊出"要高山低头、让河水倒流"的豪迈口号。

时任广东省水利厅下属的机械施工队工人陈宝强至今依然觉得东深供水

工程的建设是一件不可思议的事情。上万知青、社员靠肩挑人扛，安装抽水泵站，让河水从低处向高处倒流，用短短一年时间完成了东深供水工程建设，顺利实现了引水东江、供给香港的使命。

四次扩建，托起香港生命之源

解决了用水之忧的东方之珠香港，很快发展起来。当人们沉浸在经济发展一日千里的喜悦中时，东江却悄然面临着危机：工程大量利用自然河道，建立一条清污分流的专用输水系统已是当务之急。

1990年7月，严振瑞自清华大学毕业后，来到广东省水利电力勘测设计院工作，接触到的第一项重要设计工作，便是参加东深供水三期扩建雁田隧洞工程施工图设计工作。"我们家来亲戚了，我'爸爸'来看我了！"严振瑞为建太园抽水站，舍小家留守工地，一待就是几年时间，偶尔回趟家却被孩子当成了"亲戚"。

2000年8月28日，东深供水改造工程鸣炮开战。时任东深供水改造工程副总指挥、粤海水务集团董事长徐叶琴向记者描述当年的情景：改造工程施工难度大，毫无同类经验可循，采用世界上最大现浇预应力混凝土U形薄壳渡槽、世界最大直径现浇无黏结预应力混凝土地下埋管，装配同类型世界最大的液压式全调节立轴抽芯式斜流泵，使用工程全线自动化监控系统等先进技术……7000多名建设者的辛勤汗水，800多个风餐露宿的日日夜夜，终于在2003年8月，东深供水改造工程如期完工。

就这样，先后经历4次扩建改造的东深供水工程，年供水能力由初期的0.68亿立方米提升到24.23亿立方米，输水系统由天然河道升级为全封闭的专用管道，实现输水系统与天然河道的彻底分离。

倾尽全力，守护一江清碧

广东专门成立东江流域管理局，对东江流域水资源实行统一管理、配置、调度和保护，并专门设有深圳市公安局东深分局和武警保卫供水工程。此外，广东在东江流域率先建成全国首个水质水量双监控系统，对水资源实施精细化管理、调度和保护。1991年至今，广东省人大、省政府先后出台了10多个法规及文件以保护东深供水。一个省为一条河、一个工程专门颁布如此多的法规，在全国实属罕见。

东江沿线的上游城市，也作出了巨大的贡献和努力。东江流域面积占河源市全市面积的88%，河源各级党委政府实现环保"一票否决"制度，所有重大建设项目决策都以环保优先。

"现在，只要点击几下鼠标，就可以查看东深供水工程的水质监测数据。"粤海水务水环境监测中心主任林青向记者展示如何通过水质预警平台的页面，查询东江取水口、雁田水库和深圳水库实时水质监测结果。

深圳水库是东深供水工程的最后一站，也是向香港、深圳供水的调节水库，水质常年优于国家地表水二类标准。在水库管理人员的带领下，记者从罗湖区沙湾路深圳水库库首走进库区。在这里，一个个巨大的长方形池子一字排开。这是为改善和保障东深供水水质而建设的大型净水工程——原水生物硝化处理工程。该工程于1998年12月28日建成，设计日处理水量400万立方米，规模在今天依然为世界上同类工程之最。

广东与香港建立起频繁的磋商和交流制度，保障了粤港供水机制从上到下的良好运作。由香港水务署集合各界人士组成的香港水资源咨询委员会，每年来广东考察一次。同时，每年都有香港学生组织参观供水工程。

（《光明日报》2021年4月21日4版，记者：吴春燕）

空军某运输搜救团一大队

空军某运输搜救团一大队,长期担负飞机播种造林和防风治沙任务,笃定让沙漠变绿洲信念,在加强战备训练的同时,几十年如一日扎根荒漠、播撒绿色,为荒漠地区、沙漠地带筑起重要绿色屏障。党的十八大以来,空军某运输搜救团一大队深入学习贯彻习近平新时代中国特色社会主义思想和习近平强军思想,深入贯彻"绿水青山就是金山银山"理念,坚持飞播为人民,矢志播绿助脱贫,飞播航迹遍布内蒙古、川、黔、陕、甘、青、宁等7省(区),播撒草籽树种万余吨,为坚决打赢脱贫攻坚战、促进地方经济社会发展作出重要贡献。该大队2019年被评为"全国民族团结进步示范单位",2020年被评为"全国拥政爱民模范单位",荣立二等功、三等功各1次。

空军某运输搜救团一大队是矢志强军目标、聚力强国复兴的先进典型,是牢记人民军队宗旨、支援国家经济社会建设的优秀代表,是打造绿水青山、助力脱贫攻坚的时代先锋。他们的先进事迹,充分彰显了人民军队坚决听党指挥、对党绝对忠诚的政治品格,践行为民宗旨、传承红色基因的初心本色,加强练兵备战、锤炼打赢能力的使命担当,发扬优良传统、甘于吃苦奉献的革命精神,生动谱写了人民军队爱人民、人民军队人民爱的时代新篇。

执行飞播任务39年，作业2600多万亩，
空军某运输搜救团一大队——

播撒无边的绿色

1982年5月2日，甘肃省临夏回族自治州太子山下，简易的土机场跑道边，聚集了大量群众——听说要用飞机种树，许多人前来围观。

当年，空军某运输搜救团一大队积极开展飞机播种造林、种草任务。他们的不懈坚持，创造了一个个绿色奇迹：在"三北"防护林带飞播成林超1000万亩，在腾格里沙漠东缘、乌兰布和沙漠南缘分别建成长350公里、宽3到20公里和长110公里、宽3到10公里的生物治沙锁边带……

矢志不移耕耘蓝天，造就丰硕生态成果

"飞机播种，只有保持50米左右的飞行高度，才能使树种、草籽精准落在播区并间隔均匀。"第一茬飞播人之一、今年已经72岁的宋占清说，"高度越低，飞机越不好控制。"当年，尽管一无资料、二无设备、三无经验，但为圆满完成任务，宋占清等人多次向民航及林业部门请教，不断改进飞播方案。

近了，更近了……宋占清驾驶一架飞机，不断降低高度。离地五六十米时，种子倾泻而下。播带上9张一米见方的测试白布都接到了种子，而且数量达标——首次飞播试验圆满成功。

首战告捷，拉开了该大队执行飞播任务的序幕。此后39年，他们的飞播航迹从未断线。其间，大队先后4次更名、转战多地，但无论番号怎样改、人员怎样换，他们始终坚决落实党的政策，年年执行飞播任务。

20世纪70年代，陕西榆林老城区面积仅有5平方公里，四周被沙漠包围。"春栽夏死秋天拔，冬天熬了罐罐茶。"这句流传在群众中的顺口溜，道出了

单纯人工植树造林的窘境。陕西省治沙研究所所长石长春说，沙漠里没有路，造林物资运不进去，水、肥、人、牲口、机械处处受限。

1983年，空军飞播队伍进驻，榆林治沙迎来转机。"飞机播种规模大、见效快。"石长春说，更让人感动的是，执行飞播任务的官兵不仅专业过硬，而且干劲足、作风好。

空军在榆林治沙飞播32年，造就了丰硕的生态成果。到2014年，毛乌素沙地榆林沙区境内860万亩流沙得到固定或半固定。石长春说，按原来每年人工造林10万亩的速度计算，需要86年才能完成治理，而在空军官兵不懈飞播下，仅用了32年。

困难面前毫不退缩，筑起一道道绿色屏障

该大队是改革开放初期较早承担专业飞播任务的部队，至今仍在担负此项任务。

播区不是山区就是荒漠，地形复杂多变、气流变幻莫测。执行飞播任务的运–5飞机，没有自动或辅助驾驶设备，全靠飞行员手动操作。飞行过程中，遇到在半山腰陡坡上的播带，他们必须紧握驾驶盘，不断在山谷间做盘旋、上升、下降的飞行动作。更危险的是，飞播高度只有50来米，属于超低空飞行，技术难度大、风险挑战多、突发情况多。39年来，该大队官兵成功处置10多起险情。

老一代飞播人崔光允，曾遭遇两次发动机停车险情。"第一次是1992年，当时我正在加油，准备返回本场。"崔光允回忆，刚飞出跑道，飞机突然失去动力，"幸好跑道外是还算比较平坦的戈壁滩，我赶紧迫降、成功着陆。"

第二次更为危险。1994年6月6日拂晓，崔光允从一处简易机场起飞驶向播区。12分钟后，在200米左右高度，发动机仪表指针指向"0"。这意味着发动机停车，飞机失去动力了。

"我一看，前方是村庄，只有左后方有块农田，而且是个缓坡。"崔光允说，接地时，飞机剧烈颠簸，顺着坑坑洼洼的田地猛向前冲。他死死把住驾驶盘，终于迫降成功。

"从发现故障到降落，前后只有30多秒。根本来不及害怕，满脑子想着如何处理，后来回想起来一身冷汗。"可尽管如此，崔光允仍然选择坚守：从1983年起，他连续23年执行飞播任务。

狂风暴雨、烈日酷暑、强沙尘暴……该大队官兵多次遭遇恶劣天气，但在困难面前毫不退缩。39年来，该大队飞播航迹遍及7省（区）130多个县（市），作业面积超过2600万亩，播撒草籽、树种1万多吨，筑起一道道绿色屏障……

追逐沙海，不见绿水青山不收兵

全国民族团结进步示范单位、全国拥政爱民模范单位……在该大队展览馆，20多项表彰、88面锦旗，镌刻着一代又一代官兵在广阔蓝天留下一道道听从党的号令、忠诚担当使命的壮丽航迹。

以天为帐、以地为席，该大队官兵执行飞播任务时，吃住都在野外。头顶星月起、脚踏夜路归，是飞播官兵的工作常态。许多飞行员都表示，他们首先考虑的，是气象条件是否适合飞播。

为了抓住一年中短暂的飞播时间窗口，该大队誓言"太阳不落飞机不停"，在榆林创下"3架飞机一天飞播38架次，18天飞播40万亩"的纪录。

战风斗沙39载，该大队官兵战胜了地形复杂、天气多变等困难，自主研制出空中可调式定量播种器，探索出适合西北地区的飞播方法，使得落种率、存活率等多项指标达到先进水平，先后多次获得国家和军队科技进步奖。

"飞播林，既是生态林，又是致富林！到去年为止，该大队累计帮助我们完成飞播造林581万亩。"内蒙古阿拉善左旗林业工作站站长刘宏义说，飞播区235户农牧户的生活大幅改善，35户贫困户已经全部脱贫。

"在我们眼里，飞播是一场守护生态的战斗，风沙是敌人，种子是弹药。"面向未来，该大队大队长辛嘉乘话语铿锵："我们是群追逐沙海的兵。哪里有需要，哪里就会有我们的身影，不见绿水青山绝不收兵！"

（《人民日报》2021年2月3日14版，记者：付文）

种子情怀

——解读空军某运输搜救团一大队官兵的精神品格

春节快到了，一个包裹从内蒙古阿拉善左旗寄到空军某运输搜救团一大队。

包裹里装的是牧民去年采摘的花棒籽样品。大队长辛嘉乘把这份特殊的礼物摆进荣誉室的种子柜。柜中的种子粒粒饱满，有油松、梭梭、沙拐枣、花棒……空军某运输搜救团一大队官兵就是满载着这些种子，用长达39年的时间，在荒山沙海做着一件鲜为人知的工作——飞播。

一颗种子就是一个希望。在一大队飞行员的办公室里，每个人的桌上都有一个装满种子的玻璃瓶。在他们眼里，种子既是播区群众的绿色希望，也象征着飞播人的精神品格。

播在哪里，就在哪里扎根

王斐怎么也没想到，自己毕业分配到部队，要飞的飞机竟然是一款绿色"老爷机"——服役60多年的运-5运输机。

"在我的印象里，这款飞机早就进博物馆了。"当初，"90后"王斐是怀揣"壮志凌云"梦想招飞入伍的。那一年，刚好是中国新一代歼-10战机亮相珠海航展，世界瞩目。

更让王斐没料到的是，他驾驶这款"老"飞机，干的是飞播造林的工作，"说出来别见笑，当时我想的是要不就先在这里'蛰伏'几年，找机会再改飞别的机型"。

然而，飞播并不是一件谁都能干的事。"团里只有技术最好的飞行员才能执行飞播任务。"经过上百次模拟训练，王斐才获得飞播资格，"我心中反倒升起去执行飞播任务的期待。"

2018年6月，又到飞播季，28岁的王斐终于可以参加飞播作业。带飞的机长是56岁的黄学伦，参加飞播造林28年，这是他停飞前最后一次执行任务。

"高度60米，保持好数据……"王斐在黄学伦的带教下，驾驶飞机满载着种子，掠过一眼望不到边的沙漠。

播撒完第一批种子，飞机返航，安全降落在沙漠深处。王斐顺着黄学伦的手指方向眺望，苍茫沙海里，按年头区分的播带界限分明。黄学伦18年前播种的地方原本寸草不生，如今已是植被茂密，成为沙漠里的一块绿洲。

"要学种子扎下根，不要学沙子一吹就跑。"黄学伦教王斐辨认飞播种子长出的植物，"这是沙蒿，小小一株，能把流沙牢牢固住；这是沙拐枣，枝条更密，根系更发达；这是花棒，植株能达到3米，既能固沙，也有极高的经济价值。"

"黄机长在飞播一线坚守了28年，不就像这扎下根的种子吗？"亲眼目睹播区的变化，看到牧民发自内心对"老飞播"的敬重，王斐的内心泛起波澜，慢慢地爱上了飞播。

飞行员杨茂良曾有过到地方民航工作的机会，薪酬待遇比部队高出不少。"说实话，我也动过心。"杨茂良说，"如果仅仅为了饭碗，很多空军飞播人都有更多的选择。最终让我们坚持下来的，就是这么多年来飞播人锻造的种子品质——播在哪里，就在哪里扎根。"

笑傲风沙，青春染绿荒漠

戈壁滩上，一条在野地里碾压出的土跑道，长度不到500米。旁边支起的几顶帐篷，就是指挥飞行的塔台和飞行员的空勤宿舍。烈日下，官兵脸庞晒得黢黑，两臂晒得通红。

39年来，一大队官兵就是在这种艰苦条件下，创造了一个又一个飞播史上的绿色奇迹。

不畏艰难险阻，不怕孤独寂寞——这种笑傲风沙的英雄气概，彰显了飞播种子的精神内核，也融入了一代代空军飞播官兵的血脉。

那年盛夏，老飞行员兴伟带着新飞行员李铜从本场驾机飞往位于播区的某机场。李铜按兴伟的提示目视寻找机场，可是盘旋了一圈，怎么也找不见。

"在那儿！"看李铜干着急的样子，兴伟伸手一指。这时飞机距离机场大约5公里,李铜远远望去,机场跑道看起来只有火柴棍般大小。他简直不敢相信,这里的飞播作业竟然一直使用如此狭窄简陋的机场。

这条"火柴棍"跑道不仅窄,而且短。更没想到的是,降落时大风不期而至,风速达到8米/秒。飞机像一片落叶飘来飘去,兴伟拉杆、蹬舵、接地……凭着一套娴熟的动作,飞机终于在跑道尽头停了下来。

"咱们一代代飞播人就是在这种土跑道上练出来的。"兴伟语重心长地对李铜说。

栉风沐雨,风险重重,但阻挡不了一代代飞播官兵把青春种在荒漠。犹如随"绿鹰"飞向大地的种子,在风吹雨打中扎下十几米的根,长出数米高的茎叶,染绿一片片大漠荒山。

1986年出生的高鹏,当年考上空军航空大学当飞行员,成为全县人民的骄傲,地方政府和亲朋好友敲锣打鼓为他送行。

前两年高鹏回家探亲,左邻右舍、亲朋好友挤满一屋子,一位高中同学问他:"听说你飞的是运输机,是咱们国家最先进的运-20吗?"

高鹏的回答,从容中夹着几分诙谐:"老同学,我飞的运输机是'20除以4',是运-5飞机。"

"啊!那不是拍老电影才用的飞机吗?"老同学有些失望。得知高鹏开运-5运输机干的是飞播造林的活,有人直摇头。

"很多空军飞播人都有过类似的经历。"飞行员任斌说,"亲友理解也好,不理解也罢,我们知道自己干的是一件有意义的事就够了。飞播过的荒山沙漠变绿了、变美了,就是对空军飞播人最高的褒奖。"

情系大地,忠诚化作绿荫

看着电视屏幕上的爸爸,一大队空中指令师张建刚的女儿张天微有些愣神。

电视屏幕里,中宣部"时代楷模"发布仪式上,张建刚和战友们出现在聚光灯下。主持人一手拿着运-5飞机模型,一手握着装满种子的瓶子,讲述着一大队创造的飞播奇迹。那一个个数据,让张天微深深震撼:飞播航迹遍布内蒙古、川、黔、陕、甘、青、宁等7省(区)130多个县(市),作业面积2600余万亩,播撒草籽树种万余吨……

这么多年,张天微还是第一次这样详细地了解父亲的工作。她想起小时候每次打电话给父亲问他啥时候能回来,他总是说:"快了,快了,任务完了就回来。"

"我们最大的幸运,就是肩负起为国奋飞为民造福的崇高事业,我为祖国去飞播,播绿生态为祖国!"舞台上,大队长辛嘉乘铿锵有力的话语,道出空军飞播人的奉献情怀。

经过一大队官兵32年的飞播造林,曾经被流沙围成孤岛的陕西榆林地区,消灭了境内860万亩流沙,绿色版图向北推进了400公里,植被覆盖率从1.5%提高到45.2%。2014年6月,当地政府宣告:榆林地区飞播治沙取得历史性胜利!

播绿一块土地,又奔向另一片荒芜。为了播下更多的绿荫,空军飞播人坚守初心,许多官兵来时满头乌发,走时两鬓微霜。他们说,干飞播造林,计利要计国家利,留名要留青山名。上了电视,成为"时代楷模",但空军飞播人都明白,他们的"战役"还没有结束,戈壁深处的不毛之地,光秃秃的野岭荒山,将是他们新的战场。

"天空没有留下翅膀的痕迹,但我已经飞过。"诗人泰戈尔这样写道。然而,大地知道,人民知道,空军飞播官兵的忠诚航迹,已经写在共和国的万里山河,写在播区群众的笑脸上。

(《解放军报》2021年2月4日1版,记者:李建文、张蕾,特约记者:刘海洋)

福建省"漳州110"

福建省"漳州110",全称为"福建省漳州市公安局巡特警支队直属大队",1990年引领全国建立110报警服务台和快速反应机制,实现了打击犯罪、维护治安、服务群众功能的有效整合,赢得了当地党委政府的充分肯定和人民群众的高度信赖,被百姓亲切地誉为"远亲不如近邻,近邻不如漳州110",推动"110"成为人民警察队伍的标志性品牌。中宣部当时会同有关部门,将"漳州110"作为全国重大典型进行宣传,在全社会引起广泛深刻影响。进入新时代,"漳州110"认真学习习近平总书记关于公安工作系列重要论述精神,坚持党建引领,筑牢忠诚警魂,深化警务机制改革,着力打造"漳州110"升级版,积极拓展建立网格治理"社区(乡村)110",进一步提升打击犯罪和服务群众的整体效能,有力推进基层社会治理体系建设,不断增强人民群众获得感、幸福感、安全感。

"漳州110"是忠实践行习近平总书记"对党忠诚、服务人民、执法公正、纪律严明"总要求的优秀公安基层单位代表,是新时代人民美好幸福生活的守护者,是基层社会治理体系和治理能力现代化建设的践行者。他们的先进事迹,集中体现了人民公安对党忠诚、听党指挥的政治品格,一切为了人民、一切依靠人民的价值追求,改革强警、锐意创新的奋进精神,克己奉公、无私奉献的良好形象。

"漳州110"不断探索完善警务机制增强实战本领

牢记初心使命　永做"人民的保护神"

全市刑事案件破案数同比上升14.4%，侵财案件同比下降46.2%，现行命案、"两抢"、"八类案件"和交通类案件全破，人民群众安全感率达99.12%，创历史新高——这是在新时代"漳州110"精神的示范带动下，福建漳州公安机关交出的出色答卷。

2019年1月6日，国务委员、公安部党委书记、部长赵克志到"漳州110"调研，要求牢记习近平总书记的殷切期望和深情嘱托，始终坚持以人民为中心的发展思想，始终坚持与时俱进改革创新，急群众之所急、想群众之所想，永远做"人民的110"，永远无愧于"人民的保护神"的光荣称号。

只争朝夕担使命，不负韶华续新篇。一年来，漳州市公安局党委和"漳州110"全体民警不负荣光、忠诚使命，始终坚持以人民为中心，着眼止于未发，着力更快更灵，推进共治善治，不断探索完善警务机制，用真本领、新贡献守护好"人民的110"这面旗帜，不辜负"人民的保护神"这一崇高赞誉。

自我突破，"四警四化"机制不断优化

1月4日，"漳州110""创新'四警四化'警务机制，为群众创造美好生活体验"项目获"点赞漳州2019十大民生实事项目"第一名。

"主动预警、精细布警、多维接警、动中处警和智能化指挥、精准化服务、标准化执法、专业化建设"——"四警四化"现代警务机制是"漳州110"多年来勤务改革经验的总结提炼，更是对现代警务机制提档升级理想的实践探索。

——通过开展研判预警、驻点预警、精准预警，常态化、动态化分析警情、舆情、社情，敏锐感知风险隐患，并从模式、路段、时段、装备等方面引导警力精细布防，最大限度止于未发、快速反应。

——通过全方位升级"互联网+接处警"平台，实现多维接警，满足群众在不同环境的报警需求。与阿里巴巴安全团队共同研发高德打车App"一键报警"功能，实现数据共享、快速处置。

——通过前端后端科技支撑，实现全景可视化指挥调度；成立110大数据中心，开发应用大数据"天智"平台，汇聚各类基础数据2050亿条；研发"110巡逻车一体化实战平台"，启用车牌抓拍等新技术，实现接处警勤务、移动视频监控等功能一体化。

——通过强化专业化训练，推进执法标准化建设，实现实战引领实训、实训服务实战。

在主城区不断优化的同时，"四警四化"还在漳州县级公安机关全面开花。各地依托县级巡特警反恐大队，移植"漳州110"经验，涌现出龙海"一键报警"、云霄"勤务指挥室"、平和"人机犬"协同等一批具有区域特色的"110式"警务亮点，形成"以110为龙头，市县两级巡警、特警大联动、大联防"协作格局。全市共设立28个警务区、49条巡逻路线，共有286个警组1097名警力，平均每个时段同时有63个警组335名警力在"动中处警"。

一年来，"漳州110"运用"四警四化"警务机制共接处警6.45万余起，5分钟内到场率80.72%、10分钟内到场率100%，非违法犯罪类警情现场调处率88.69%，群众满意率始终保持100%。

全警发力，服务群众能力明显提高

2019年1月10日，漳州市公安局成立学习宣传新时代"漳州110"精神工作领导小组及办公室，进一步掀起弘扬新时代"漳州110"精神高潮。

作为"漳州110"精神发祥地，漳州市公安机关始终以新时代"漳州110"精神为引领，推动全警创新发展。通过建立健全涵盖重点车辆、重要目标单位、寄递物流企业的风险防控责任链条机制，形成排查、管控、化解的合力。通过健全扫黑除恶专项斗争17项工作机制，健全完善五个预警平台、四项预警机制、三种预警措施的"543"反诈骗预警体系,进一步深化智慧侦查,提升攻坚能力。

在"不忘初心、牢记使命"主题教育中,漳州市委把"弘扬新时代'漳州110'服务精神,牢记为民宗旨"作为主题教育专题之一,漳州市公安局党委把"弘扬新时代'漳州110'精神、提升服务质量"作为主题教育专项整治自选项目,组织各警种深入基层开展蹲点调研,查找不足,破解难题,重点整治服务群众、服务基层中的堵点、痛点、难点等问题。

2019年9月,"漳州110"在广泛征求群众意见的基础上,以民意为导向创新改进工作。针对路面侵财犯罪作案快、逃离快、止损难的特点,探索建立"110快侦"机制,坚持情报研判、图侦手段与路面出警同步上案、同步侦查,第一时间挽回群众损失。

2019年10月,针对群众反映"移车难"等问题,漳州市公安局党委把"提升移车通知便民服务水平"作为主题教育即知即改的专项任务,与电信公司合作布建系统,研发漳州"114移车通知服务平台",目前,平台日均受理移车通知求助话务500余起,有效提升公共服务水平。

共治善治,社会治理体系日趋完善

一年来,漳州市公安局推动建设"民生110""社区(乡村)110""民间110"等创新做法,共建共治共享的社会治理体系不断呈现新局面。

2019年7月,漳州市12345便民服务平台全面升级,64个市直部门联勤联动,实现公安110与"民生110"三方通话、平台流转,共流转非警务事项7902起,同比上升452.6%。联动单位共源头处置各类非警务事项12万余起,确保群众诉求第一时间得到专业、高效的服务,助力公安资源回归主责主业。

2019年8月,漳州市公安局将新时代"枫桥经验"、新时代"漳州110"的"止于未发、共治善治"精神和北京市公安局的派出所长兼任街道(乡镇)党政班子成员、河南省"一村一警"的经验做法有机融合,创新推动以综治网格中心为依托,网格员、警员"二员"为主干,治安巡防队、志愿服务队等若干支专门队伍为支撑的城乡社区网格治理"2+N"模式暨"社区(乡村)110",共配齐配强网格员2216名、警员2744名,实现全市所有社区(村居)

"二员"全覆盖。排查化解矛盾纠纷2836起,排查整治安全隐患4231个,提供各类违法犯罪线索503条。

此外,他们还推动构建志愿共治的"民间110",研发推广"芗里芗亲"App,设立10余项便民服务项目,组织平安志愿者队伍4485支29.1万名,组织开展各类义务巡防800余万人次,开辟了专群结合新路子。

(《人民公安报》2020年1月12日1版,记者:韩志忠,通讯员:方奕阳)

人民至上 使命向前

近日,记者走进坐落在福建省漳州市区碧湖公园湖心岛的"漳州110"基地,一阵阵口号、警歌此起彼落,热闹非凡。这里正在召开每月一次的整训会,台下队员坐姿笔直、目光炯炯、精神抖擞。

"我们作为一线单位,日常接处警直面群众利益需求。我们要牢牢把握'坚持人民至上'宝贵经验,始终牢记'人民的保护神'重要嘱托,想群众之所想、急群众之所急,让群众体验更多实实在在的幸福感、获得感、安全感。"漳州110"第七任大队长李斯祺对全体队员讲道。

30多年来,"漳州110"历经7次重大警务改革。他们始终坚守为民初心,通过创新发展,做到与时俱进。目前,漳州市公安局在"四警四化"警务机制的基础上,进一步推动110警务改革,组建110大数据合成作战中心,打造全息作战体系,实现更快破案、更多挽损、更好服务,群众获得感大大增强。

当日,记者跟随"漳州110"四中队执勤。18时许,对讲机传来指挥中心指令,称在鸿浦豪园旁边,莫先生酒醒后发现身上2万多现金被盗。

"漳州110"出警民警一边安抚报警人,一边将情况上报中队指挥员。中队指挥员立即指令便衣组前往,便衣组到达现场后走访群众、调取民用监控,及时将有关要素信息、线索上传至合成作战中心。合成作战中心很快锁定嫌疑人身份，于21时30分发现嫌疑人踪迹。便衣组第一时间将嫌疑人吴某、张某抓获，从其身上搜获现金2.9万元。

在漳州，运用全息作战快破快挽已是常态。2021年12月10日9时许，"漳州110"民警接合成作战中心指令，前往下洲花园抓捕盗窃嫌疑人许某，该人涉嫌盗窃购物卡。经过30分钟蹲守，便衣组控制住嫌疑人。通过警组进一步深挖拓展，破获一起涉案金额600余万元的盗窃案件，现场查获赃款117万元。

据统计，2021年1月至11月，"漳州110"根据合成作战中心的线索指令抓获嫌疑人1445名，现行抓获率达98.7%，挽损率达81.8%。

"漳州110"坚持24小时巡逻守护，做到警车常见、警灯常亮，特别是重要商圈、学校和企业周围，增设10余个执勤点，加派警力，定点值守，动中备勤。同时，把"再快一秒"作为永恒追求，不断调整勤务模式，策应全息作战，目前"漳州110"5分钟限时到场率达91%，10分钟到场率达100%，非违法类警情现场调处率达93%，群众满意率继续保持100%。

开展护学岗勤务是"漳州110"定点守护的一项重要工作。他们在学生上放学人流集中的时段到市区24个校园进行护学。截至2021年12月21日，"漳州110"共开展护学岗勤务2712场。

30多年来，漳州老百姓心中"找110评评理"的信任感和权威性与日俱增。据统计，"漳州110"平均每天接警130余起，其中纠纷求助类占80%以上。"群众一有情况就会拨打110，证明对我们高度信任。"接警员刘雅玲告诉记者。

关乎群众的事，群众最有发言权。记者来到漳州市中山公园门口，提起"漳州110"，市民纷纷点赞。市民老王是一位垂钓爱好者。他告诉记者，2021年10月19日，他像往常一样和几名老友在九龙江中山桥下钓鱼。突然一声巨响，"有人落水了，快报警"，身边的老友大喊并拿出手机报警。只见50米开外的桥墩旁有一名女子在湍急的江水中若隐若现，情况十分危急。几分钟后，"漳州110"警组就带着救生装备赶到现场，民警辅警毫不犹豫纵身一跃跳入江中，警民协作奋力救起落水女子。此时，落水女子已失去意识，"漳州110"增援警组也来了，他们脱下警服外套盖在落水女子身上，并立即展开紧急救治，最终落水女子转危为安。

一路走来,"漳州110"一心为民,永做人民的110的庄严承诺始终未改。大家纷纷表示,要把建队创队的老传统、好传统发扬下去,以党的十九届六中全会精神为指引,沿着新的赶考之路勇毅前行,以优异成绩迎接党的二十大胜利召开。

(《人民公安报》2022年1月24日1版,记者:韩志忠,通讯员:林党委)

山东港口集团青岛港"连钢创新团队"

　　山东港口集团青岛港"连钢创新团队",是张连钢同志为带头人的全自动化码头建设创新团队。自2013年组建以来,该团队认真学习贯彻习近平总书记努力打造世界一流的智慧港口、绿色港口的重要指示精神,秉承科技报国志向,坚持自主创新理念,锐意进取、敢为人先,团结协作、集智攻关,破解一系列技术难题,构建一整套技术标准,建成了一座拥有自主知识产权的全自动化码头,成为工业互联网在港口场景中应用的成功案例,提供了智慧港口建设运营的"中国经验""中国方案"。

　　"连钢创新团队"是习近平总书记关于建设科技强国、海洋强国、交通强国系列重要指示的忠诚践行者和模范推动者,是立足本职爱国奋斗的优秀代表,是构建新发展格局的自主创新生力军。他们身上鲜明体现了新时代劳动者执着专注、追求卓越的工匠精神,体现了广大科技工作者矢志报国、勇于创新的家国情怀,体现了广大国企职工勇挑重担、敢于争先的责任担当。

建设中国自己的全自动化码头

——走近山东港口青岛港"连钢创新团队"

16台蓝色自动化桥吊矗立在茫茫雾海中,娴熟地伸开臂膀,抓起自动化导引车上的集装箱。

黄海之滨,胶州湾畔,山东港口集团青岛港全自动化集装箱码头,创造了世界集装箱码头行业一个又一个奇迹。创造青岛港奇迹的,正是"连钢创新团队"。

拉开国内建设全自动化码头序幕

"25.9""26.0""26.1"……

屏幕上的数字不断跳动,20时20分,数字定格在"26.1"!

有人欢呼雀跃,有人热泪盈眶,紧紧相拥。

桥吊单机效率达到每小时26.1自然箱,创世界自动化集装箱码头商业运营首船作业最高效率——青岛港全自动化集装箱码头诞生了。

"开局很难!""连钢创新团队"带头人、山东港口集团高级别专家张连钢娓娓道来,2013年中国在世界前十大集装箱港口中占据七席,却没有一座自动化码头。

如何紧跟步伐,转型升级?25人组成的"连钢创新团队"率先拉开国内建设全自动化码头的序幕,张连钢受命担任组长。

中国有能力搞自动化码头?外界一片质疑。立项后,张连钢率团队出国"取经",无奈国外同行"连捂带盖","连钢创新团队"四处碰壁,收获甚微。

返程路上,张连钢闷了一路,立志要建设中国自己的全自动化码头!

逢山开路,遇水架桥。"拼命都不一定能干好,不拼命肯定干不好。"项目组成员如饥似渴补知识，通宵达旦连轴转。写了上万字的考察报告，开了上千次的分析论证会。研究、争论、试验、修改……

徐永宁，码头数据中心建设调试的顶梁柱。项目关键期，妻子却罹患癌症。天尚未亮，他送妻子去医院化疗；白天，他一头扎进调试工作；晚上，他奔赴医院陪床。一米八的汉子，满眼血丝，瘦骨嶙峋，硬是没耽误半点工作。

"她还是走了。"徐永宁拭干眼泪，全身心扑在项目上。

2017年5月11日，一期投产成功。那天，徐永宁望着屏幕上的数字，偷偷背过身子，哭得像个孩子。

"每一个脱颖而出的楷模，一定是把个人奋斗融入滚滚的时代洪流，把个人的命运和国家、民族的命运紧密相连。"山东港口青岛港党委副书记王新泽说。

不断刷新自动化码头作业的世界纪录

2018年3月13日，英国伦敦，全球自动化码头峰会现场。

NAVIS码头系统总裁斯科特走上颁奖台宣布："获得'自动化码头最佳效率奖'的是——青岛港全自动化码头！"

过去，他们从未邀请过亚洲港口；现在，中国不仅参加了，还以主报告人的身份登场。"连钢创新团队"何以让世界刮目相看？

"ECS设备控制系统相当于指挥设备高效运转的小脑。但这项技术被一家外国公司垄断。"张连钢说，"我们做了一个决定——摆脱掣肘，与设备制造方上海振华联手攻关！"

ECS研发路并非一帆风顺。"2016年，我们对ECS研发进行阶段评估后，发现功能达不到需求。"项目组成员杨杰敏叹了口气，"码头几十亿元的投资，可能就转不起来。"

"采用非常规手段，彻底打破原来的思路！"杨杰敏带领攻关小组重新上阵，在上海长兴岛闭关3个多月。2016年8月26日，曙光终于到来：6辆自动导引车组成车队，在模拟仿真平台和码头现场同步开展系统实测，全部流畅运转。

"我们一直在完善码头系统功能和作业流程，提升作业效率。"团队成员李波介绍，为压缩桥吊作业循环时间，在抓放货箱两个环节，他们又细分出十几个环节，"要一秒一秒地细抠。"

创新为核，一张张耀眼的成绩单来说话。

——2017年12月3日，在"以星芝加哥"轮作业中，"连钢创新团队"一举创出单机效率每小时39.6自然箱的新纪录，青岛港自动化码头单机效率全面超越人工码头。

——2020年12月17日，第六次刷新世界纪录，在"德翔普南"轮作业中，桥吊单机作业效率达到每小时47.6自然箱，超越今年4月份创造的每小时44.6自然箱的成绩。

抢占新一轮智慧码头建设制高点

2018年3月8日，人民大会堂，习近平总书记参加十三届全国人大一次会议山东代表团审议时指出："要加快建设世界一流的海洋港口、完善的现代海洋产业体系、绿色可持续的海洋生态环境，为海洋强国建设作出贡献。"

建设海洋强省，山东任重道远，更须策马扬鞭。2018年8月，"连钢创新团队"吹响了二期建设的号角。这一次，"连钢创新团队"站得更高、看得更远：走向真正的智能化，抢占新一轮智慧码头建设制高点。

如何抢占？从省情出发。山东是富氢大省，但缺乏有效利用，氢气作为副产品白白浪费；5G技术，未来自动化行业竞争的新蓝海。跳出传统路子，"连钢创新团队"做出大胆尝试："氢+5G"，成为二期项目主攻方向。

"联合攻关、集成创新！华为、中国联通、航天科技……'新朋友'陆续加入，团结一心，誓将自动化码头的上下游供应链条留在民族企业！"他们底气十足。

"工业互联网协议总是间断失效，视频信号时断时续，16毫秒延时的确会对生产造成作业隐患。"徐永宁回忆。

试验，修改；再试验，再修改……2018年11月，"连钢创新团队"再攀高峰，成功实现在5G网络下岸桥自动抓取和运输集装箱及高清视频数据回传的全场景应用。

"这不再是传统的'大块头'。"张连钢指向码头上的自动化轨道吊，"我们以自主研发氢燃料电池组为动力，为设备'瘦身'，降低了设备结构复杂度、设备维保量和维修费用，而且发电效率高。"

短短18个月，2019年11月28日，全球首个5G智慧码头诞生了。"这次，我们推出了自主研发、集成创新的6项全球首创科技成果。"张连钢脸上洋溢着自豪。

世界移动通信大会上，"连钢创新团队"赢得了这样的评价："青岛港自动化码头作为全球首个5G智慧码头，为世界5G应用奠定了基石！"

站在码头，安静如常。桥吊在空中划出优美的弧线，一个个集装箱起起落落。远方，"中国智造"旗帜高高飘扬。

(《人民日报》2020年12月30日4版，记者：侯琳良、李蕊)

山东港口"连钢创新团队"：突围破壁争创一流

碧海蓝天之间，山东港口青岛港全自动化码头上杳无人踪，生产作业却如行云流水。16台蓝色自动化桥吊矗立海边，从来自全球各地的巨轮上卸载着集装箱；高速轨道吊在堆场上往来穿梭；自动导引车流转自如，重达数十吨的集装箱被轻巧抓起、精准堆码。

这个全球领先、亚洲首个真正意义上的全自动化集装箱码头，用3年走完了国外常规8年至10年的路。更为难得的是，这项"世界第一"是在国外严密的技术封锁之下，由山东港口青岛港全自动化集装箱码头团队——"连钢创新团队"依靠自主创新实现的。

严密封锁：落后技术喊出天价

1993年，世界第一个自动化码头在荷兰诞生。随后20年里，全球自动化码头的设施及核心技术被发达国家掌控垄断，自动化码头对港口大国中国来说还是空白。

"世界排名前10的集装箱码头，中国占据了7席，但中国没有一个自动化码头！"山东港口青岛港党委副书记王新泽说，我国港口规模、货量虽然持续上升，但集装箱码头的现代化水平远远落后于国外。随着世界集装箱海运量不断增长、集装箱船舶日趋大型化，自动化集装箱码头在降低人工成本和装卸能耗、提高港口通过能力等方面的优势日趋凸显，成为中国港口必须突破的迭代升级方向。

2013年，我国正式发出"一带一路"倡议。就在这一年，青岛港悄然启动了建设中国全自动化码头的引擎，开始了迈向科技强港的升级蝶变。"每个港口特点不同，我们不可能照搬照抄，也没有东西可抄。我们只有根据青岛的口岸实际、货源结构、码头流程、操作习惯，设计出自己的工艺流程、总平面布局和技术指标体系及规格参数，才能构建起一整套合理的集成方案和实施策略。"因病尚在康复期的青岛港国际股份有限公司副总经理、"连钢创新团队"带头人张连钢回忆起当时的情景说道。

彼时，张连钢和20多名同样不甘心中国港口落后于国外的青岛港技术骨干，接下了这一任务。由于国内没有经验可供借鉴，"连钢创新团队"先后到荷兰、英国、德国、西班牙等国外自动化码头考察"取经"，但得到的却是迎头一盆冷水。

"全程只让我们在车上看，不准下车、不准拍照，不提供任何数据和技术规范。外方对我们的瞧不起和防范毫不掩饰。"团队成员张卫告诉记者，国外企业认为，凭中国当时的技术，做出同等水平的码头至少要10年，建议青岛港直接购买他们的成熟技术。

但外方视若珍宝的"成熟"技术，却让"连钢创新团队"在心里打起了鼓。团队成员李永翠说，国外自动化港口负责水平运输集装箱的无人驾驶导引车，使用铅酸电池驱动，工作8个小时就得人工更换电池。码头规模化后要配备超过1000吨的电池，每周就要淘汰10吨。她说："就这个我们认为投资高、风险大、效率低、应该改进的技术，外方见中国没有，就喊出了上亿元的天价。"

励志图强：白手起家自主创新

可供引进的技术不成熟，还可能导致今后自动化码头建设长期面临国外技术的掣肘；自主研发则毫无经验，甚至不一定能成功。两难之下，项目组陷入焦虑和迷茫。

就在此时，张连钢拍板了："全自动化码头不是西方人的'专属'，他们能做到的，中国人也一样能做到，而且可以做得更好！"他和团队下定决心，要靠中国人自己的力量，以自主创新打破封锁，建设世界一流的全自动化码头。

项目组开始千方百计搜集信息，如饥似渴"恶补"自动化码头专业知识。回国后，每个人都通宵达旦"连轴转"，每个专业都形成了上万字的报告，夜以继日召开专题分析论证会，用计算分析、逆向推导、模拟仿真等方法艰难推进。仅仅是出入集装箱卡车的闸口布局，团队就先后设计了40个方案。

从2013年到2017年，自动化码头规划和建设的过程中，"连钢创新团队"仅技术研讨会就开了3000次。团队成员个个成了"拼命三郎"：李永翠为方便与国外专家交流技术，曾连续一年多下半夜起来工作；在码头数据中心调试的关键时期，网络系统负责人徐永宁的妻子罹患癌症，在妻子生命最后的一年多时间里，徐永宁白天上班、晚上陪床，从没有耽误过工作；负责土建的周兆君，心脏三根血管里有两根打上了支架……

李波告诉记者，由于没有经验，第一个堆场的集成测试用了整整15天。那时，离开港的日子还不到半年，还有18个堆场等待测试。"当时我整个人都傻掉了。"他说，按照这一进度，所有堆场全部测试完还要9个月。于是，整个团队连续十几天吃住在单位，白天在现场测试、记录问题。晚上就聚在一起查看系统代码，逐项讨论测试案例和测试方法，确定第二天的测试内容。第二个堆场53个流程、1200个测试案例，只用了7天；第三个堆场只用了3天；再到后来则是多个堆场同时开展迭代测试。

2017年5月，青岛港自动化码头落成。团队用三年半时间完成了国外通常需要8至10年的任务，建成了全球自动化程度最高、作业效率最快的自动化码头。

再开新局：关键技术靠自强

行走在青岛港自动化码头上，张卫满脸自豪。他告诉记者，当年他们抱着学习的心态去参观国外的码头，如今轮到国外同行来青岛港学习了。

"当年外国人不让我们下车、不让拍照,但他们来我们这里,我们允许随便看、随便拍。"张卫说,青岛港自动码头的核心技术,仅凭拍照和计算,是学不走的。除了技术创新外,更关键的是工艺布局和流程,这是自动化码头的核心。正因为团队结合实际自主创新,才规划、设计出了符合青岛港实际的,具有自主知识产权、世界最强的全自动化码头蓝图。

他介绍,青岛港不仅攻克了自动化码头的核心技术,还首创了机器人自动拆装集装箱扭锁,世界最轻、自动充电、不受续航时间限制的自动导引车,轨道吊"一键锚定"系统等一大批世界领先的最新技术,被业内认为"彻底改变了全球自动化码头的行业格局"。

在最为关键的单机效率方面,国外同行普遍在每小时25自然箱以下。但青岛港自动码头的"起点"就达到了26箱,半年之后突破了35自然箱。2017年12月,在"以星芝加哥"轮作业中,更是一举创出单机平均每小时39.6自然箱的新纪录,远超人工码头的效率。

一期工程达到了世界领先水平,但张连钢的视野不仅于此。在他看来,山东是世界级石化地炼集群所在地、富氢大省,但由于无法有效利用,大量副产品的氢气被白白浪费。而5G技术,已经是世界公认新技术革命的风口浪尖,也是未来自动化行业竞争的蓝海。他最终确定,以"氢+5G"作为自动化码头二期的主攻方向。

2018年8月,"连钢创新团队"吹响了自动化码头二期建设的号角。除了与老伙伴上海振华港机再度联手,华为、中国联通、航天科技等一批国内顶尖企业也加入进来。多家企业联合攻关,集成创新,誓将核心技术牢牢握在自己手里,将整个自动化码头的上下游供应链条留在民族企业中。

开创性地建成免维护集装箱堆场,解决了"码头堆场不均匀沉降和平面度"这一困扰世界港口界的难题;16002米的轨道梁工程提前30天完工,15762米的钢体轨道15天铺设完成;顺利将高4米、宽2米的氢燃料电池模块与轨道吊合体,350个电控接口和控制接口在72个小时内建成……2019年11月28日,短短15个月,青岛港自动化码头二期建成投产运营,推出了自主研发、集成创新的6项全球首创科技成果,再次以中国"智"造、中国创造的全自动化码头科技向全球港航业奉献了"中国方案",将世界高科技码头的王冠揽入怀中。

山东港口集团党委书记、董事长霍高原说,"连钢创新团队"以关键共性技术、前沿引领技术、现代工程技术、颠覆性技术创新为突破口,敢于走前人没走过的路,连续攻克10多项世界性技术难题,实现10项全球技术首创,为全球自动化码头建设运营提供了"中国经验"和"中国方案"。

"我们最深的感受是,关键核心技术是要不来、买不来、讨不来的。"张卫告诉记者,西方在高科技领域设置了重重技术专利壁垒,中国企业尤其是国有企业,更要敢于走前人没走过的路,通过自力更生、自主创新,努力实现具有核心竞争力的中国"智"造。

争创一流:新时代"枢纽港"转型提速

从曾经的小渔港蜕变至如今的全自动"幽灵码头",背后是一连串耀眼的"全球首创"。在青岛港,有全球首次研制成功的机器人自动拆装集装箱扭锁;全球首次研制成功的轨道吊防风"一键锚定"装置;全球首创的自动导引车循环充电技术;全球首创非等长后伸距双小车桥吊;首创高速轨道吊无轮缘车轮设计,避免车轮啃轨。同时实现岸边全自动无人理货、全自动喷淋熏蒸消毒、全自动空箱查验、冷箱温度自动监控……

技术创新同样为青岛港带来了盈利的提升。今年以来,受新冠肺炎疫情影响,国际贸易和投资均出现较大萎缩,但青岛港总体业绩却依然保持稳健增长。近日公布的半年报显示,2020年上半年,公司共实现营业收入60.72亿元,同比增长1.21%;实现归属于上市公司股东的净利润20.13亿元,同比增长0.24%。而在2017年、2018年、2019年三年,青岛港营业收入和净利润连续三年保持正增长,净利润最高增长率达18.09%。

对于青岛港全自动化码头的建设者"连钢创新团队"而言,全自动化码头建成不是终点,而是起点。为了让新生的青岛港始终走在自动化码头的前列,他们还在不断对系统进行优化升级。开港作业至今,几个主要系统累计升级173次,优化功能2000多项。经过一次次优化升级,自动化码头流程管控系统已经成为一个有灵魂、会思考,可智能决策、系统管理的"最强港口大脑"。

9月22日,在全国"第十七届中国土木工程詹天佑奖"评比中,山东港口青岛港前湾港区迪拜环球码头工程即青岛港自动化码头工程荣获詹天佑奖。截至2020年8月,青岛港自动化码头已获受理和授权国家专利112项(其中发明专利69项,实用新型专利43项),国际发明专利5项;发表论文70余篇;软件著作权10余项;省部级科技成果20余项。

与此同时,青岛港还持续发力绿色港口建设,把生态保护放在港口战略布局优先位置。半年报显示,目前,青岛港已完成港内非道路移动机械备案、尾气检测、环保编码喷涂。散货堆场喷淋水枪自动化改造、大气智能网监测、氢能规划和氢能轨道吊改造、前湾港区冷库光伏发电……一系列项目正在紧锣密鼓地推进中。

(《经济参考报》2020年10月19日6版,记者:陈灏、罗逸姝)

10个抗疫一线医务人员英雄群体

被中宣部授予"时代楷模"称号的10个英雄群体包括：国家援鄂抗疫医疗队（北京医院、北京协和医院、中日友好医院、北京大学第一医院、北京大学人民医院、北京大学第三医院），军队支援湖北医疗队，华中科技大学同济医学院附属同济医院"尖刀连"，中部战区总医院战"疫"党员突击队，辽宁、上海、广东支援雷神山医院医疗队，江苏省人民医院援武汉重症医疗队，四川大学华西医院援鄂重症救治医疗队，中国中医科学院国家援鄂抗疫中医医疗队，天津市对口支援恩施州疾控工作队，军事科学院军事医学专家组。

广大医务人员在抗疫斗争中白衣为甲、逆行出征，舍生忘死挽救生命，诠释了医者仁心和大爱无疆。

逆行出征的生命守护者

——记国家援鄂抗疫医疗队

"人民至上、生命至上是我们永恒的信念,守护健康、守护生命是我们终生的职责。"

9月8日,在全国抗击新冠肺炎疫情表彰大会上,北京协和医院感染内科主任医师刘正印如是说。在武汉抗疫前线,他这样鼓励患者:"我们是来自北京协和医院的医疗队,你一定要相信我们,相信自己,好好地活下去。"

面对突如其来的严重疫情,北京医院、北京协和医院、中日友好医院、北京大学第一医院、北京大学人民医院、北京大学第三医院6家医院迅速组建国家援鄂抗疫医疗队,白衣为甲、逆行出征,成为援鄂抗疫的重要力量,承担着风险最高、难度最大的危重症患者救治任务。

国有难,召必至。国家援鄂抗疫医疗队第一批到达、最后一批撤离,慎终如始,用坚守传递必胜的信心,为打赢武汉保卫战、湖北保卫战作出重大贡献。

"国家队来了"

国家援鄂抗疫医疗队抵达武汉24小时后,武汉同济医院中法新城院区重症监护病房正式启用。当病区大门打开时,患者们蜂拥而入。"国家队来了!"很多患者拉着医护人员的手激动不已。

北京大学人民医院呼吸内科李冉医生记忆犹新:"每一名患者都渴望尽快得到救治。我们特别理解,开医嘱、问病史、查体、抢救……不愿意耽误任何一点时间,恨不得自己长出三头六臂。"

2月3日,作为北京大学援鄂抗疫医疗队领导组组长的北医三院院长乔杰,联合北大第一医院、北大人民医院以及来自河南的医护团队，进驻同济医院中法新城院区，组建危重症病房。从病房改造到收治患者，他们仅仅用了30多个小时。病区仅开放6小时便收治24名重症患者，并迅速满负荷运行，收治人数达到51名。北医三院危重医学科主任医师葛庆岗在微信工作群中写道："一个值得铭刻于心的日子，门外声声的叩门声撞痛着我们的灵魂。"

北京协和医疗队整建制接管武汉同济医院中法新城院区C栋9层西区重症病房，心脏、肾脏和重症专业的"特种兵"不断增援武汉。

北大人民医院王振洲医生穿上隔离服，就开始感觉到心悸气短，本想工作几个小时后脱下隔离服缓一缓。结果，电话不停地响起："120送来患者，准备接收！"王振洲继续坚持："我能撑得住！"他强忍住头痛胸闷，再次走向病房接诊患者。

"在我们绝望之时，你们逆行奔波、舍生忘死、科学施治，拯救了患者垂危的生命，增强了我们战胜疾病的信心。你们的到来，让处在疫情中心的我们，看到了阳光划破乌云的那道光芒！"这是一名患者写给医疗队的感谢信，北大人民医院高伟波医生珍藏至今。

"把能用的方法都用上"

重症救治是最难啃的"硬骨头"。国家援鄂抗疫医疗队的6家医院分别由党委书记、院长亲自挂帅，带领重症医学科、呼吸科等精锐团队，按照"一人一案"制订医疗救治方案。

刚到武汉，一向胸有成竹的北京协和医院内科重症医学科主任杜斌有点"怵"。在武汉市金银潭医院查房时，他发现一名患者的血气检测"二氧化碳"一栏测不出数字，他马上站在床边一点一点地调呼吸机……无论大事小事，他都亲力亲为。他提出的早期气管插管、俯卧位通气等重症救治经验，被写入国家诊疗方案。

北京协和医院医疗队采用协和ICU小组制管理模式。每组统筹匹配各个专业医生，充分发挥各专业综合诊治优势。北京协和医院党委书记张抒扬表示："把能用的方法都用上，全力救治危重症患者。"

挽救危重症患者生命，离不开"硬核武器"。体外膜肺氧合（ECMO）、无创呼吸机、有创呼吸机、转运呼吸机、监护仪等一到武汉，立刻在同济医院中法新城院区投入使用。中日友好医院医疗队在派出最精锐力量的同时，还支援了价值1500万元的生命支持设备和医用防护物资，使医疗队作战能力得到整体跃升。

一名新冠肺炎患者突然呼吸心跳骤停，北京医院外科ICU副主任常志刚带领多学科团队立即进入病房进行ECMO装机抢救。随着机器的运转，患者的氧饱和等指标逐步好转，病情开始稳定。当氧饱和达到100%的那一刻，在场所有的医护人员不约而同地鼓起了掌！

中西医携手抗疫，救治全程引入中医药，封住了轻症滑向重症的大门。作为全国中西医结合诊治示范医院，中日友好医院主管病区中西医结合诊治率接近100%。92岁的患者祁奶奶突然发热，体温37.9℃，血常规异常。中日友好医院外科重症医学科副主任段军决定实施中西医结合治疗。两名中医大夫立即进入病房查看患者，并视频连线后方中医肺病专家张洪春和杨道文。他们与国医大师晁恩祥深入讨论，对原方药进行调整补充。祁奶奶喝上新调整的中药后，次日体温恢复正常，症状逐渐改善，5天后顺利出院。

4月15日，最后一批撤离的国家援鄂抗疫医疗队——北京协和医院医疗队启程返京。被称为抗疫"压舱石"的20人专家团继续留守武汉，直至攻克最后的"重症堡垒"。

"我不知道你是谁，但我知道你为了谁"

在重症病房里，患者的生活起居都依赖护士的精心照顾。北医三院医疗团队首名治愈的新冠肺炎患者小丰出院，护理团队提前制作了特色小礼物——"毕业证书"和手折小星星，希望小丰能够分享她的康复经验，帮助更多的患者。

老李是一名新冠肺炎重症患者，还是位截瘫、膀胱造瘘患者，伴有严重的失禁性皮炎并发压疮，损伤程度已达Ⅳ期，一旦继发感染，引起多器官衰竭，后果不堪设想。北大人民医院护理部主任王泠毫不犹豫带着队员为患者清创换药，由于护目镜起雾视线不清，她弓着腰凑近创面，一点点地将坏死组织去除。当贴好伤口敷料、换上干净的纸尿裤时，老李泪流满面地说："谢谢，真不好意思，给你们添麻烦了……"

2月28日是患者王阿姨的67岁生日。常志刚带领轮班上岗的医生、护士端着蛋糕走进病房，蛋糕上面写着"新冠无情，人间有爱"。原来，医生查房时问起王阿姨的年龄，王阿姨半开玩笑地说："今天我就不填66岁了，明天就67岁了。"于是，医疗队精心准备，让王阿姨度过了一个难忘的生日。

在重症隔离病房，有一幕让北大人民医院重症医学科护士聂艳久久难忘：81岁的段爷爷痊愈出院的那天，执意从轮椅上下来，来到每位医护人员面前，深深地鞠上一躬。段爷爷还趴在床头，眯着近乎失明的眼睛，一笔一画写下感谢信："感谢北京医疗队，不远千里来武汉抢救病人，夜以继日，不知劳累。我不知道你是谁，但我知道你为了谁！"

生命无价，大爱无疆。国家援鄂抗疫医疗队和千百万医务工作者一起，用血肉之躯筑起阻击病毒的钢铁长城，挽救了一个又一个垂危的生命，成为抗疫主战场的生命守护者！

（《人民日报》2020年9月15日4版，记者：白剑峰、王君平）

闻令而动，勇挑重担

——记军队支援湖北医疗队

"人民军队医务人员牢记我军宗旨，视疫情为命令，召之即来，来之能战，战之能胜。"9月8日，北京人民大会堂，习近平主席在全国抗击新冠肺炎疫情表彰大会上发表重要讲话，对人民军队医务人员予以肯定。

新冠肺炎疫情发生后，全军部队坚决贯彻党中央、中央军委和习主席决策号令，闻令而动、勇挑重担，不负重托、不辱使命，为打赢疫情防控人民战争、总体战、阻击战作出突出贡献。

疫情防控中，军队支援湖北医疗队4000余名队员，白衣为甲、逆行出征，舍生忘死挽救生命。他们来自陆军、海军、空军、火箭军、联勤保障部队、战略支援部队和武警部队等各军兵种。

从进驻金银潭医院、汉口医院、武昌医院,到进驻火神山医院、武汉泰康同济医院、湖北省妇幼保健院光谷院区……白衣战士们争分夺秒救治患者,体现着人民军队履行使命任务的能力,展现着新时代革命军人的担当,书写着人民子弟兵对党和人民的忠诚。

出征,他们许下诺言:"若有战,召必至,战必胜"

2月初,火神山医院,一名新冠肺炎患者剧烈咳嗽,来自南部战区总医院的呼吸内科主任医师黄文杰,熟练地抽出一张纸巾,递到患者手中。看到患者担忧的表情,医生安慰他说:"放心吧,我就是冲着病毒来的!"

他们,都是冲着病毒来的——

这个除夕夜,空军军医大学西京医院呼吸内科医护人员,在给医院党委的请战书上,摁下29个红手印。没有犹豫、没人退缩,一个个鲜红的手印,昭示着他们的决心:"我们积极请战:若有战,召必至,战必胜!"

除夕夜,本是万家灯火、阖家团圆之时。来自天南海北的450名军队医护人员,放弃假期安排,火速驰援武汉,进驻感染患者病例多、医护人员压力大、医护力量迫切需要加强的地方医院。

"解放军来了!"陆军军医大学医疗队进驻金银潭医院48小时内接收确诊患者83名,海军军医大学医疗队第一时间接手武汉市汉口医院重症监护室,空军军医大学医疗队进驻武昌医院率先开展病毒核酸检测……

2月17日,军队支援湖北医疗队队员李丹到湖北省妇幼保健院光谷院区感染控制科担任主任。当时,这里还是一座基础设施尚未完善的在建医院。经过50多个小时的准备,医院具备了接收首批患者的条件。从军27年的李丹,长期负责火箭军某基地医院的疾病预防控制工作。如今战斗在新的岗位,仍与感染控制打交道。李丹说:"严格,是对生命的承诺。我们的职责就是要搭起阻断病毒的'健康之门'!"

没有生而勇敢,只有选择无畏。在相关新闻评论区,网友纷纷点赞:"'解放军'三个字,对中国老百姓意味着绝对可靠、绝对可信、绝对能赢!"

是军人也是医生，他们毫不迟疑往前冲

午夜，火神山医院一科一病区，专家李琦仍然坚守在工作岗位。穿着厚厚的防护服到"红区"查房、开科室例会、参加重症患者会诊……一整天下来，已经55岁、患有严重呼吸睡眠障碍的李琦有些吃不消，血压飙升到180。

出征之时，他在行囊里装上了便携式呼吸机。"放心吧，我已经回到宾馆，睡一觉就好了。"妻子打来电话叮嘱他注意休息，他这样回答。

与李琦一样拼命的，还有大他1岁的传染病专家毛青。医院要扩大收容量，成立新的综合科，身兼医院专家组、感控组副组长的他主动请缨去当科主任；接诊的病人下肢瘫痪下不了救护车，他不顾髋关节的病痛第一个冲上去把病人抱下来……

从无畏坚守战位那刻起，白衣战士不断创造一个个"子弟兵奇迹"。"军人、医生，任何一个身份，都决定了我们必须毫不迟疑地往前冲！"毛青的话，道出了军队支援湖北医疗队每个人的心声。

穿上军装他们是战士，脱下军装和白大褂，他们也是一个个普通人。

一个班次下来，火神山医院护士郭玮摘下护目镜和口罩，额头、脸颊处的压痕清晰可见、许久不散，周遭的皮肤已开始过敏红肿。

每次戴口罩，患处疼痛都会加剧。看到战友为自己拍下的照片，爱美的郭玮哭了："不知道自己变成那个样子了。"网友安慰道：脸上的印痕有多深，对人民的爱就有多深。

他们，是最美的天使，真正的英雄。在这场争分夺秒的战役中，军队支援湖北医疗队白衣战士坚守在最前线，成为人民群众可以托付生命的人。

不负群众信任，他们与患者"并肩作战"

"感谢你们与我们一起并肩作战！"这是来自海军军医大学的医生孙双涛，写给患者的一封感谢信。

对于这封信，孙双涛有自己的考虑。他说："在你们眼里，我是医生，你们是病人；而在我心中，我们就是同一个战壕里的战友，新冠病毒就是我们共同的敌人！"

军爱民，民拥军，深情暖意流淌在白衣战士和患者心间。

在支援武汉金银潭医院时，一名年长的患者问护士刘丽："你们是解放军吧？"三级防护下，刘丽说不出话，只能点点头，比了一个"OK"的手势。

这名患者眉头舒展，松了一口气。看见这样的场景，刘丽却鼻子一酸，她意识到：绝对不能辜负他们的信任。

疫情期间，一段手语老师与聋哑老人郑春香交流病情的视频走红网络。郑春香被送入火神山医院接受治疗，入院初期，因无法跟医生沟通病情，对自己病情又不了解，她一直惶恐不安。

后来，火神山医院在武汉第一医院找到一位精通手语的护士赵洪玮。通过手语翻译，医护人员了解了老人的既往病史和病症，制订了详尽的诊治方案。"后来，每天都安排赵护士和郑奶奶视频一次。"火神山医院四科一病区主任吕铛烽说。

最艰难的时刻，人民军医与武汉人民同在。白衣战士们用生命守护生命，筑起一道防控疫情的钢铁长城。

4月，军队支援湖北医疗队悄然撤离武汉。撤离前，队员们认真地进行了物资清点、资料归档、医院移交等工作，留下了一尘不染的医院、队列般整齐的医疗器械……

（《人民日报》2020年9月22日13版，记者：李龙伊）

勇往直前　守护生命

——记华中科技大学同济医学院附属同济医院"尖刀连"

"无论病情多重，我们都不能放弃。"回忆起抗击疫情最吃劲的时候，华中科技大学常务副校长、附属同济医院院长王伟感慨万千。抗疫期间，同济医院主动改造两个院区，收治了3300多名新冠肺炎重症、危重症患者，成为武汉集中收治重症患者最多的定点医院。

在救治患者过程中，同济医院与40支援鄂医疗队、5000余名医务人员一起，组建了插管、护心、中医药、康复等8支小分队，被形象地称为重症患者救治的"尖刀连"——以"关口前移、多学科合作、精准管理"的科学救治理念，为提高重症患者救治率作出了突出贡献。

专科合作，挽救生命

新冠肺炎危重症有多险？"可能一个咳嗽，肺部就会严重受损。"同济医院急诊与重症医学科主任李树生说。

刚开始，医务人员通过对疑难病例和死亡病例的分析发现，大多数死亡病例并不仅仅是肺部受损，更多是由于身上的多种疾病、多器官受损导致死亡。

"大家要各取所长，发挥多学科优势，补齐短板。"同济医院副院长、光谷院区院长刘继红决定从同济医院调集人马，和各医疗队业务骨干一起，组建8支小分队。

小分队不仅在医学专业上密切协作，在组织结构上也互相合作。只要患者出现呼吸衰竭，插管小分队就快速实施气管插管和呼吸机治疗；如果患者炎症加重，护肾小分队立马实施血液净化治疗；当患者脱离生命危险后，康复小分队介入，开启肺部功能恢复，心理小分队在这时也开始对患者进行心理应激疏导……

"尖刀连"各小分队拧成一股绳，在救治过程中越来越得心应手，大家通过整理前期新冠肺炎救治的措施，共发布37个各类别共识和指南，规范了诊疗流程。

病例讨论，一人一策

"终于脱离危险了！"2月27日上午，当患者程某被抢救过来时，同济医院光谷院区护心小分队医生周宁兴奋地大喊起来。程某是第一批转到同济医院光谷院区的重症患者，此前，危重症患者死亡率高达61.5%。

"必须总结经验，不惜一切代价挽救患者生命。"为了找到死亡病例病程变化的共性问题，从2月11日起，每天下午3点，"尖刀连"都会召开疑难与死亡病例讨论会。各支医疗队领队、战时联合医务处、医院专家组成员必须参加，一个多小时的会议，专家们各抒己见。

随着临床经验不断积累，专家们总结出病程的变化规律，将患者分为比较稳定、有恶化趋势、可能有生命危险三个等级。"尖刀连"将患者的治疗关口前移，对每一位患者进行精准化救治管理，做到一人一策。"我们的医务人员24小时守在患者身边，每小时都给患者测量身体各项指标。"刘继红说。

到2月底，收治入院的病人几乎没有出现死亡，直到最后一名患者出院，同济医院光谷院区重症患者救治率保持在95%左右。3月10日，国务院应对新冠肺炎疫情联防联控机制医疗救治组印发通知，要求推广同济医院光谷院区重症患者救治管理经验。

克服困难，尽职尽责

在"尖刀连"里，一些医务人员很早就投入了战斗。1月23日下午，接到医务处紧急电话后，插管队队长、同济医院麻醉科党支部书记万里迅速在工作群吹响了抗疫集结号，并第一个报名。每次插管，万里都主动要求负责最危重的病人，他距离患者面部最近时只有10厘米。万里说，危险面前他必须义不容辞。

几个月的战斗里，"尖刀连"队员没有一个人退缩，大家的目标只有救人。几位医务人员在早期工作中还感染了新冠肺炎，治愈后又立马投入战斗。"既然选择了这个职业，就要承担这份职责。"护肾队队长、同济医院肾病内科主任徐钢说，"尖刀连"里不少队员是"90后"甚至"00后"，他们承担了大量工作，每个人都对得起自己从医时的誓言。

在疫情发生早期，防护物资相对紧缺，"尖刀连"的医务人员为节约防护服，最长在病房里待了10个小时，走出病房时，有的人甚至身体虚脱。"我们是生命的守护者，一天都不能停。"同济医院呼吸与危重症医学科主任赵建平说。

4月26日，同济医院新冠肺炎重症患者清零，消毒后医院再次重启。"经历过抗疫，我们会更加珍惜自己的工作，更加敬畏生命，尊重生命。"周宁表示。

（《人民日报》2020年9月21日6版，记者：田豆豆、吴君）

筑起牢不可破的安全屏障

——记中部战区总医院战"疫"党员突击队

宽阔的长江从武汉穿城而过，浩浩汤汤。中部战区总医院坐落在武汉市武昌区的核心街区，大门前人流熙熙攘攘，街市车水马龙。

医院门诊大楼前，醒目的"一切为了人民健康"标语在阳光的照射下熠熠生辉。

今年初，中部战区总医院2200余名党员医护人员，自发组成党员突击队，全力投入疫情防控阻击战，为人民健康筑起了一道牢不可破的安全屏障。

"责任，让我毫不犹豫赶赴抗疫战场"

农历小年夜，万家团圆。刚回到老家休假的中部战区总医院重症医学科主任邬明，正与家人享受难得的团圆，一阵急促的电话铃声响起。

医院卫勤部部长何君急切的声音从电话里传来："请你带队支援武汉市肺科医院，紧急扩建ICU。"

"我是共产党员、人民军医。责任，让我毫不犹豫赶赴抗疫战场。"邬明马上购买火车票，立即奔赴武汉。1月21日晚，邬明带领40名医护人员出征。

第一时间赶赴一线的，不只是邬明。护士长陈燕收到命令后，从报名到准备好出行被装，只用了15分钟；感染科护士王艳推迟了婚期，穿上防护服返回战位；休假在家的医护人员舒纯、王欢辗转2000多公里返岗；还在哺乳期的护士卞迪和王欢欢，把孩子托付给家人，直奔一线……

迅速的准备、坚决的行动，彰显着共产党员的担当。

大年初一，医院派出第二支医疗队支援武汉市第七医院。急诊科主治医师方庆深情抱了抱襁褓中的女儿，转身出征。他说："作为一名共产党员，危急时刻更要把职责和使命扛在肩头。"

"只顾忙着救人,没有时间害怕"

"病人呼吸困难,伴有心衰!"

中部战区总医院转运的一名危重患者在救护车上病情突然加重,情况危急,护士方萍立刻展开抢救。由于天气寒冷,护目镜不时起雾,穿刺难度大。看着病人情况不断恶化,方萍扯下护目镜,争分夺秒为病人穿刺注射。

"只顾忙着救人,没有时间害怕。"回忆起当时的情景,方萍很淡然。

在抗疫一线,中部战区总医院党员突击队的队员们迎难而上,冲锋在前。

一天查房,邬明刚进"红区"就遇到一名患者心跳呼吸骤停。情况万分危急,他来不及戴上正压头套,就开始为患者按压心脏,插管上呼吸机……终于,病人救过来了。"太危险了,我们都为他捏把汗。"一名护士回忆。

支援武汉肺科医院的74天里,党员突击队队员、护士长刘孟丽没有休息过一天,没有回过一次家。配合医生实施插管,做器官开放性手术,帮患者吸痰……每次遇到风险较大的工作,53岁的刘孟丽总是冲在前面。"身为党员突击队队员,危险的工作就应该抢着做。"刘孟丽说。

一名怀孕34周的新冠肺炎危重患者经多次转院,被送到中部战区总医院。为了挽救母婴的生命,呼吸、ICU、妇产、麻醉、儿科、感控、检验等10余个科室的党员专家参与救治。经过两个小时的紧张手术,一声清脆的啼哭声宣告了一个新生命的到来。令人欣喜的是,母子平安,医护人员也均未感染。

"经验和知识,正能派得上用场"

在抗疫一线创造奇迹,需要勇气和奉献,更需要知识与智慧。

对于中部战区总医院感染科主任医师江晓静来说,坐等从来都不是自己的风格。疫情防控初期,这位有几十年临床经验、又专攻病毒学的博士,立马开始科研攻关。

为了摸清病毒的"脾气秉性",江晓静经常"泡"在各个病房中,仔细询问每一位患者接受治疗过程中的感受,仔细分析每名患者不同阶段的病情变化,细化"一人一策"的治疗方案。很快,江晓静牵头拟定的新型冠状病毒诊疗方案出台,成为中部战区总医院前期的救治依据。

中部战区总医院抗击疫情的党员突击队里，有许多和江晓静一样经验丰富、视野开阔的专家教授。他们日夜攻关在科学救治第一线，探索治疗方案。

医院原感染控制科专家靳桂明退休已有6年。患有慢性病的她向医院党委主动请缨："我研究感染控制20多年了。经验和知识，正能派得上用场！"在她的现场指导下，内科楼短短48小时内就被改造成救治患者的标准病房，为第一时间抢救病人赢得时间。

中西医结合科主任何东初，将科研搬到抗疫战场，第一时间承担国家重点专项课题，结合过去抗击非典、腺病毒的经验，开展中西药结合治疗。后来，他的治疗经验被推广到10个病区。

据了解，抗疫过程中，全院发热门诊量达1.3万余人次，新冠肺炎专区累计收治患者831人，治愈出院760人。中部战区总医院政委卢海波说："党员突击队用血肉之躯，为人民群众的生命健康，筑起了一道牢不可破的安全屏障。"

（覃丽萍参与采写）

（《人民日报》2020年9月23日11版，记者：金歆）

白衣为甲　不胜不归

——记辽宁、上海、广东支援雷神山医院医疗队

9月8日，全国抗击新冠肺炎疫情表彰大会在北京人民大会堂隆重举行。现场聆听习近平总书记振奋人心的重要讲话，崔文权热泪盈眶。他说，此情此景，让他的眼前又浮现出在雷神山医院奋战的场景，那紧张、忙碌而又充实的日日夜夜。

2月8日，元宵节。大连市中心医院医生崔文权来到岳父家。饭菜刚摆上桌，崔文权就接到了出征支援武汉的电话。他放下碗筷，匆匆赶去机场和500多名战友集合，星夜驰援武汉。

当天，辽宁仅4小时就组建起支援武汉雷神山医院医疗队，成员主要来自

大连和锦州，涉及全省14个市、140余家医疗单位、1000多人。"凌晨抵达武汉，天刚亮就开始培训、建立党支部，并且很快就把病区收拾出来了。"辽宁支援武汉雷神山医院医疗队总指挥、大连医科大学附属第一医院院长徐英辉回忆道，"在雷神山医院，辽宁医疗队负责的首个病区2月12日正式接诊，一周内17个病区全部开始接收病人。"

疫情就是命令，医生就是战士。在雷神山医院这个没有硝烟的战场上，三省市医务人员分秒必争——

2月18日，第四批国家援助湖北中医医疗队广东领队、广东省中医院重症医学科大科主任邹旭带领61名广东医务人员抵达武汉。"每天早上6点半就出门，晚上近11点才回到住处，即使在往返医院的途中，也在交流诊疗方案，大家不愿意浪费一分一秒。"邹旭说，看到患者治愈出院时流下的眼泪，"再苦再累都值得"。

2月20日，上海第八批援助湖北医疗队521名队员入驻雷神山医院；22日一早，医疗队负责的4个普通重症病房开门迎接第一批患者；23日晚8点，ICU病区正式向危重患者开放……"放在平时，这样的速度是不敢想象的。"上海第八批援助湖北医疗队领队、上海交通大学医学院附属仁济医院副院长张继东说。

人民至上、生命至上，医务人员敬佑生命、救死扶伤，不放弃每一个可能，尽全力挽救每一名患者——

上海医疗队在近两个月的时间里和死神反复拉锯，将一名50多岁、多次病危的患者抢救了回来。到4月10日结束救治返程，上海医疗队在雷神山医院累计收治326名患者，其中大都是重症和危重症，还有很多是合并心梗、糖尿病等其他疾病的高龄老人。

3月12日，广东省第二十二批援助湖北医疗队全体队员转战雷神山医院ICU。担任领队的广州市第一人民医院副院长余纳坦言，面对28名危重症患者，压力巨大，"'雷神山'是必须翻过的一座'山'，我们绝不松懈，不胜不归！"这支整建制接管ICU的队伍，最终圆满完成了任务。

在抗击疫情的战场上，党员冲锋在前、青年勇于担当——

"支援雷神山医院让队员们得到了锻炼和成长，更加坚定了人民至上、生命至上的信念！"徐英辉说，截至3月31日，辽宁支援雷神山医院医疗队共收到入党申请书257份，在雷神山医院累计收治患者1094人，医务人员零感染。

"我给年轻人打100分！面对危险，他们没有害怕，谦虚、好学，在抗疫中迅速成长。他们必将成为我们事业的中坚！""60后"张继东说，要给青年医务人员点一个大大的赞！

医者仁心，舍小家、顾大家。上海仁济医院"95后"护士于景海和周玲亿因疫情取消了婚礼，又恰巧被选入同一支医疗队，在雷神山医院感染二科ICU病区并肩抗击疫情。2月28日下午5点20分，医疗队与武汉市江夏区政府等各方联手，在医院外的露天场地上，为这对新人举行了一场简单而难忘的婚礼。无数网友为这对并肩抗疫的情侣送上了真诚的祝福。

4月9日，最后一批上海、广东援助湖北医疗队撤离雷神山医院，标志着雷神山医院所有的外省份医疗队全部撤离。4月15日，雷神山医院正式关闭备用……三省市医务人员用他们的仁心大爱和精诚医术，为抗击疫情作出了突出贡献。

（《人民日报》2020年9月16日4版，记者：王金海、刘佳华、姜泓冰、姜晓丹）

用血肉之躯，为患者筑起"新的长城"

——记江苏省人民医院援武汉重症医疗队

"在全国抗击新冠肺炎疫情表彰大会上，当国歌响起时，在武汉的点点滴滴就浮现在眼前。"江苏省人民医院副院长、援武汉重症医疗队队长刘云说，国歌精神时刻激励着队员们为人民筑起一道"新的长城"，并肩打赢这一场抗疫硬仗。

驰援武汉61天，江苏省人民医院援武汉重症医疗队204名队员，始终在疫情的"风暴中心"与时间赛跑、和死神较劲，为患者带来生的希望。

建章立制，两小时内接管病区床位全部收满

"队伍都到齐了，整建制接管病区，谁能先上？"

"我们先上！"2月14日上午，武汉市第一医院召开会议，刘云第一个请战。根据部署，他们要在当日下午4点全面接管武汉市第一医院重症监护病区61张床位。

时间紧、任务重，刘云敢于请战的背后，是医疗队一落地就争分夺秒进行各项准备工作，以及第一时间建章立制确立工作规范。

14日凌晨3时，医疗队刚刚到达酒店，就迅速建立下设11个党小组的临时党支部，并通过结对子的方式覆盖到所有医务人员。同时，医疗、护理、感控管理、物资保障等10个工作组各司其职，为救治工作奠定组织基础。

既要"打胜仗"，又要"零感染"，怎么办？

自接到任务，刘云就严格督查队员们练习穿脱隔离衣："自己都不能防护好，怎么保证患者的救治？"医疗队在全员培训的基础上，又专门对首批进入病区的16名医生、24名护士强化感控培训。

14日下午4时，第一批医务人员进入病区，不到一小时就收治了40多名患者，短短两小时全部收满。

根据"应收尽收、不漏一人"原则，病区打破平时限制，以最快速度收治患者。医疗队制定了"52条家规"，明确哪些事能做、哪些事不能做。"只有严格训练才能带出合格队伍，只有合格队伍才能打赢硬仗。"刘云说。

医术精良，创新多种诊疗手段

医疗队接管后不久，一名67岁的女性重症患者转入，一系列治疗后，病情仍然持续恶化。与医院本部远程视频会诊时，专家组指出必须先紧急进行深静脉置管，进行中心静脉压的监测，评估患者血容量。

这样的操作往常必须在超声引导下进行，但时间紧急、条件受限，医疗队队员、江苏省人民医院急诊医学中心主任医师乔莉果断上前："我来！"她将患者头部转向左侧，用左手食指、中指在患者右颈部寻找血管穿刺部位，眼睛距离患者口鼻仅有10厘米……不到1分钟，穿刺成功，"生命通道"打开了！

"重症病房的患者一旦病情恶化,还可以转送到这里。但重症监护病房是最后兜底的,我们没有退路,必须全力以赴!"乔莉说。面对救治难题,队员们凭借成熟的医疗技术、过硬的心理素质,一次次掰开死神的手将病人硬往回拽。

江苏省人民医院党委书记唐金海介绍,援武汉重症医疗队是全省规模最大、配置最高、实力最强的医疗队,涉及重症医学科、呼吸与危重症医学科、急诊医学科、感染病科等多学科的王牌班底,其中重症医学科医务人数达到该科总人数的80%。

"俯卧位通气操作难度大,我们自创了'三明治翻身法',将患者从头到脚包裹在两层床单里,再合力翻身。"医疗队医疗组组长、江苏省人民医院呼吸与危重症医学科主任医师齐栩介绍,医疗队还创新总结了一系列操作规程,提供诊疗标准化实施方案。

人文关怀,让患者不再孤单

"有次治疗忙完后,一位80岁的老爷爷在纸上写下'我爱你',中间是一个爱心!"医疗队队员、江苏省人民医院重症医学科主管护师邓飞说,那是最开心的一天。

江苏省人民医院援武汉重症医疗队队员们在治疗中注重人文关怀,让患者更有信心地接受治疗。

"除了日常医疗护理,很多生活细节都需要照护。"邓飞介绍,患者常会感到焦虑孤独,把手机放在枕边会更有安全感;使用呼吸机的病人容易干燥,做加热湿化会感觉舒适;有些病人怕冷,就为他们准备好电热毯。

与治身体上的病同样重要的,还有精神上的关爱。"有位患者担心住在同一层的老伴。医务人员会在上班前用手机录下她老伴的视频,一接班就放给她看。病人心里踏实了,更加积极配合治疗。"医疗队队员、江苏省人民医院重症医学科副主任医师李金海说。

3月23日,圆满完成整建制接管救治任务后,医疗队又转战武汉金银潭医院,接管该院南楼六、七层两个重症监护病区。4月6日,又全面接管了三个重症病区全部危重症患者,为抗击疫情、救治病患作出了突出贡献。

医疗队就重点项目与金银潭医院全面交接,从管理、医疗、护理、院感、康复等各个方面和相关部门交流经验。"希望能和武汉分享更多江苏经验,留下一支撤不走的医疗队。"刘云说。

(《人民日报》2020年9月17日14版,记者:何聪、姚雪青)

守护患者 共抗疫情

——记四川大学华西医院援鄂重症救治医疗队

"只要有需要,我就会继续在一线战斗。"9月8日,四川大学华西医院重症医学科主任康焰在全国抗击新冠肺炎疫情表彰大会后说。作为华西医院第三批援鄂医疗队队长,康焰带领130多人在武汉奋战60天,救治了200多名危重症患者。从湖北返回后,他又接连投入到对黑龙江和乌鲁木齐的抗疫援助中……

新冠肺炎疫情发生后,四川大学华西医院援鄂重症救治医疗队共派出175名医务人员紧急驰援武汉。从1月25日第一名援鄂医疗队员乔甫踏上开往武汉的动车,到4月7日最后一批援鄂医疗队员撤离,医疗队进驻武汉大学人民医院东院和武汉市红十字会医院,接管了7个危重症病区,挽救了数百名重症、危重症患者的生命。

分区分级——

有针对性分配救治力量

作为重症救治队伍,2月7日来到武汉大学人民医院东院区后,摆在康焰等人面前的,是如何找出有死亡风险的病人,进行重点治疗。

当时,医疗队接管的两个危重症病区的80张床位里,已入住77名危重病人。按照1名重症病人配置0.8名医生、3名护士的需求,这支131人的医护力量尚缺大约2/3。怎么办?几经思量,康焰提出分区分级,有针对性地分配救治力量。

随后,医疗队把病区细分为红区、黄区和绿区。红区收治危重病人,黄区收治可能从重症转向危重症的病人，绿区收治症状相对较轻的病人。"医护力量集中救治红区病人，把红区的死亡率降下来，整个患者群的病亡率就下来了。"康焰说，经过分区分级后，对绿区的相对轻症病人，几名医务人员就可以照料。

撤离武汉前几天，医疗队队员刘瑶应一位患者请求，在他的白色外套上写下了自己的名字。"我要将衣服消毒后永久保存。"这名患者说，他入院时病情较重，长时间依靠呼吸机维持生命，经医务人员精心救治后顺利康复。

立刻行动——
全力以赴改造供氧系统

大年初一，华西医院呼吸与危重症医学科教授罗凤鸣，率首支援鄂医疗队进驻武汉市红十字会医院。"医院没有建设中心供氧站，日常运转中只能满足100多个病人的吸氧需求。"罗凤鸣说，氧压过低、氧量不足，成为当时困扰医疗队开展临床救治工作的头号难题。

不能等！医疗队和院方几经努力，请来刚刚参与雷神山医院建设的工程队，紧急改造供氧系统。9天后，全新建设的供氧站在武汉市红十字会医院全部病区投用，氧气直接输送至各病区，全部患者吸上了足够的氧气。

位于武汉大学人民医院东院区的第二支援鄂医疗队也遇到了氧气不足的问题。因此，在2月7日出发的第三支援鄂医疗队中，医用气体工程师张宏伟加入医疗队。张宏伟通过计算，找出了氧气不够的原因：一是原液氧气化器无法满足现有用氧需求，气化能力不足；二是新冠肺炎患者特殊供氧的病房过于集中，大流量用氧后，供氧管道管径偏小。

"要对医院的供氧中心进行改造。"张宏伟提出建议后，所有人立刻行动起来；2月15日，医院供氧中心改造完成，整个东院病区供氧不足的问题得到解决。

紧急转运——
同心协力创造生命奇迹

"赖巍、王鹏、曾鹏，组建紧急转运小组，把16病区一位危重患者转运到23病区来。"2月20日13时20分，康焰紧急点将，上演了一出20分钟带领病患穿越"生死线"的生命奇迹。

当天中午12时57分,16病区科主任吴雄飞在微信群发出紧急求援:该病区有位47岁的男性患者,病情持续加重。随后,病区收到康焰的回复:23病区可以接收。然而,两个病区虽处同一栋大楼,但一个在7楼,一个在14楼,这段路看似不长,但对于转运小组和患者来说,却是一道"生死线"。

紧急行动!武汉大学人民医院和华西团队随即组建起队伍,准备转运;就在准备转运时,患者情况急转直下……紧急转运小组讨论后,立即采用第二套预案,即在16病区进行紧急救治,待患者病情稳定后再转入23病区。此后,患者情况逐渐稳定,紧急转运小组决定立即转运。20分钟后,患者成功穿过从7楼到14楼的"生死线",不久逐渐康复。

同心协力,才能创造奇迹。2月12日,四川大学华西医院官方微博登出一张两名医生在武汉大学人民医院东院区隔空鼓励的照片,网友们纷纷点赞。

照片的男主角是华西医院感染性疾病中心党支部书记、副主任白浪,女主角则是他的妻子——四川省肿瘤医院重症医学科医生徐珊玲。两人互相隐瞒报名参加援鄂医疗队,前后脚走上了抗疫前线。尽管两人都被分配到武汉大学人民医院东院区,但为避免交叉感染,一直没见面。在难得的相遇后,夫妻两人不约而同做了个"加油必胜"的手势,温暖无数网友……

(《人民日报》2020年9月18日6版,记者:王永战、宋豪新)

疫情防控阻击战的中医力量

——记中国中医科学院国家援鄂抗疫中医医疗队

最近,化湿败毒颗粒获得首个海外药品注册批文,正式以药品身份进入阿联酋市场,中医药力量在全球抗疫中扮演重要担当。

化湿败毒方是治疗新冠肺炎有效方药"三药三方"之一,是中国中医科学院国家援鄂抗疫中医医疗队为救治新冠肺炎患者研发的中药创新药物。这支医疗队是首批驰援武汉的国家中医医疗队，由中国中医科学院组建，主要由西苑医院和广安门医院共35名医护人员组成，接管武汉金银潭医院南楼一病区，开辟中医抗疫示范田。

戴着手套切脉，戴着护目镜看舌象，疫情挡不住中医人"望闻问切"。首批国家中医医疗队全面深度介入诊疗全过程，全力以赴救治患者，打出中西医结合救治"组合拳"，彰显了中医药行业国家队的担当。

"中医重新点燃了我生命的希望"

没有中药房，没有中药饮片和中药颗粒剂，没有中药处方信息系统，一切都要从零开始。

3天打了500多个电话，中国中医科学院医管处的史新华不断联络，确保迅速搭建中药保障供应平台，让医疗队有顺手的"武器弹药"。

广安门医院呼吸科副主任边永君查完房，就听到护士的呼叫："12床病危！"顾不得ICU的高感染风险，边永君冲进了污染区，和护士一道抢救转运患者李某。随后医疗队配合遣方用药，中西结合、力挽狂澜，患者病情好转。最终康复出院的李某感激地说："中医重新点燃了我生命的希望。"

一位83岁的老婆婆病情严重，"治病救人要紧！"西苑医院副院长李浩拍板上中药。用上血必净中药注射剂，肺部炎症改善……医护人员从死神手中抢回老人的生命。一名中年患者感觉上不来气，总是反复按铃呼叫护士，测血氧饱和度最高达96%。广安门医院主任医师王健判断，患者属于急性焦虑状态，应该加强心理治疗。王健使用系统脱敏的方法，明显改善了患者焦虑情绪，患者很快治愈出院。

伴着武汉明媚的春光，中医国粹闪耀荆楚大地。两个多月的抗疫奋战，首批国家中医医疗队用仁心仁术承载起百姓的生命之托，交出了一份满意的答卷：接管南一病区42张病床，累计收治重症危重症患者158名，新冠肺炎治愈出院140名患者，其中纯中药治疗88例。

国家中医药管理局防治新冠肺炎专家指导组组长、中国中医科学院院长黄璐琦院士说："中医首次整建制接管一个独立的病区，成功开辟了中医药防控新冠肺炎的战场。中医与西医协力合作，共同防控疫情。"

"寻找中医药疗效的高级别循证证据"

仝小林是中国科学院院士、中国中医科学院首席研究员。他认为,面对大量患者,不能仅靠医生一个个诊脉开方。仝小林与当地专家团队联合研究了一个通治方——寒湿疫方(武汉抗疫1号方)。武昌区率先在社区发放中药,中医药从预防、治疗到康复全链条干预,筑起了阻断疫情蔓延的"防火墙"。

随着临床救治病例的增加,中药作用初显端倪。西苑医院呼吸科主任苗青说,新冠肺炎最大的特点是湿,湿毒是贯穿整个疾病始终的核心病机。湿邪弥漫三焦,因此要按照三焦的不同部位,因势利导,祛除邪气。

西苑医院ICU主任杨志旭发现,由于药量不到位,导致一些重症患者疗效不是很理想。他建议,根据患者病情,增加用药频次和用药量。医疗队专家商议之后,将部分患者日均服药次数改为3次或4次。调整药量后,临床效果明显提升。

为更好地获得第一手病例相关信息,中国中医科学院科研攻关组紧急设计开发了舌诊图像采集App和问诊系统;同时紧急开发出社区信息采集系统,及时获取医学观察期人群中医诊疗信息。广安门医院急诊科主任齐文升说:"每天从医院回到驻地,团队马上着手整理一天的病案。"前方将病人症状、体征、舌脉、体温等诊治要素和实时治疗情况上传,在武汉的中国中医科学院中医临床基础医学研究所研究员吕诚负责与后方开展科研工作的沟通与协调。

黄璐琦说:"寻找中医药疗效的高级别循证证据,有利于优化临床方案,提高中医药临床救治效率。"

边救治、边总结、边优化,医疗队拟定优化形成了"化湿败毒方",在核酸转阴和症状改善方面效果显著。3月初,化湿败毒方经北京市食品药品监督管理局批准为北京市第一个治疗新冠肺炎的医院制剂。由方到药,化湿败毒颗粒是我国具有自主知识产权、专门针对新冠肺炎开发的新药。3月18日,化湿败毒颗粒成为我国首个获国家药监局批准进入临床试验治疗新冠肺炎的中药新药。

"感谢中医,我是中医救的"

南一病区收治的新冠肺炎危重症患者,老年患者占比高,既往基础病复杂，并发症多，给护理工作带来巨大挑战。

辨证施护和中医非药物疗法成为破解难题的两大法宝。护士依据医生的辨证分型，从生活起居、饮食调护、情志护理等方面为患者制订个性化的护理方案。新冠患者常伴有胸闷、心悸、胃胀的症状，队员们手把手地教患者穴位按压技术。他们还制作视频发给患者学习，便于患者迅速掌握和准确定位。中医非药物疗法解除患者病痛，不少患者在亲身体验后，变成了中医粉丝，连连夸赞中医的博大精深。

在武汉东西湖方舱医院，广安门医院护理部副主任郭敬举着扩音器在400名患者面前宣讲中医药知识，王微、闫蓓、徐明等护士在每一名患者床头粘贴App二维码。她们每日轮换进舱，耐心指导患者完成症状录入，一趟趟下来，她们的嘴唇干裂，汗水早已浸湿了防护服，共完成700余人的数据采集工作。

患者老周住院期间，医疗队员不仅用心为他治疗，还通过发短信、写纸条、画画不断鼓励他。老周出院前激动地说："感谢中医，我是中医救的，以后要好好保护中医人给我的命。"

大疫如大考，考出中医人的责任与担当。中国中医科学院国家援鄂抗疫中医医疗队弘扬仁心仁术，在疫情防控阻击战中贡献中医力量，成为传承精华、守正创新的生动实践。

（《人民日报》2020年9月20日4版，记者：王君平）

天津有，恩施就有

——记天津市对口支援恩施州疾控工作队

"可把你们盼来了！"2月12日，湖北省恩施土家族苗族自治州疾控中心主任彭再生紧紧握住天津市对口支援恩施州疾控工作队队长张宏的手，差点落下泪来。

2月10日，国家卫健委建立省际对口支援湖北省除武汉市以外地市新冠肺炎救治工作机制,其中天津市对口支援恩施州。天津有,恩施就有!在恩施州疫情防控最吃劲的关键时刻,天津市对口支援恩施州疾控工作队给予了关键支持,发挥了重要作用。

争分夺秒,迅速提高流行病学调查速度和质量

工作队迅速了解当地疾控情况后,提出当务之急是提高流行病学调查速度和质量,对新发确诊病例和疑似病例,要实现12小时内完成流行病学调查和密切接触者排查。

要求高、任务重,工作队队员、天津市疾病预防控制中心的谭昭麟和实验检测组的同事们到恩施之后,就一头扎进了实验室。"每天在实验室和驻地间两点一线,活动距离不超过两百米,有时要工作超过15个小时甚至通宵。"谭昭麟说,那时候脑子里就只有"保质保量"四个字。在工作队全体队员努力下,恩施州顺利完成"四类人员"实验室筛查、重点人群"倒排查"等工作任务,圆满实现"早诊断"目标,为迅速控制疫情传播赢得了宝贵时间。

2月19日,一名特殊无症状感染者引起了疾控人员的注意。该患者1月14日从外地返乡,2月19日才发病,其间没有任何可疑暴露,按此计算潜伏期超过了一个月。工作队梳理思路,提出用最原始的办法排查传染源的想法。流调队员通过搜索镇卫生院、村卫生室和附近9家药店的2034条就诊和购药记录,终于发现该患者家属的购药痕迹,这一重要发现,终于拨开重重迷雾,让流调人员找到了清晰的传染路径。

天津市对口支援恩施州疾控工作队还为当地提供了技术支持和全新的工作方案,帮助当地刚刚建成的疾控实验室快速完成设备安装调试等工作,在检测能力最紧张时顺利投入使用,日均增加检测样本100份,最大检测能力达到200份。

做好疏导,每支队伍配备一名心理专家

"一些患者信心不足、严重焦虑。有位70多岁的老人,担心自己年纪大治不好,入院10天,每天晚上都要醒七八次……"听了湖北民族大学附属民

大医院隔离病房总负责人向薇的话，天津市安定医院心境障碍科主任张勇立刻到病房，帮老人做心理疏导。"帮助患者树立能战胜疾病的信心，对疾病的治疗是有益的。"张勇说，经过心理治疗，老人一觉睡到大天亮，身体也恢复很快。

"每支队伍都专门配备了一名心理专家，是我们疾控队的特色。"张宏介绍，2月17日，从事精神病学临床工作19年的天津市安宁医院副主任医师王华侨赴来凤县开展培训，"我们还把心理危机干预培训覆盖到更多人群，培养一支本地的心理咨询队伍。"

在恩施期间，张宏还和19名天津疾控专家马不停蹄，跑完了恩施州八县市，完成流行病学调查、消毒、心理疏导培训等工作，完成对恩施州复工复产复市复学重点指导任务。

"您要戴上塑胶手套，84消毒液有腐蚀性……"4月3日晚，张宏对在恩施州火车站做日常消毒的保洁员彭大爷说。张宏发现原来的消毒手册有70多页，保洁人员看着很吃力。回到驻地，张宏和同事连夜挑选火车站消毒相关知识，做成一张"明白纸"，让保洁人员一目了然。

开展培训，留下一支带不走的疾控队伍

3月12日开始，天津工作队全体疾控人员和恩施州、各县市疾控工作人员一起，为全州及各县市分别研究制定一份流行病学报告、一套疫情防控资料、一本消毒工作手册，提出一份疾控工作建议。3月27日，近10万字的技术资料整体移交给恩施州和各县市疫情防控指挥部。

此外，工作队还对恩施州疾控、医疗等部门开展"疾控大培训"。为提高工作效率，各小组每到一地前，都提前与当地研讨培训细节，根据对方需求准备方案。

截至3月27日，工作队共开展疾控专题培训16场、实操演练24场，264个单位、602人参加培训；开展公共卫生能力建设培训14场，150多人参加培训；开展心理培训7场，69名心理医师参加培训，为当地留下一支带不走的疾控队伍。

"谢谢你们为恩施拼过命！"3月17日，恩施州确诊病例"清零"，成为

湖北省率先"清零"的市州之一。3月24日,天津市对口支援恩施州疾控工作队第一批106名队员返津。恩施市民自发打起标语,夹道欢送。虽然一再告诉自己"要忍住",但泪水还是湿润了张宏的眼眶。

(《人民日报》2020年9月19日4版,记者:朱虹)

冲锋在科技战疫最前沿

——记军事科学院军事医学专家组

3月2日,习近平主席视察军事科学院军事医学研究院时指出,充分发挥突击队和主力军作用,尽快研制出安全有效的疫苗、药物、检测试剂,全力满足抗击疫情需要。

听令而行,勇于担当。军事科学院军事医学专家组的一系列闪光时刻,应当被历史铭记——

3月16日,团队研发的疫苗通过临床研究评审,并于当日20时18分完成了第一针免疫接种,成为全球首个开展临床试验的新冠病毒疫苗。

4月12日,该疫苗启动Ⅱ期临床试验。世界卫生组织官网公布,这是全球当时唯一进入Ⅱ期临床试验的新冠病毒疫苗。

7月20日,团队向世界首次公布了Ⅱ期临床的数据。Ⅰ期和Ⅱ期临床试验证明了疫苗的有效性和安全性。

8月11日,团队研发的新冠疫苗获得国家发明专利。

……

疫苗研发世界领先,背后凝聚了军事医学专家组的大量心血和付出。在陈薇院士的带领下,军事医学专家组不畏艰险、敢打敢拼,第一批出征,最后一批撤离。他们,不畏病魔检测样本,不舍昼夜研发疫苗,立起了"科研拳头"标杆,打出了"科研铁军"品牌,出色完成了上级赋予的各项任务,充分发挥了科技战疫突击队作用。

救人！核酸检测、抗体筛查争分夺秒

"军事医学专家组集结完毕，请指示！""出发！"

1月26日晚，军事医学专家组首批13名同志在陈薇院士率领下登上飞机，向武汉进发。

为加强武汉一线防控力量，军事科学院奉命抽调军事医学研究领域的专家组成军事医学专家组，担负对武汉疫情的应急科研攻关等工作。中国工程院院士、军事科学院军事医学研究院研究员陈薇担任组长，我国知名的流行病学专家、军事医学研究院研究员曹务春担任副组长。

这一专家团队，都是长期从事病原学研究、疫苗抗体研发、卫勤装备研发攻关的骨干力量，从面对非典暴发，到人感染H7N9禽流感疫情，再到2014年西非埃博拉大流行，这些常年与病原体顽强战斗、身经百战的科研战士再一次临危受命。

抵达武汉后，如何高标准迅速展开防控，是摆在专家组面前最急迫的现实问题。

此时，疫情正处于上升期，形势非常严峻。整个城市的病毒核酸检测需求非常大，迫切需要提升日检测量。

首要的任务是救人！在陈薇院士指挥下，短短24小时内，一座负压帐篷式移动实验室，在位于半山腰上的中部战区总医院药剂楼旁建立起来。从那天起，大量核酸样本不定时地送到这里。

为了尽早让医院获知结果迅速救治患者，他们第一时间搭建了全自动核酸提取平台，利用军事医学研究院自主研制的试剂盒，早期单日标本检测能力最高达到1000份以上。

冲锋！关键时刻冲得上去、危难关头豁得出来

预防和治疗新冠肺炎，摸清病毒的传播规律和致病机理非常关键。病毒是否通过气溶胶传播，成为当时普遍关注的问题。

金银潭医院是湖北省与武汉市突发公共卫生事件医疗救治定点医院，是当时武汉疫情防控的主战场之一。专家组第一时间展开研究，曹诚研究员带

队进入金银潭医院进行全方位气溶胶采样。队员们冒着被感染的风险，零距离现场实时采集空气样本，得到了一手的准确数据。

为使数据更具有普遍性和代表性，专家组扩大采样范围。除金银潭医院外，曹务春、曹诚研究员分别率队多次深入方舱医院、中部战区总医院等医院，从病人床头到厕所，开展流行病学调查以及多点位、全方位的气溶胶监测和传播采样调研，每进去一次时间长达6小时以上。

"那些潜在的、看不见的病毒，就是我们面临的最大挑战。"核酸检测组组长姜涛告诉记者。

既参加核酸检测，又参与疫苗、抗体研究等科研攻关，超负荷工作是专家组成员的常态。

沉到一线研究，提出真知灼见。专家组积极参加中央指导组组织的各类疫情研判，先后提交了20余份有分量的研究报告。"抵达武汉后，专家组与军地有关单位迅速建立起联防、联控、联治、联研工作机制。"负责军事医学专家组科研统筹和组织管理的张珂副研究员介绍，为加快推进科研进度，专家组建立"一组两链三模块六组"的指挥管理架构，划分疫情防控和科研攻关两个链条，责任到人、高效运转，同时在医院感染科病区设置检测室，与临床治疗零距离，实时评估治疗效果。

疫苗！这场战疫，除了胜利，别无选择

"疫苗，必须首先由中国自主研发！"陈薇院士牢记领袖嘱托，言语中充满自信。

1月下旬，团队已经展开腺病毒载体疫苗的生物信息学深度分析、疫苗设计、目标基因合成等工作。随后，研究项目迅速获得科技部应急专项支持。

针对重组腺病毒包装的技术难点，陈薇院士带领团队，采取三条技术路线并行推进的方式，实行"三班倒""白加黑"攻关，接连两个月保持实验不停歇、研产不断线，依靠成功研发埃博拉疫苗的丰富经验，分秒必争推进疫苗药学、药效学等研究，快速完成疫苗设计、重组疫苗株构建和GMP（药品生产质量管理规范）条件下生产制备。在武汉一线，陈薇院士对疫苗研发负总责，后方由侯利华研究员牵头，联合地方单位协同攻关。

瞄准疫苗研发目标，"油门"踩到底，一路往前冲，一项项硬核成果接连呈现。

如今，陈薇院士和战友们抗击疫情的"战斗"仍未结束：加速推进新冠疫苗的Ⅲ期国际多中心临床试验，加紧研制特异性治疗新冠病毒感染的单抗药物和改善新冠肺炎康复者肺纤维化程度的生物新药，创新研发新型生物防护装备……

"有自主知识产权的疫苗成功进入临床试验，既体现我们国家科技的进步，也体现我们的大国形象、大国担当，更是对人类的贡献。"陈薇院士的话铿锵有力，这场战疫，除了胜利，别无选择！

（邵龙飞、庄颖娜参与采写）

（《人民日报》2020年9月24日10版，记者：倪光辉）

江西省九江市消防救援支队

　　国家综合性消防救援队伍是习近平总书记亲自组建的纪律部队，承担着防范化解重大安全风险、应对处置各类灾害事故的重要职责。2018年11月9日，中共中央总书记、国家主席、中央军委主席习近平向国家综合性消防救援队伍授旗并致训词，强调要对党忠诚、纪律严明、赴汤蹈火、竭诚为民，为维护人民群众生命财产安全而英勇奋斗。

　　江西省九江市消防救援支队在1998年特大洪水抗洪抢险救援中屡建功勋，荣立集体二等功，基因中熔铸了英勇无畏的"抗洪精神"。国家综合性消防救援队伍组建以来，他们深入学习习近平新时代中国特色社会主义思想，主动对标应急救援"主力军、国家队"职能定位，不断提升"全灾种、大应急"救援能力。在鄱阳湖发生超历史大洪水防汛救灾形势异常严峻的紧要关头，九江消防支队听党指挥、闻讯而动、向险而行，出色完成防汛抗洪抢险救灾等各项任务，营救疏散遇险被困群众万余人，用忠诚担当书写了时代荣光。

　　九江市消防救援支队模范践行总书记授旗训词精神、赴汤蹈火竭诚为民的先进事迹，厚重感人、影响广泛、催人奋进，生动诠释了以人民为中心的发展思想，充分展示了新时代应急管理体制改革成果，具有突出的时代性、典型性和代表性。

洪水敢挡　火海敢闯

——江西省九江市消防救援支队盛绽"火焰蓝"

荣获52项省部级以上荣誉。

连续9年被评为全省"先进支队"。

辖区连续15年没有发生一起较大火灾事故。

……

一串数字诠释着江西省九江市消防救援支队这支"铁军"对党忠诚、纪律严明、赴汤蹈火、竭诚为民的品格担当。

在今年发生的超历史纪录大洪水面前，九江市消防救援支队全体指战员深入灾区，营救疏散群众1.3万余人，让"火焰蓝"在抗洪抢险一线盛绽。

"赴汤"

暴雨如注，河水暴涨，城乡内涝。

今年7月，九江遭遇连续强降雨，长江上游来水凶猛，鄱阳湖水位突破历史最高值，湖区面临前所未有的防汛压力。

湖口求援！都昌求援！彭泽求援！

7月7日，不断打来的求援电话让九江市消防救援支队作战训练科副科长覃旭华焦急万分："手机都快给打爆了，我们恨不得长出三头六臂。"

洪水不等人，覃旭华迅速召集240名队员组成突击队，分头向重灾区进发。

当他带着6名舵手和3艘冲锋舟赶到彭泽时，一座村庄里数百名群众正被洪水围困。目测洪水流速超过每秒1.5米的危险值，覃旭华没有贸然行动，他和一名队员跳上冲锋舟，在靠岸的水面上转了三圈后对队友大喊："心中有数了，救人去！"

此时，洪水已漫到农房二楼，村民们纷纷逃到楼顶避险。湍急的洪水中，冲锋舟每靠近一栋民房、安全救援绳每固定到一处，都是一次挑战。将全村400多名群众转移出来时，覃旭华和队友已经26个小时没有吃饭。

有勇有谋，胆略制胜。洪水肆虐中，逆水而上的救援在九江各地上演。

在持续1个多月的抗洪抢险中，九江市消防救援支队1075名指战员先后参加各类战斗272次，营救疏散被困群众1.3万余人。

"蹈火"

2017年11月16日4时许，湖口县金砂湾工业园，九江富达实业有限公司一仓库发生火情，一时间浓烟滚滚，火光冲天。原湖口县公安消防大队接到报警后，立即派员赶往现场。原九江市公安消防支队指挥中心调度5个中队、15辆消防车、90余名指战员、5台灭火机器人驰援。

原九江市公安消防支队特勤站指导员李易城抵达现场时，仓库整体结构已经烧起来了。九江富达实业有限公司紧邻三家化工厂，燃烧的仓库与另一个车间之间还存有大量罐体，一旦火势失控引发殉爆，后果不堪设想。

"必须死守防线，不让火势向另一个车间蔓延。"李易城当时就一个念头。

当灭火机器人正准备进入火场时，他却发现工厂抽水设施电路被烧坏。紧要关头，消防指战员调来洒水车，又协调从隔壁化工厂增压供水。而仓库里的化学物质遇水会形成有毒物质，他们必须防止污水排入下水道，流入长江。

消防指战员一边灭火，一边抢挖导流沟，将污水引入污水处理池……鏖战4小时后，大火被扑灭，周边三家化工厂保住了，污水没有流入长江，没有人员受伤。4个小时灭火，这在全国大型化工厂火灾事故处置中也不多见。

九江是石化企业聚集地，境内有江西唯一的大型石油化工企业。九江市消防救援支队指战员始终战斗在救火一线，化险为夷，创造了辖区内连续15年没有发生一起较大火灾事故的纪录，守护了当地群众的安全。

"争先"

在九江市消防救援支队队史馆里，满墙的奖牌、锦旗格外醒目。

这支先后荣获52项省部级以上荣誉、连续9年被评为全省"先进支队"的队伍,被同行们视为"铁军"。"这支队伍里的每一个人都有'见红旗就扛、见第一就夺'的争先意识。"九江市消防救援支队政委章新亮说。

多年来,九江市消防救援支队岗位练兵成绩在江西省各支队中稳居第一。庐山大道特勤站更是支队的"尖刀利刃"。

今年50岁的邹晨被特勤站的队友们称为"师傅"。这位屡立战功的一级消防长即将退休,却每天依然坚持参加训练。别人接吸水管,快的要用七八秒,他只用4秒。"平时多训练一分,在洪水里、火场上就多一分胆量和安全。"他说。

2018年,消防部队退出现役。但在九江市消防救援支队支队长马剑明看来,改革转隶后,这支队伍的责任更重了,要承担"全灾种、大应急"的职责,战斗目标拓展为全灾种救援。

改革转隶后,邹晨脱下穿了20多年的"绿军装",换上了"火焰蓝"。他说:"不管体制怎么变,优良作风不能变,敢上刀山下火海的胆气不能变。"

(新华社南昌8月29日电　记者:吴锺昊、罗晨)

(《人民日报》2020年8月30日4版)

九江哺忠士　水火炼英雄

——江西省九江市消防救援支队抢险救灾长镜头

七月九江,暴雨如注,江水来势汹汹,鄱阳湖水位迅速上升,九江所有县区全面受灾,全面告急。

冲锋的号角吹响了。九江畔,救援力量火速集结。九江市消防救援支队,一支先后荣获52项省部级以上荣誉、素有"铁军"之称的队伍,闻汛而动、向险而行。

沧海横流,方显英雄本色。支队全体指战员入灾区,战内涝,排险情,救群众，留下一幕幕感人画面。

体力耗尽了，信念还在

7月8日6时，九江市都昌县大港镇遭遇严重内涝，盐田中学471名师生被困。接警后，都昌县迎宾大道消防救援站党员突击队队长向卫强立即带领8名突击队员赶往现场。

情况严峻。学校门口地势低洼，已形成了一个漩涡，最深处洪水已到腰部，救援车辆无法通行。向卫强当机立断，推起橡皮艇冲进水流，在水流最湍急的路口快速布绳。救援通道打开了，向卫强和队员争分夺秒地转运学生。

突然一声巨响，学校的大铁门被冲断！洪水瞬间涌进来，向卫强摔入水中。水下一片浑浊，他身上多处因磕碰受了伤。而此时，他只有一个念头："糟糕！孩子们……才转运了100多个！"

"我告诉自己，死也要把他们都带出来。"向卫强说，当身体似乎一点力气都没了的时候，信念还在。依靠意志支撑，他居然又咬牙站了起来，8名队员你拉我、我扶你，再次艰难地护在了橡皮艇周围。

40多次的往返，5个多小时的战斗。水势凶猛，每个动作都无比艰难，向卫强和队员拼命地坚持着。

这是向卫强第一次参与抗洪抢险，今年只有23岁的他撑到了最后，441名学生、30名教师全部获救。

我带的人，一个都不能少

与洪水搏斗，有胆也要有谋。

7月8号，彭泽县太平关乡古楼村被淹，有着20年消防救援经验的九江市消防救援支队作战训练科副科长覃旭华接警前往。

当他带着6名舵手和3艘冲锋舟赶到彭泽时，眼前是数百名正被洪水围困的群众。心中焦急，但覃旭华没有贸然行动。多年的水域救援经验告诉他：此时的洪水流速目测超过每秒1.5米，已达危险值。他问舵手们，敢开船吗？大家说，敢，只是没开过。

覃旭华带队参加过多次救援,他的原则是带出来几个人,回去必须几个,一个都不能少。紧急关头,他作出决定——这一程,全由自己掌舵。

覃旭华跳上冲锋舟,在靠岸的水面上转了三圈。三圈回来,他对队友说:"心中有数了。上船!救人去!"

水情瞬息万变。艰难行驶到主流区时,巨浪将冲锋舟打了个横,无法直线行驶到达村内。覃旭华立刻改变战术,利用水势逆流而上,平移舟艇,横渡激流区,顺利进入村庄。

此时,洪水已漫到农房二楼,村民们纷纷逃到楼顶避险。洪水中,冲锋舟每靠近一栋民房、安全救援绳每固定一次都是挑战。将全村400多名群众成功转移后,覃旭华和队友累得瘫倒在地。这时,他们之中才有人想起,距上一次吃饭已过了整整16个小时。

让群众安心转移,鹅我们买了

身披一身"火焰蓝",就是党的忠诚战士。在永修县三角乡,消防员救鹅的一幕广为流传。

7月12日晚,三角联圩溃堤,永修县三角乡2.3万人受灾。当晚,大转移开始。

张再胜曾是村里建档立卡贫困户,险情发生后,在外打工的他匆匆赶回,配合消防指战员们一起,将家中70多岁的父母转移到了安置点。然而第二天清早,张再胜又敲开了县消防救援大队的门。

原来,张再胜家中养着100多只鹅,是政府送来帮他家脱贫的,每只已有六七斤重,眼看就能卖了。"这些鹅几乎是我们的全部家当。"张再胜说,母亲心里惦记这些鹅,吃不下、睡不着,他只好硬着头皮找消防员,希望把鹅救回来。

在洪水中救人已经很难了,何况那么多鹅?然而永修县消防救援大队大队长刘成奎没有半句推辞,带着队员们立即出发。

暑热难耐,张再胜家养的鹅又野性十足,十分难捉。指战员们在泥水中围追堵截,用了2个小时才将100多只鹅全部捉到橡皮艇上。

可惜依然有十几只鹅已经热死了。看到老人家偷偷抹眼泪,九江市消防救援支队支队长马剑明当即决定,联系支队食堂,把抢救出来的鹅全部买下来,让群众安心转移,并告诉队员:只要群众有需要,我们就努力去帮。"世上怎么有这么好的人?他们等于是两次救了我的父母。"张再胜哽咽地说。

洪水敢挡,火海敢闯。在今年发生的超历史记录大洪水面前,九江市消防救援支队全体指战员深入灾区,先后参加各类战斗336起,营救疏散群众1.3万余人。

九江哺忠士,水火炼英雄。九江畔,感人的故事仍在上演。

(《光明日报》2020年11月9日12版,记者:李丹阳)

陆军第74集团军某旅"硬骨头六连"

2020年1月18日,习近平主席给陆军第74集团军某旅"硬骨头六连"全体官兵回信,勉励他们牢记强军目标,传承红色基因,苦练打赢本领,把"硬骨头精神"发扬光大,把连队建设得更加坚强。

"硬骨头六连"是一支传承红军血脉的英雄连队,历经抗日战争、解放战争、抗美援朝战争等战火洗礼,参加战役战斗161次,先后被国防部和中央军委授予"战斗模范连""硬骨头六连""英雄硬六连"称号。党的十八大以来,六连深入学习贯彻习近平新时代中国特色社会主义思想和习近平强军思想,坚持用党的科学理论建连育人,传承发扬"硬骨头精神",聚焦练兵备战,加速转型重塑,坚强堡垒支撑,着力打造能打胜仗的尖刀铁拳,全面锻造新时代"三个过硬"连队,被陆军评为"军事训练先进单位""践行强军目标标兵单位",被共青团中央、全国青联表彰为"中国青年五四奖章集体"。

"硬骨头六连"在新时代强军兴军伟大征程中,展现新面貌、焕发新光彩,是发扬斗争精神、敢打硬仗恶仗的先进典型,是矢志强军打赢、建功强军事业的突出代表。他们的先进事迹,集中彰显了习近平强军思想的真理魅力和实践伟力,生动诠释了传承红色基因的时代价值和丰硕成果,充分体现了应对强敌锻造尖刀铁拳的胜战追求和使命担当,科学回答了建强新时代"三个过硬"基层的重大课题,具有鲜明的时代性、示范性和导向性。

陆军第74集团军某旅"硬骨头六连"
传承红色基因、矢志强军打赢

钢铁连队这样炼成

这是一支英雄连队,诞生于抗日战争的烽火硝烟中,以传承红军血脉、敢打硬仗恶仗享誉全军。

1964年1月,国防部发布命令,授予解放军某部六连"硬骨头六连"荣誉称号;1985年6月,中央军委授予该连队"英雄硬六连"荣誉称号。

80多年来,六连始终保持一往无前的革命精神,转战南北、功勋卓著,打出了"硬骨雄风"的赫赫威名。

今年1月18日,中共中央总书记、国家主席、中央军委主席习近平给陆军第74集团军某旅"硬骨头六连"全体官兵回信,勉励他们牢记强军目标,传承红色基因,苦练打赢本领,把"硬骨头精神"发扬光大,把连队建设得更加坚强。

建功新时代,逐梦新征程。

如今,六连官兵依旧保持着压倒一切敌人的狠劲、百折不挠的韧劲、坚持到底的后劲"三股劲",和战备思想过硬、战斗作风过硬、军事技术过硬、军政纪律过硬"四过硬",在新时代的强军之路上拼搏奋斗。

"三股劲"和"四过硬"构成的"硬骨头精神",也成为六连官兵矢志强军、接续奋斗、砥砺前行的精神之源。

传承听党话、跟党走的红色基因

北大百年讲堂内,一名学子关于"青春的颜色"的演讲让听众心潮澎湃:"面对形形色色的诱惑,走出校园的我们应该有怎样的价值观?当兵时我就明白一个道理,跟党走,准没错!"

他叫李波,是北京大学在读硕士研究生。令听讲者更为关注的是他的另一个身份——"硬骨头六连"退伍战士。李波说,六连是一座思想大熔炉,也是自己人生的另一所大学——官兵们的忠诚和信念,在这里经过淬炼,变得愈发坚定。

目光穿越历史的烽烟,六连自诞生那天起,血脉里就奔涌着听党话、跟党走的红色基因。革命战争年代,六连在生死考验中浴血奋战,将铁心向党的信念视为"命根子",坚决服从党的领导。

党旗所指心所向。走进新时代,六连官兵始终把听党指挥作为凝心聚力的"传家宝"。

在连史馆,一张2017年的照片引人注目:火车站台上,几名军嫂抱着孩子,擦着眼泪挥别身着军装的爱人。

讲解员介绍,六连的前驻地位于风景秀丽的杭州市区。改革大幕拉开,一声令下,六连官兵"舍小家、为大家",踏上南下的列车,移防至岭南乡村。不少官兵家属前往送别,于是有了照片中的感人一幕。

"打起背包就出发,放下背包就训练,党让我们去哪我们就去哪。移防换了环境,不耽误我们苦练打赢本领。"经历了移防的八班班长史衍凯说。

坚定的政治信念,源于六连官兵不断从"硬骨头精神"中汲取营养。为了了解连史,指导员冯杰任职第一天就打背包住进了连史馆。白天训练,晚上徜徉在连史馆,一幅幅照片、一行行文字跳进冯杰的眼中,也烙印在他心里。

冯杰深刻感慨:"革命战争年代,前辈和先烈们信念坚定,在炮火硝烟中立下赫赫战功。从战火硝烟中走来,我们更要传承铁心跟党走的忠诚基因,做听党话、跟党走的'硬骨头战士'!"

历史是最好的教科书。六连官兵不仅对优良传统如数家珍,而且个个通晓连史,人人都是连史馆解说员。

"新兵下连第一天,我就学习了连史。连队的光辉历程让我心潮澎湃,英雄事迹让我无比感动。'硬骨头精神',那一天就印在我心里。"六连一排排长王刚说。

就这样,红色基因在一代代六连官兵心里扎下了根,忠诚于党和人民的信念,深深融入他们的血脉。

磨砺压倒敌人、不惧一切强敌的英雄气概

铁甲滚滚,战旗猎猎。2019年10月1日,战旗方队亮相庆祝中华人民共和国成立70周年阅兵式。钢铁洪流中,"英雄硬六连"战旗迎风飘扬。

战旗美如画,因为英雄用鲜血染红了它。六连历经抗日战争、解放战争、抗美援朝战争等洗礼,参加战役战斗161次,涌现出刘四虎、尹玉芬等一批"特等战斗英雄"。官兵们对连队的战斗英雄如数家珍,每个排、每个班都以这些英雄的名字命名。遇到困难,战士们想想这些"老班长"当年如何英勇无畏、坚韧不拔,就增强了攻坚克难的勇气。

历史证明,威武之师,就要有压倒敌人、不惧一切强敌的英雄气概。

连长赵松的微信名叫"奔跑的钢腕儿"。看到这个名字,记者好奇地询问理由,赵松爽朗地笑着指了指手腕说:"因为我这儿钉了一枚钢钉。"

2018年4月,时任副连长的赵松组织官兵训练。阴雨天,训练场地比较滑。聚精会神讲解的他,手一滑从器械上跌落,左手撑地造成骨折。

医生根据经验告诉赵松:"你这个情况,静养短则半年、多则一两年才能恢复。"作为一名军事干部,静养一两年,对赵松来说是无法接受的。

于是,他在确保伤情不加重的情况下,根据医生的指导制订了一个科学的训练计划,每天坚持单手拉单杠训练,左手腕以举哑铃的方式进行恢复性训练,不断增加训练强度。

赵松告诉记者,计划再科学,每次训练完,手腕都像针扎一样疼,还会肿胀。"想想贺炳炎将军锯臂,这样的伤不算啥。"他说。

后来,旅里进行"特三级"体能考核,为了给战士们做个表率,赵松带着伤参加,一口气拉了44个单杠,成为旅里第一个达到"特三级"体能水平的连队主官。

2019年,连队所在旅组织比武。"单杠卷身上"项目,需要参赛官兵先引体向上,再举腿、腹部贴杠,身体绕杠转动一圈。

五班班长张亚秋,在拉到60多个时,手已经被铁杠磨掉了一块皮,依然继续拉杠。就在大家感觉他快坚持不住的时候,他拉了一个又一个……263,264,265!成绩最终定格在265个,刷新了旅里该项目纪录。

"训练最苦的时候,我想到的是'硬骨头精神',想到的是先辈们的坚

毅，想到的是连队'坚持到底的后劲'。这些提醒着我——我是六连出来的，不能轻易服输。"张亚秋说。

更高的标准，是为了在实战中多一分打赢的底气。如今，张亚秋手上的伤口早已恢复，只留下了一块黑色的印记。那处伤疤，是证明他军人血性的"勋章"。

疾风知劲草。在六连营房公示栏上，常年贴着一张军事训练纪录表。五公里、十公里、炮手快瞄……3年来，连队先后19人次打破旅纪录，全旅共同课目纪录，近六成由六连创下。

锻造敢打必胜的威武之师

2017年六连移防来到新驻地之后，便来到粤东某海域开展海上训练，适应新的战场环境。

当地海况复杂，正值台风季，海上风急浪高，气候条件恶劣，此时战车下海安全风险大；海域不熟，沙滩更陡峭，首次训练心里不托底。

"这次海训，我们申请打头阵！"移防后首次全营训练准备会上，六连官兵表态。

挑战重重，六连却敢冲锋在前，底气从何而来？参加那次海训的战士告诉记者，刚进驻海训场那几天，六连官兵就利用休息时间，勘探地形、分析海况，密密麻麻记录了好几页纸。别人眼中的陌生环境，在他们眼里，已经很熟悉。当时，六连驾驶战车，时而推上浪尖，时而跌入波底，不停与风浪搏击。他们率先完成多个险难课目试训，为其他连队作出表率。

经历了移防的三班班长唐雄表示："战场不会让你挑环境。移防，锻造了我们适应新环境、迅速形成战斗力的能力，为陌生地域作战打下基础。"

海训最热的时候，装甲车内气温能达到60摄氏度。在"闷罐"一般的驾驶舱，官兵每一次训练都是汗流浃背。六班班长王飞说："这些年每天围着装甲车，在车上吃过饭、流过汗。装甲车是'铁疙瘩'，在我们心里也是'肉疙瘩'。"

长期的战备思想灌溉，让六连官兵逐渐养成敏锐的战备警觉。2019年5月，正值连队外训，留守的六连官兵突然拉起警报。整理物资、请领武器……5名官兵动作利落、有条不紊。

有人感到不解:"这么一点人,有必要拉动吗?"面对疑惑,战士黄银栓的话掷地有声:"留守人员也是战斗员,同样要时刻准备战斗!"

千磨万击还坚劲,任尔东西南北风。2017年,六连所在部队调整改革,官兵们深知,要转型重塑、破茧成蝶,必须挺住"重生"之苦,承受"拔节"之痛。

如今,根据实战化要求,在全体官兵的钻研下,六连担负装甲乘员的官兵,基本都做到了车长、驾驶员和炮手三个专业全部精通。高标准、严要求,锤炼出六连敢打必胜的决心信心。

锤炼注重细节、较真碰硬的过硬作风

1962年,六连在福建漳州执行战备任务时的一件小事,在当时传为美谈。

一次集体观影中,六连官兵周围坐满了群众。电影剧情精彩之处,群众激动地起身观看。官兵视线被挡住,但始终没有一个人站起来,没有人有怨言和责怪,队伍依然整齐划一。他们端坐两小时,"听"完了一场电影。

过硬的作风,一直在传承。

在营房前接受采访时,战士艾力扎提·艾合买提突然说:"听,我们连队的脚步声。"队伍紧接着出现在我们眼前,果然是六连的官兵。

仅凭脚步声,如何判断是六连?隔壁连队的一名战士说:"他们迎面走过来,远处你能看出来是六连,队伍整齐划一;近处你能听出来是六连,步伐和口号'齐刷刷'。"

细节关系成败。2019年9月退伍季,几名驾驶员退伍前,夜里加班到凌晨,只为把装甲车保养完,用最认真的态度向装备"告别"。"我们必须时刻注意战备细节,才能拉得出打得赢。"班长王一村一边检查装甲车的车况,一边对记者说。

走进六连营房,记者看见,每名官兵的床尾都放着一个行军背囊。随手打开一个背囊,里面大到帐篷小到针线,战备物资一应俱全。

战士曾伟介绍,类似的细节还有很多:衣物全部按穿戴顺序叠放,拿起来顺手;床下的鞋子,几十年如一日保持着就寝后"上铺鞋尖朝里、下铺鞋尖朝外";战备检查量背带长短、看鞋袜型号、算备品消耗、掐时间节点……早在20世纪60年代,六连依据这些战备经验,总结出的"三分四定",被写入条令、成为全军规范。

"当兵只有两种状态，打仗和准备打仗。"曾伟说："可别小瞧这个细节。打仗的时候，鞋的方向摆对了，一拱就上脚，不然紧急集合时没有灯光，找鞋子都要手忙脚乱。"

过硬作风，根植于点滴中、融入细节里。

赵松怀揣满腔抱负担任连长不久，连队就为他召开"接风洗尘会"。会上不说客套话，而是指问题、提要求、送诤言。这一传统，已经坚持了40多年。

会上，官兵们纷纷提出意见。"出了问题不问原因，张口就批评""过于强势，凡事没有商量、没有余地"……78条意见建议语言犀利、直击问题，没有一句恭维客套。

夜里，赵松辗转难眠，制订了整改计划，并请大家监督。如今，这些意见建议被他工整地记在笔记本上，时刻鞭策自己。"批评较真，反映的是党性，体现的是责任，流露的是真情。"赵松说。

过硬作风，在关键时刻得到检验。

2019年8月，一场实兵对抗演习，六连担任蓝军。战斗呈胶着状态，连队受领突袭重任，5人侦察小组悄然穿插至红方指挥所附近。为了等待战机，他们硬是在闷不通气的地下工事内，顶着40摄氏度高温，潜伏了3个多小时，没有一人出来透口气，终于找到机会一招制敌，扭转了战斗态势。

作风代代传承，精神不断赓续。如今的六连，带着几十年如一日坚守的"硬骨头精神"，正以昂扬的斗志，发起新的冲锋。

（《人民日报》2020年7月28日1版，记者：李龙伊）

"硬骨头"的硬功夫

——"硬骨头六连"战斗力建设记事

4月26日，岭南某军营。

"杀！杀！杀！"洪亮的战斗之音激荡在广阔的训练场上。36人，16个招式、干净利落、虎虎生威。

5分钟的刺杀操演练，让人血脉贲张。

"几十年来，我们几乎每天都练。"在74集团军某旅"硬骨头六连"连长赵松看来，这是最能锻炼男儿血性的训练课目。

六连是一支传承红军血脉、敢打硬仗恶仗的英雄连队，以"三股劲""四过硬"享誉全军。1964年、1985年，连队分别被国防部和中央军委授予"硬骨头六连""英雄硬六连"荣誉称号。

政治思想硬——"党旗所指心所向，随时准备上战场"

今年1月22日，是"硬骨头六连"命名56周年纪念日。

连庆日前夕，六连收到了最好的"生日"礼物——习主席1月18日给"硬骨头六连"全体官兵的回信。

六连诞生于烽火连天的战争年代。自那时起，连队就把铁心跟党走的坚定信念视为"命根子"，在枪林弹雨的生死考验中前仆后继、浴血奋战；和平建设时期，连队把思想政治建设作为"传家宝"代代传承。

"学理论、熟连史、建连队、育传人。"在六连，每逢新兵入伍、新干部报到，做的第一件事是参观荣誉室，读的第一本书是连史册，唱的第一首歌是连歌。

指导员冯杰上任伊始，在连史馆连住7天，直到9600多字的解说词烂熟于心，200余件史实资料如数家珍，才依依不舍地离开。

心中有魂，脚下有根。在习近平强军思想哺育下，一个个"硬骨头战士"不断实现蜕变和超越。

上等兵李加侯曾不适应连队紧张的训练生活，对理论学习也提不起兴趣。到六连后，每当遇到困惑，他就走进连史馆，一次次地被连队的"三件传家宝"——拼弯的刺刀、诀别的家书、染红的挑杠所震撼。

如今，李加侯已成为各项能力素质突出的"硬骨头战士"。

改革移防后，六连坚决做到钢刀不卷刃、战旗不褪色，党旗所指心所向，随时准备上战场。

军事训练硬——"陆地猛于虎，海上赛蛟龙"

旅长苏祥定介绍，六连参加大小战役战斗161次。辉煌的战史让官兵们深深懂得：宁可千日不战，不可一日不备。

在六连，每一名官兵都在挑战极限中立起练兵备战的"硬标杆"。

2017年7月，全旅组织转隶后的首次海训。海上风急浪高，海况复杂多变。"向目标海域泛水编波""全群注意，发起冲击"……做好充分风险评估后，六连干部带头驾驭战车蹈海攻坚。考核结束，六连又一次名列全旅第一。

要成为战时的"刀尖子"，平时就得把自己当"刀"来磨。

一次军事训练比武中，六连下士张亚秋在单杆二练习成绩遥遥领先的情况下，仍然坚持挑战极限，最终以265个刷新了旅纪录。

"硬骨头战士，就是硬！"在场的官兵，情不自禁地欢呼。

"优秀成绩算起步，破了纪录才算数。"这两年，六连基础训练和专业训练成绩始终保持全旅第一，19人次打破了9项旅纪录，15人次在集团军以上比武竞赛中摘金夺银。

战斗作风硬——"临危不惧险，视死忽如归"

72年前，二班长刘四虎被10多个敌人团团包围。他奋力拼杀，一连刺死7个敌人，自己被刺中11刀，昏迷了10天10夜才被抢救过来。

此后，拼刺刀训练成为六连保留的必训课目。刘四虎拼弯的刺刀如今静静地躺在连队荣誉室内。

"战争年代，六连以敢打猛冲、刺刀见红而威震敌胆，锻造形成了'压倒一切敌人的狠劲、百折不挠的韧劲、坚持到底的后劲'的战斗作风和精神。"旅政委陈震宇说，几十年来，连队传承这种战斗作风和精神，不断砥砺官兵英雄之气、血性之勇，提振不畏生死、敢打必胜的精气神。

像往常一样，某训练课目示范任务又落在了六连的肩上。

在没有预设攀崖器材的情况下，9名攀崖骨干抠着石缝往上攀，不少人手上、腿上被划出一道道血痕。战士王跃右手中指指甲盖被磨掉，但他强忍疼痛，硬是登上20多米高、近80度的峭壁，为后续人员固定攀登绳……

不到15分钟，全连突击上崖，赢得齐声喝彩。

夜幕降临，华灯初上。野外训练场上，微风拂面，赵松和他的"硬骨头"们又高唱起那首激昂的战歌——

"硬骨头硬在哪，铁甲雄风守天下……"

（新华网，2020年4月27日，记者：梅世雄、张金娟）

闽宁对口扶贫协作援宁群体

"闽宁对口扶贫协作"是习近平总书记在福建工作期间,亲自部署、亲自推动的重要战略决策,承载着总书记的殷切嘱托。1996年以来,"闽宁对口扶贫协作援宁群体"遵循"优势互补、互惠互利、长期协作、共同发展"的方针,主动扛起对口帮扶宁夏脱贫攻坚的历史使命,数百名福建挂职干部接力攀登,数千名支教支医支农工作队员、专家院士、西部计划志愿者敢于牺牲,将单向扶贫拓展到两省(区)经济社会建设全方位多层次、全领域广覆盖的深度协作,与宁夏人民一起用智慧和汗水创造了东西部对口扶贫协作帮扶的"闽宁模式",缚住贫困苍龙。党的十八大以来,宁夏80.3万贫困人口全部脱贫,9个贫困县全部摘帽。

"闽宁对口扶贫协作援宁群体"真情奉献、久久为功,他们是习近平总书记亲自开创的闽宁协作事业的坚定践行者,是东西部扶贫协作接续奋斗者,是社会扶贫的创新发展先行者,是全球减贫治理中国智慧的积极探索者。

山海携手　圆梦小康

——记闽宁对口扶贫协作援宁群体

山与海相遇，会有怎样的"化学反应"？闽宁对口扶贫协作，为这一命题带来新的答案。

24年来，在宁夏西海固这个曾被视为"不具备人类生存基本条件"的贫困地区，11批183名福建挂职干部大力弘扬"接力攀登"精神，一任接着一任干；2000余名来自福建的支教支医支农工作队员以"敢于牺牲"的精神，凝心聚力发光热；一批批闽商弘扬"敢拼会赢"的精神，搅热脱贫源头活水……虽然年龄不同、职业各异，但他们却有一个共同的名字"闽宁对口扶贫协作援宁群体"，他们以如海般的豪迈、如山般的坚韧，和宁夏干部群众一道久久为功，探索出一条具有典范意义的扶贫协作道路。

尽我所能，如海般豪迈

1996年9月召开的中央扶贫开发工作会议作出了推进东西对口协作的战略新部署，其中确定福建对口帮扶宁夏。自此，远隔千山万水的闽宁两省区结下了不解之缘，一批批带着海风和温暖的福建援宁人，从闽江水畔来到六盘山下。

福建闽宁办原常务副主任林月婵先后40多次来到宁夏，"移民吊庄"、招商引资、援建学校……福建援宁的多个项目里，都有她的心血。如今，她手机里存储的号码，宁夏的最多。

在宁夏南部山区，农民兄弟忘不了一位林教授。被称为"菌草之父"的福建农林大学菌草研究所所长林占熺，1997年带着6箱草种来到宁夏，与贫困群众同吃住，手把手、面对面推广菌草种植技术。如今，富了武夷山农民的菌菇也在六盘山旺盛生长,被当地农民亲切地称为"闽宁草""幸福草"。

有位名叫李丹的年轻姑娘,曾像一颗美丽的流星划过西海固,印在了宁夏固原市隆德县不少学子的心里。2006年秋天,身为独生女的李丹瞒着父母,离开刚工作两年的福州市第十八中学,赴隆德县第二中学支教。翻山越岭走访贫困学生,自掏腰包为学生添置生活用品的她,在支教期满回到福建后,被确诊为白血病。在生命的尽头,仍惦记着自己资助的两个贫困学生的她告诉家人,如果没办法治了,就不要浪费钱了,用来帮助别人吧。

没有豪言壮语,不需惊天壮举,裹着海风而来的温暖,无私而豪迈。

接续奋斗,如山般坚韧

奋斗不止步,幸福方可期。

福建省第十批援宁干部李仲福把"家"搬到了西海固:2016年他来宁挂职,妻子陈莹主动请缨赴宁夏支教,一同前来的还有年仅11岁的儿子。如今,李仲福推动建设的宁夏六盘山特产馆已在福州市多地开花,将宁夏特色农产品销得更远;陈莹牵线在固原市第五中学设立的"船政班",让更多贫困学生得到"海风"滋润。

牵头实施自来水提升工程,让4.5万群众喝上健康水;数十次奔波于北京、福建,促成清华大学第一附属医院等医院与隆德县医院结对子,促进优质医疗资源共享……从县域经济百强县福建闽侯县来到国家级贫困县宁夏隆德挂职的清华大学博士毕业生樊学双,2018年工作期满后,毅然选择接着再干两年。

如今,闽宁对口扶贫协作已从单向扶贫,拓展到两省区经济社会建设全方位多层次、全领域广覆盖的深度协作。

一支庞大的闽商队伍不仅在宁夏闯出一片天,还走出了一条"造血"式扶贫路。18岁揣着借来的3000元北上银川的黄添进,如今已是宁夏著名企业家,他投资1亿多元建设的一家现代化食品加工厂,带动不少贫困群众脱贫增收;曾仲明投资3800万元种植食用菌,让贫困户可以在"家门口"就业;潘文贤在隆德专门定制了工艺简单的人造花生产线,为上百名残疾人提供岗位……截至2019年底,已有5700家福建籍企业、商户入驻宁夏,8万多福建人在宁夏从业;近5万宁夏人在福建实现稳定就业。

山海携手，见证新蝶变

扶贫誓言，山海为证。

一组数据令人振奋：24年来，在闽宁对口扶贫协作援宁群体等的奋力推动下，闽宁两省区20多个省级部门、80多个县级部门互学互助，101对乡镇、110对村建立了结对帮扶关系，形成"携手奔小康"的强大动力；积极争取结对帮扶项目，建设160个闽宁示范村，新（扩）建学校236所，资助贫困学生9万多名，援建妇幼保健院、医护培训中心等卫生项目323个，帮助宁夏培训教师近万名……一个个跃动的数字背后，是一个个家庭的生活改变，是一座座村庄的美丽蝶变。

初心不渝，奋斗依旧。闽宁生态移民示范村、闽宁学校、闽宁儿童福利院、闽宁敬老院、闽宁扶贫产业园……在闽宁对口扶贫协作援宁群体24年的接续奋斗下，"闽宁"二字，在宁夏大地镌刻下一个个印记，两省区同心战贫的成果已俯拾即是。

山与海的"化学反应"还在继续。悠悠闽江，必将见证新时代闽宁对口扶贫协作新篇章；巍巍六盘，必将见证西海固全面脱贫的历史性时刻。

（新华社银川6月30日电，记者：何晨阳、马丽娟、许雪毅）

（《人民日报》2020年7月1日6版）

山海起新潮

——闽宁对口扶贫协作开启新征程

志合者，不以山海为远。25年前，在党中央作出东西部结对帮扶的战略部署下，福建省和宁夏回族自治区建立起对口协作关系。25年来，闽宁之间守望相助，从单向扶贫到产业对接，从经济援助到社会事业多领域深度合作，形成了独具特色的"闽宁模式"，为宁夏脱贫攻坚提供了不竭动力。

2020年11月16日，昔日"苦甲天下"的西海固告别贫困，闽宁协作掀开新的一页。在宁夏决战脱贫攻坚取得全面胜利之际，闽宁两省区全领域、广覆盖、多层次的深化协作不断推进，携手绘制的乡村振兴新蓝图正徐徐展开。

帮扶"不刹车"：从一棵草到一条链

清晨，53岁的刘昌富和福建农林大学的工作人员正在菌草育苗棚里忙碌，想着郁郁葱葱的菌草苗即将播种到300亩大田，老刘心里说不出的惬意。他的"产业"坐落在宁夏永宁县闽宁镇，这是福建与宁夏牵手共克贫困的起点。

1996年，福建和宁夏两省区党委政府根据中央开展东西扶贫协作的决策部署，决定全面开展闽宁对口扶贫协作。1997年7月15日，闽宁村正式奠基。

如今，闽宁村已成闽宁镇，人均年收入由500元增加到14961元，这个当初"天上无飞鸟，地上不长草"的戈壁滩已经成为远近闻名的特色小镇。

帮扶离不开产业，福建农林大学教授林占熺发明的用菌草种植菇类的实用技术，被列为最早的闽宁对口扶贫协作项目之一。20世纪90年代，林占熺带着菌草技术到宁夏，驻村帮助农民种菇增收。

20多年前，刚从山大沟深的宁夏西海固搬迁到这里的村民们，既没见过菌草，也没见过双孢菇，顾虑重重。此时，敢想敢干的刘昌富带头在自家院子里盖起菇棚，经过林占熺手把手指导，尝到发展新产业的甜头。"头一年我就挣了7000多元。以前哪里见过这么多钱？"刘昌富说，见到了实惠，村民纷纷建棚种菇。

"一棵草"产业的带动效应正在溢出。晋江商人陈德启将酿酒葡萄种在贺兰山下，莆田老板林玉清把南方艾草引到六盘山麓……一个个扶贫产品通过闽宁协作的平台落地宁夏，为"苦甲天下"的西海固贫困家庭播撒着增收希望。

地处宁夏中南部的西海固囊括了9个贫困县区，2020年11月16日，随着最后一个贫困县西吉县脱贫出列，宁夏西海固历史性告别绝对贫困。

迈向乡村振兴新征程，闽宁协作路径正在优化。

在同心县麻疙瘩村，福建泉州人雷灿煌的草畜一体化基地，正在对当地的养羊方式进行一次深层次改造。走进养殖基地，8000多只杜泊羊块头要比普通羊大很多。雷灿煌说，一只成年杜泊公羊体重可达120千克，出肉率比普通羊高出20%，秘诀在于他引进试种了蛋白含量高的高效牧草，一亩地达产后的喂养效率是传统青贮玉米的好几倍。

由福建福清籍华人林文镜创建的融侨集团，2019年起在固原市投资打造高端肉牛生态产业园。"农民育肥一头牛利润约3000元，而经过我们的专业屠宰和精细分割，一头牛的利润超过5000元。后期我们还可以生产牛排、肉馅、火腿肠等半成品、成品，牛肉的附加值会进一步提升。"融侨丰霖肉牛生态产业园负责人谢志强说。

如今，已有5700家福建企业（商户）入驻宁夏，8万多福建人在这里从业，闽宁产业协作成为宁夏高质量发展的硬核支撑。

乡村谋振兴：从"扶着走"到"带着飞"

"以前我几乎天天泡在政务服务中心，为行政审批打印的材料有时重达两吨。"宁夏首创海绵城市建设发展有限公司技术总监刘祺超说，自从固原市"163"政务服务模式落地后，九成以上的工作通过线上直接完成。

2019年，固原市审批服务管理局组织审批服务人员分批到漳州、厦门体验学习，之后推出的"163"政务服务模式，撬动固原市政务服务和营商环境提升。

据介绍，福建先后选派援宁干部11批183名、专业人才2000多人次到宁夏传导理念、传播技术、传授方法，把"马上就办"的作风，"效能建设"的理念，"网格化、精细化"的社会管理模式，以及"生态意识""市场意识"等"福建基因"广泛注入宁夏。

暮春时节，六盘山间的梯田上果树花开。红梅杏、矮砧苹果、大果榛子等经济林装扮着西海固大地，也撑起了西海固人的腰包。

2017年，固原市依托数十年生态建设成果，提出将生态红利转化为增收红利的"山绿民富"发展战略。作为全国森林覆盖率与生态文明建设水平位居全国前列的省份，福建无私地分享践行"两山理论"的经验和智慧。

2018年开始，福建农林大学校长兰思仁平均每两个月就要飞一次西海固，为当地"种出风景，种出产业"出谋划策。在数十位福建专家的轮番"带飞"下，固原林草示范工程已经筛选出40多种生态与经济效益双赢的品种进行推广种植。

"20多年前第一批福建援宁干部来到宁夏时,打井打窖,修建梯田,援建学校是当务之急。而到了我们第十一批,发展理念、发展模式的传经送宝成为重点。西海固已经脱贫,我们要为当地乡村振兴留下一些管长远的东西。"第十一批福建援宁工作队领队黄水木说。

协作"低落差":从单向度到全方位

宁南山区彭阳县农产品展销对接中心里,红梅杏脯、亚麻籽油、生态鸡等农特产琳琅满目,二楼8个直播间里不同企业的主播正热火朝天地"线上带货"。

这座崭新的农产品展销对接中心,是去年6月彭阳县赴福建龙岩市武平县调研学习农村电商发展经验后建成的,全县所有农产品生产加工企业、合作社在此入驻。

2019年,彭阳县在福建厦门市思明区的对口帮扶下脱贫摘帽。为了帮助彭阳在乡村振兴中实现高质量发展,思明区将眼光放在了省内同年脱贫的帮扶对象武平县身上,创新开启了"一区带两县"的"1+1+1"新模式。

从"先发帮后发"到"后发互相学","1+1+1"进一步完善了东西部结对帮扶关系。"武平和彭阳有相似的农业基础、产业结构,一些产业数字化的升级经验先'取道'武平,再'转输'彭阳,最大程度避免了'帮扶鸿沟'效应。"厦门市思明区委书记廖华生说。

过去,闽宁协作的定位一直是"福建所能、宁夏所需"。而闽宁协作的当下,双方共同的课题是携手融入新发展格局,实现优势互补。

企业是嫁接两地优势、联通双方市场的关键一环。"借助东南沿海地区的资金、技术、人才,可以盘活宁夏当地丰富优质的农特产资源,进军全国市场,带动当地经济发展的同时,企业自身也能壮大。"闽商林小辉在宁夏扎根近10年,他在固原市隆德县投资建成的闽宁扶贫产业园,如今已入驻企业60家。

走进隆德县扶贫产业园区,机器隆隆、人员忙碌,这里生产的马铃薯粉丝,将摆放在福建超市的货架上、火锅店的餐盘里;产自六盘山高原绿岛的中药材,经加工后将出现在东部地区的医院药房……

闽宁协作25载，从单向的扶贫解困到全方位深度合作，"融"的领域不断扩大，"扶"的形式更加丰富，"合"的平台持续拓展，为东西部协作注入新内涵。

在今年2月25日举行的全国脱贫攻坚总结表彰大会上，闽宁镇荣获"全国脱贫攻坚楷模"荣誉称号。

跨越几千公里的山海情谊还在继续，闽宁协作正在揭开新篇章。

（新华社，2021年5月18日，记者：王磊、李钧德、张亮、邹欣媛、马丽娟）

敦煌研究院文物保护利用群体

2019年8月19日,习近平总书记在甘肃省敦煌研究院考察时发表重要讲话,充分肯定敦煌文化保护研究工作,高度评价莫高窟守护人的艰辛付出和工作成效,勉励他们努力把敦煌研究院建设成为我国文化遗产保护传承的典范和国际敦煌学的高地。

敦煌研究院文物保护利用群体是以常书鸿、段文杰、樊锦诗等为代表的几代莫高窟守护人。70多年来,他们扎根大漠,不计个人得失,舍小家顾大家,以强烈的使命担当、无私的奉献精神,精心保护和修复敦煌石窟珍贵文物,潜心研究和弘扬敦煌文化艺术,努力探索推进文化旅游合理开发,取得了令世人瞩目的巨人成就,受到党和政府以及社会各界的高度评价和赞誉。敦煌研究院名誉院长樊锦诗同志被授予"文物保护杰出贡献者"国家荣誉称号、"改革先锋"、"最美奋斗者"称号。

敦煌研究院文物保护利用群体几代人薪火相传、择一事终一生的感人事迹,充分彰显了为国为民奉献的家国情怀、为事业无怨无悔坚守的敬业品格、为文化传承发展拼搏奋斗的执着追求,以实际行动诠释了"坚守大漠、甘于奉献、勇于担当、开拓进取"的莫高精神。

此生不悔入沙海　勇担重任始见金

——敦煌研究院文物保护利用群体群像

漫漫黄沙，寂寂戈壁，莫高窟和守护着它的人遍历这里每一个寒暑春秋。76年间，一代代知识分子远赴大漠深处，接续守护莫高窟，疮痍之地逐步成为世界文化遗产保护的典范，"吾国学术之伤心史"成为过去，世界敦煌学的中心冉冉升起。

初心不悔为敦煌

他裹着羊皮大衣，头戴老农毡帽，呼吸的热气迅速结成冰花，蜷缩着像是"没有生命的货物"。西去敦煌时，常书鸿还不到40岁。

此前，他是留法9年的艺术家、北平艺术专科学校的教授，西装笔挺，风度翩翩。塞纳河畔的一本《敦煌石窟图录》让醉心油画的他为中国艺术倾倒，家国破碎战火纷飞更让他心系敦煌。

1944年，"国立敦煌艺术研究所"在大漠中创立。那时，莫高窟已荒废400余年。流沙从崖壁顶部倾泻而下，上百个洞窟被掩埋。壁画大块大块跌落，砸烂在地上。

破庙当办公室，马厩做宿舍，水里的泥浆澄清了就拿来喝。最可怕的是孤独。带病的同事含泪对常书鸿说："我死了以后，可别把我扔在沙堆中，请你把我埋在泥土里呀！"

初创者接连离开，妻子也弃他而去，常书鸿却初心不悔。"我如果为了个人的一些挫折与磨难就放弃责任而退却的话，这个劫后余生的艺术宝库，很可能随时再遭劫难！不能走！"

段文杰、孙儒僩、欧阳琳、李承仙、史苇湘……在常书鸿的全力招募下，一批批大学生告别优渥的生活，奔赴大漠。旧照片见证别样青春：穿旗袍的女孩和穿白衬衫的男孩，乘坐的却是一辆破旧的木轮老牛车。

他们几乎用双手清除了数百年堆积在300多个洞窟内的积沙，修建了千余米长的围墙。临摹缺纸就用窗纸自己裱褙，毛笔秃了拿小刀削尖再用，连颜料也是自制的。

一个冬日的下午，敦煌研究院首任接待部主任马竞驰走进院史陈列馆，在小院里回忆起几十年前的生活：这里养过鸡，那里理过发，联欢会上的欢声笑语历历在目。"没人喊苦，也没人叫穷，日子就是这么过的，大家高高兴兴干工作。"

眼前不见苦，只因宏图在心中。

勇担重任扛大旗

起初是白手起家斗流沙。到了20世纪80年代，莫高窟人面临的课题则更严峻。有人说"敦煌在中国，敦煌学在国外"，他们怎能甘心？

国家将敦煌文物研究所升格为敦煌研究院，首任院长段文杰重任在肩。没有高谈阔论，他只说守着莫高窟的人首先要有作为。"要静下心来，埋头苦干，最后让成果说话。"

一个初冬的早晨，马竞驰去段文杰的房间，看到他一口气吃了6个大大的香水梨，很是不解。段文杰解释说："梨解渴顶饿，不用下来上厕所，在洞子里能一直待到太阳偏西。"为了临摹一幅《都督夫人礼佛图》，他翻阅了100多种资料，摘录了2000多张卡片。

《敦煌研究文集》《中国石窟·敦煌莫高窟》以及《敦煌研究》期刊……20世纪80年代，满怀爱国心的一代莫高窟学人奋力拼搏，用丰硕的学术成果扭转了"敦煌学在国外"的局面。

段文杰力倡接轨国际。去年辞世的敦煌研究院原副院长李最雄曾回忆："段老深知文物保护工作的艰巨。要做好莫高窟的保护工作，必须走学习国外先进技术的捷径。年轻人被送出国深造，光是去东京艺术大学的就达70多人次。"

1998年，年近60岁的樊锦诗被任命为敦煌研究院院长。退休的年纪，她却重新站在了起跑线上。

游客太多，她日夜揪心。"不让看不行，看坏了更不行。哪能一味想着门票和钞票？"于是，莫高窟在我国的文化遗产地中率先进行文物数字化探索和游客承载量研究，"数字敦煌"项目让莫高窟"永葆青春"成为可能。

她说"不能头疼医头，脚疼医脚"，便推动制定了《敦煌莫高窟保护总体规划》。在她的持续呼吁下，甘肃制定专项法规《甘肃敦煌莫高窟保护条例》，莫高窟有了"护身符"。

开拓进取求创新

"一带一路"倡议提出后，古丝路重镇敦煌再度吸引世界的目光。"古丝绸之路孕育了敦煌。我们在历史中寻找未来，以文化交流促进民心相通。"故宫博物院院长、敦煌研究院原院长王旭东说。

去伊朗、去阿富汗、去吉尔吉斯斯坦……敦煌研究院的学者走向"一带一路"沿线国家。来自美国、日本等国的研究人员扎根敦煌，循着古老壁画探寻文明交流的印记。

2019年11月，我国首个有关文物保护的多场耦合实验室在敦煌研究院竣工，长时间降雨、降雪、刮风等自然条件得以在实验室模拟。"文物保护进入深水区，要攻关的都是难解决的问题，研究要向纵深方向去。"敦煌研究院保护研究所所长郭青林说。

敦煌也在变得年轻可爱。新一代莫高窟人携手科技企业，让敦煌文化以流行音乐、游戏、漫画等形态"飞入寻常百姓家"。

干了20多年讲解工作，敦煌研究院文化弘扬部党支部书记宋淑霞"转换赛道"设计起研学课程。"孩子们穿上仿唐代半臂襦裙，走进壁画修复现场，深度感知莫高窟。希望敦煌的种子能在他们心中生根发芽。"

敦煌研究院院长赵声良说，回顾研究院70余载历程，发展的根本在一个"人"字。前辈奠基、大家关注、一代代人甘坐冷板凳，敦煌文化的保护、研究、弘扬工作才得以步步向前。愿更多高端人才走进莫高窟，在千年敦煌找寻新天地。

（新华网，2020年1月15日，新华社记者：张玉洁）

似水如沙久相伴

——记敦煌研究院名誉院长樊锦诗

起初她被前辈称作"小樊",今天很多人亲切地叫她"老太太"。若以生命长度来丈量,樊锦诗与莫高窟相守的半个多世纪可谓漫长。可在樊锦诗心里,与这座千年石窟相处越久,越觉得它是非凡宝藏。她接住历史的接力棒,全心让莫高窟老去得慢点再慢点,保护得好些再好些。

一世黄沙缘

石窟里是沙子,鞋里是沙子,连头发里也钻满沙子。樊锦诗与莫高窟的缘分就从这粒粒黄沙开始。

她本是江南水乡的姑娘,祖籍杭州,在上海长大,个头不高,人也瘦瘦小小。

她说她成长在新中国,有那个年代人的单纯果敢,坚信"国家的需要就是我的志向"。1963年从北京大学毕业后,她西去敦煌。

在敦煌研究院一处不显眼的地方,有座名为《青春》的雕塑。一个齐耳短发的女孩,背着书包,手拿草帽,意气风发地迈步向前。这正是以初到敦煌的樊锦诗为原型雕塑的。

那时的她对敦煌还无深刻理解,只是被历经千年的色彩打动。"看一个窟就说好啊,再看一个还是好啊。说不出来到底有多大的价值,但就是震撼、激动。"

可要在大漠戈壁扎下根来,哪能仅靠一时心动。生活艰苦非常:喝咸水、点油灯、住土屋、睡土炕,如何洗澡是大家避而不谈的秘密。一卷起沙尘暴就更可怕,黑乎乎的风沙铺天盖地压过来。

但樊锦诗没走。"开始我也没想在敦煌待一辈子,可能是命中注定吧,时间越久,越觉得莫高窟了不起,是非凡的宝藏。"

涓滴归瀚海

始建于公元366年的莫高窟,位于河西走廊西端。从巍巍祁连山流淌下的雪水,哺育着狭长走廊中的绿洲。丝绸之路上的商旅使团在敦煌驻足,再出西域、入中原。

"莫高窟是古丝绸之路上多元文明交融互鉴的结晶。公元4世纪到14世纪,古人用智慧为我们留下了如此伟大的文化艺术宝库。"樊锦诗说。

1524年,明朝政府下令封闭嘉峪关。敦煌从此沉寂,莫高窟400多年无人看护,大量洞窟坍塌毁坏。藏经洞被发现后,数万卷文物又陆续流失到十余个国家。

"宝贵却又脆弱,是莫高窟令人迷恋又揪心之处。"樊锦诗说。

20世纪40年代,前辈筚路蓝缕的创业历程更感召着她。一批批艺术家、大学生放弃优渥生活,远赴迢迢敦煌,一去便是一生。

常书鸿、贺世哲、孙纪元、段文杰……80岁的樊锦诗一一说出前辈同仁的名字,又一一写在纸上。"苦都让老先生们吃了。他们中的绝大多数人都走了,我们不该忘记这些人。"

樊锦诗说,中华人民共和国成立后,党和国家高度重视敦煌莫高窟,1950年文化部将"国立敦煌艺术研究所"更名为"敦煌文物研究所",并针对莫高窟壁画和彩塑病害、崖体风化和坍塌、风沙侵蚀等严重威胁文物安全的问题,开始了初步抢救性保护。

改革开放后,莫高窟的面貌焕然一新:编制扩大、人才汇聚、条件改善。1987年,莫高窟成为中国第一批进入世界文化遗产名录的遗产地。"改革开放带来开放的头脑和国际视野,我们开始大踏步向前走。"

似水如沙永流传

莫高窟15余公里外,有一个形似沙丘、又如流水的土黄色流线型建筑。游客在这里用数字化手段了解莫高窟的前世今生,再去窟区领略历史的风姿。

这个充满想象力的工程，是樊锦诗从1998年起担任敦煌研究院院长的17年间做成的一件大事。

"与20世纪初拍摄的照片相比，很多壁画已经损坏模糊了。再往下发展下去，全都消失了怎么办？"1978年起，这个问题就开始在樊锦诗的脑中盘旋。

尤其2000年以后，急速增长的游客让她忧心忡忡。"洞子看坏了绝对不行，不让游客看也不行。"

"保护、研究、弘扬是敦煌研究院的使命。旅游也必须是负责任的旅游。"樊锦诗与同仁们不断探索，尝试让莫高窟"延年益寿"，甚至"容颜永驻"。

一方面是对文物本体及其赋存环境的科学保护。在与国内外机构的长期合作中，保护者研究清楚了病害机理，保护修复了大量彩塑壁画，形成了一整套科学保护规范。

"比如风沙治理，通过综合防治风沙体系，使莫高窟的风沙减少了75%左右，极大地减缓了对文物的磨蚀。"樊锦诗说。

另一方面，开拓性地建立数字档案，让莫高窟以数字化的方式"永生"。经过近20年的努力，"数字敦煌资源库"免费向全球开放。

在2014年建成的莫高窟数字展示中心里，游客犹如置身飞船，观看球幕电影，感受着数字敦煌的神奇。游客也因此有序分流，有效降低对石窟的不利影响。

此外，樊锦诗还推动制定《甘肃敦煌莫高窟保护条例》，让莫高窟有了专项法规的"护身符"；她继承前辈的"爱才如命"，持续抓紧培养人才；她以广泛的国际合作引进了理念技术、培养了人才、开阔了视野……

"文物承载灿烂文明、传承历史文化、维系民族精神，是老祖宗留给我们的宝贵遗产。接力棒交到我们手上，我们就偷不得懒，不能让莫高窟有半点闪失。"她说。

50余载敦煌生涯，让水乡女子樊锦诗有了西北人的爽利。她似水，相信水滴石穿。她更似沙，低调平凡，与莫高窟久久相伴。

（新华网，2019年4月9日，记者：张玉洁）

海军"和平方舟"号医院船

  海军"和平方舟"号医院船是我国首艘制式远洋医院船,是加快推进海军转型发展的先锋舰船。入列以来,"和平方舟"号医院船以"和谐使命"任务为主要载体,勇闯大洋锤炼远海卫勤保障能力,远赴海外开展人道主义医疗服务,在波峰浪谷中砥砺强军之志,在卫护士兵中增强打赢本领,在救死扶伤中传递和平理念,极大提升了备战打仗水平,有力服务了国家政治外交大局,赢得了国内外高度赞誉。两次在海上光荣接受习近平主席检阅,荣获"中国青年五四奖章集体""人民海军70周年突出贡献单位"等称号。

和平方舟

漫无边际,波涛汹涌。

一艘乳白色的大船劈风斩浪,稳如磐石。阳光下,左右两舷巨大的红十字标志,格外醒目。

没有对空对海导弹,没有火炮鱼雷。在中国海军序列里,"和平方舟"号医院船是一艘特殊的军舰。

入列11年来,"和平方舟"号医院船9次驶出国门,航行24万余海里,到访43个国家和地区,为23万多人次提供医疗服务,实施手术1400例,让500多名白内障患者重见光明。

"和平方舟"号医院船带给世界的,是早春般的温馨,是如同晚秋的丰硕。她像一只不知疲倦的和平鸽,衔着橄榄枝,飞向世界各方。

守护生命

2010年,和平方舟第一次执行"和谐使命"任务,首站是吉布提共和国。这个地处非洲东北部的小国,是世界上不发达的国家之一,经济落后,缺医少药。

当地有家贝尔蒂医院。卢旺盛和刘鹏两位军医在此坐诊时,遇到头部受伤的患者穆罕默德。检查后,他俩认为情况严重,必须立即做开颅手术,否则其生命所剩日子不多。

"开颅?"当地医生听了直摇头。在吉布提,开颅是一种禁忌,且当地医院从未做过这种手术。

回到船上,卢旺盛和刘鹏将情况向院长作了汇报。院长问:"手术的把握有多大?"卢旺盛说有六七成。院长决心已定:"不做开颅手术,病人肯定过不去。尽管有风险，手术必须做。"刘鹏为难地说："开颅在这里是一种禁忌，院方不同意手术。"

院长带着卢旺盛和刘鹏急忙赶到贝尔蒂医院。院长耐心做对方医生的工作，面对一个患者，如果还有救治的可能而放弃，那是医生的失职。任何禁忌在生命面前都应该让步。对方医生被中国军医的执着和诚意感动了。

一场特殊的手术开始了：手术台旁站着当地一排医生，他们要亲眼目睹这第一例开颅手术；主刀的是来自万里之遥的中国军医。

凭着过硬的专业技术，手术非常成功，穆罕默德生命之舟重新起航。

卢旺盛和刘鹏留下详细的医嘱，还自掏腰包，送给穆罕默德一笔术后护理费用。

穆罕默德的幸运，在吉布提成为传奇。

在吉布提7天，和平方舟共诊疗当地患者2719人次，辅助检查2588人次，受到民众交口称誉。

汤加一位青年男子，子弹入体长达4年，他去过几个国家，因靠近心脏，手术风险大，均被婉言拒绝。千里迢迢，他慕名找到和平方舟。几位专家检查后，告诉他手术可以做，但有一定的风险。青年人恳切地说："我知道中国，我相信中国人，我可以立下字据，万一手术失败了，所有的风险我自己承担。"经过充分的准备，中国军医对子弹精准定位，仅用23分钟，就成功取出子弹。

和平方舟被称为"生命之舟"，危难中，它为患者点燃生命之光。

2013年11月，超强台风"海燕"肆虐菲律宾，房屋倒塌，道路中断，人员伤亡。

和平方舟完成125天"和谐使命—2013"任务，刚刚停靠母港码头，受命紧急驰援塔克洛班市。

前置医院还没搭好，一位妇女抱着孩子匆匆跑来，连呼带喊："医生，快救救我的孩子！"孩子叫马利萨，只有两岁，高烧脱水，已经昏厥。

护士长蔡伟萍接过孩子，几位医生紧急抢救，使孩子脱离危险。

蔡伟萍寸步不离马利萨，输液、服药，还不时地用酒精棉球给孩子擦额头、腋下，为他降温。

马利萨的父亲在强台风中遇难，他母亲罗文娜伤心地说："要是孩子再有个三长两短，我也不想活了。"

经过3天的治疗、护理，马利萨脸上有了笑容。出院时，他抱着中国阿姨送的熊猫玩具，哭着不肯离开。

几天后，前置医院撤收，罗文娜带着马利萨来送行。马利萨捧着一束菲律宾的国花茉莉花，扎进了蔡伟萍的怀里。

罗文娜眼含热泪，动情地说："茉莉花开了，你们却要走了，好心的中国人，祝你们一路顺风！"

仁义扬帆，守护生命！

和平使者

2015年11月17日，和平方舟到访墨西哥城市阿卡普尔科。

真是一种巧合。465年前的1550年11月17日，一艘载有中国丝绸、茶叶、瓷器的商船漂洋过海来到阿卡普尔科，当地人亲切地称之为"中国之船"，并将这一天定为"中国之船节"。

"ONE OR TWO（1还是2）？"

"ONE！"

"YES（对）！"

"上帝！我又能看清楚眼前的一切了！"特奥杜洛兴奋地喊了起来。

几年前，特奥杜洛不幸患上白内障，因经济窘迫，无力治疗，天空失去了色彩，大地变得一片模糊。

特奥杜洛又是幸运的。和平方舟抵达阿卡普尔科当天，他登上医院船，眼科专家先对他进行心理疏导，然后为他施行手术。

特奥杜洛揭开眼睛上的纱布，又回到了真实的世界，满脸幸福，说："和平方舟捎来了和平，中国医生给我送来了光明！"

2017年9月21日，"国际和平日"。

塞拉利昂首都弗里敦，中塞友好医院门口，当地市民听说和平方舟到达，排起了长龙，等待中国军医看病。

妇产科医师胡电查看完孕妇拉马图·芭的孕情后，倒抽一口气：妊娠期糖尿病、高血糖、胎儿已经出现宫内缺氧……必须立即手术！当地医院条件有限，胡电几乎命令道：立即将孕妇转至医院船手术。

医院船进入"一级战备",各方专家紧急汇合。胡电前几天不慎扭伤了腰,有人要替她,她说了句"情况我熟悉,我上",一扭一扭地走上手术台。

一刀一剪,一针一线,两个多小时过去,一声婴儿的哭啼声,让大家松了口气。拉马图·芭疲惫的脸上,露出灿烂的笑容。

孩子的父亲欣喜万分,说:"是中国的和平方舟给了孩子生命,我要让孩子永远热爱和平!"

和平方舟每到一地,第42届南丁格尔奖获得者、医院船护士长王文珍,便会带着船上的健康服务和文化联谊小分队,去当地的小学,为孩子们检查身体,告诉他们如何养成良好的用眼习惯、卫生常识,还给他们带去学习用品和玩具,与他们一起游戏。

一位校长感动地说:"吉布提停靠着很多外国军舰,但没有军人来学校为孩子们服务。你们把孩子们当作自己的亲人,孩子们把你们看作和平的使者。"

和平方舟的航迹在不断延伸着,和平理念也在不断传播着。

东南亚岛国东帝汶历经多年战乱,2002年才宣告独立。硝烟战火虽然消失,许多老兵还在忍受着心灵和身体创伤的折磨。和平方舟的到访,那鲜亮的红十字标志,燃起他们心中的希冀。

老兵卢杰罗带着他的5位战友登船求助。他在战争中右肩后部中弹,因医疗条件有限,无法手术,弹片留在体内,整整折磨他26年。其他几位老兵身上也都有弹片。

经过一系列检查和会诊,专家们精心制订手术方案,从卢杰罗肩膀取出一块3厘米长的弹片。其他5位老兵经过手术,也一一解除伤痛。船上的心理医生还对6位老兵进行心理干预和治疗,帮助他们走出战争的阴影。

卢杰罗说:"在这艘没有导弹、大炮的军舰上,我感受到的是和平的福祉!"

和平方舟出访以来,先后有38位国家元首或政府首脑登船。他们除了表示对中国的感谢,便是对和平的赞颂。

和平方舟在访问刚果(布)时,总理穆巴安对医护人员说:"军队通常为战事奔波,但中国的和平方舟,是为和平友爱而来,超越了国家间制度和种族的差异,不仅增进了刚中两国的友好关系,也加深了两国人民之间的互信,你们是真正的和平使者。"

友谊之舟

"和平方舟"医院船诊疗区,有一块巨大的展板,上面挂着43面旗帜。这些旗帜,是医院船出访43个国家和地区的标志。微风吹拂,一面面小旗帜轻轻飘动着,仿佛在讲述一个个关于友谊的美丽传说。

"你还认识我、认识我的女儿CHin吗?"

2017年5月23日,和平方舟刚刚靠上孟加拉国吉大港,一位年轻母亲带着女儿,找到船上的麻醉师盛睿方,激动地说。

盛睿方先是一愣,再辨认了一下,搂着小女孩,眼含热泪:"认得,认得……"

7年前的初冬,和平方舟第一次抵达吉大港。当晚,当地一所医院紧急向医院船求助:一位患有心脏病的年轻孕妇有早产预兆,请求手术支援。

医院船的医护小组立即赶往医院,在极其简陋的条件下,冒着巨大风险,实施手术,将一个新生命接生到人间。

望着刚从死亡线上被拉回来的妻儿,霍森感激涕零,对中国军医说:"你们给了我妻子和女儿新的生命,我女儿就叫CHin(孟加拉语义为"中国")吧,让孩子永远记住中国,记住'中国妈妈'。"

2013年8月22日,当霍森听说和平方舟又一次来访时,一家人带着鲜花赶到医院船。尽管船上人员流动变化,但他们还是幸运地见到3年前照顾CHin的一位"中国妈妈"——王芸护士。王芸摸着CHin的头,欣慰地说:"3岁了,长大了,长高了。"

这次,和平方舟再访吉大港。几天前,听到消息,一家人就激动得沉不住气了,CHin不停地问:"我还能见到'中国妈妈'吗?"她跑到田野里,采来一束鲜花,要亲自送给"中国妈妈"。

当CHin将鲜花送给盛睿方时,脸上笑成一朵花,当年抱在怀里的小婴儿,如今已出落成小姑娘了。CHin悄悄告诉盛睿方,她最大的心愿是,长大了去中国见更多的"中国妈妈"……

和平方舟已经在CHin一家人心中播撒下中孟友谊的种子,它会年年开花结果。

那年,和平方舟远赴非洲肯尼亚访问。

盛夏中午，一位耄耋老人在几位亲属搀扶下，登上医院船。老人来到前甲板时，面对五星红旗，深深地鞠了个躬，然后缓缓屈下身子，将脸颊轻轻贴在滚烫的甲板上，泪流满面，他说："我这把年纪，再也回不了祖国了，今天登上祖国的军舰，就如同回国了。"

老人祖籍中国福建，随父母先是下南洋，后又辗转到肯尼亚。多年来，老人希冀回国看看，却关山重隔，望洋兴叹。听说祖国军舰来访，老人带着儿孙辈从300公里外赶来。他知道军舰是"流动的国土"，他要在这片"流动的国土"上留下自己的足迹。

老人动情地说："祖国强大了，海外华侨的腰板也硬了！"

老人的大儿子说："我们早已经是肯尼亚公民了，虽然我还没去过中国，但我们知道中国对非洲国家特别亲，中国人特别有情义，中肯两国的友谊天长地久！"

2017年11月26日，和平方舟圆满完成在坦桑尼亚医疗服务，准备离开达累斯萨拉姆港时，马古富力总统亲自赶来送行。

在那块展板前，看见坦桑尼亚国旗时，马古富力总统笑了，他对院长和医护人员说："你们在短短的一周时间里，从早到晚为6400多名坦桑尼亚民众提供了无私的医疗服务，我真的非常感动，这是真正的兄弟情谊，我无法用语言表达我的感激之情。你们就要离开这里了，请允许我向中国政府和人民表达深深的敬意，坦桑尼亚人民永远不会忘记中国人民提供的帮助。"

一艘为生命、和平和友谊而生的军舰，和平方舟成为新时代一张闪亮的"中国名片"。

（《人民日报海外版》2020年8月1日7版，作者：黄传会）

中国之舟，满载和平友爱而来

——记海军"和平方舟"号医院船

在海军"和平方舟"号医院船的主甲板上，一幅平展开的世界地图记录着这艘特别军舰入列11年来的航迹。如果将这些航线全部相连，足以环绕赤道11圈。

作为我国第一艘万吨级制式医院船，"和平方舟"号9次走出国门，航行24万余海里，到访43个国家和地区，实施手术1400余例，为23万人次提供医疗服务。

近年来，"和平方舟"号医院船曾参加东盟防长扩大会人道主义援助救灾联合实兵演练和军事医学联演、多国海上联合演习等20余项重大任务，先后荣立一等功1次、二等功两次、三等功1次。

如今，这艘通体洁白、身漆巨型红十字的"明星舰"不断向远海大洋延伸航迹，以救死扶伤的方式履行着自己的神圣使命：守卫和平。

从天而降的中国军医

"和平方舟"号医院船被称为"海上的三甲医院"，船上装载着数百张病床和先进的医疗设备。医院船医疗中心主任蔡金辉至今难忘，2008年12月它刚入列，大家初上这艘"大白船"时兴奋、眼花缭乱的感受。谁也不知道它究竟能发挥多大作用，但来到这里的每个人都做好了大展拳脚的准备。

2009年10月，来自解放军总医院、北京市各大医院、各地军医大学的专家教授汇聚在船上，首次执行"医疗服务万里海疆行"任务，为驻岛官兵与当地群众免费巡诊。

"由北到南，我们走遍了中国海岸线。"蔡金辉印象最深的，是一天深夜，"和平方舟"接到消息，一座没有港口的岛屿上有战士突发急性阑尾炎。蔡金辉和战友乘坐小艇紧急靠岸，连夜展开手术。

第二年，"和谐使命"任务拉开序幕，"和平方舟"开始向远海进发，把医疗服务扩展向国外。

出访任务并不轻松。每到一站，船一靠码头，医护人员就开启"24小时连轴转"模式。闻讯而来的患者涌上医院船，有的病人是因为当地医院医疗条件有限无法救治，有的需要体检，还有的就是对这艘来自中国的"大白船"感到好奇，或者想要体验一下中医。

2010年，孟加拉一名患有心脏病的孕妇即将生产，向"和平方舟"求助。

医护人员全力抢救，将母女从死亡线上拉回，年轻的父亲决定给仅3斤重的女儿取名"Chin"，这个名字孟加拉语意为"中国"。

去年，"和平方舟"上的飞行员马东升驾驶救护直升机，载着一支10人医疗小分队飞行100多公里，来到斐济交通不便的瓦图莱莱岛上。岛上共有4个村庄，800多名居民，但全岛只有一个医疗中心，仅有1名医生和1名护士。针对岛上医疗条件和发病情况，医疗队专门带了便携式B超、心电监护仪等设备，向当地民众提供最急需的服务。

医疗队队员不辞辛苦、连续奋战，午餐也只是简单吃些干粮和自热食品，分秒必争地开展诊疗服务。这一切，岛上的居民都看在眼里，瓦图莱莱岛酋长拉徒激动地说："真没想到，中国军医会从天而降，让我们足不出岛，就能接受专业诊疗，感谢'和平方舟'，感谢中国！"

2013年11月，菲律宾遭受"海燕"强台风袭击，人员伤亡惨重。刚刚结束125天"和谐使命－2013"任务的"和平方舟"接到命令，紧急出动赴菲律宾进行人道主义救援。48小时内，分散在全国各地41个单位的400多名军医与船员全部集结完毕。"和平方舟"以全速马力直接穿越风浪地带，77小时后抵达菲律宾灾区。

医护人员眼前的情景可谓"满目疮痍"：椰子树成片倒着，房屋也几乎都塌了，石砌码头成了石堆。医院船无法靠岸，只能抛锚在附近海域，医生们就乘小艇上岸投入巡诊。

连续奋战16天，"和平方舟"号医院船接诊伤病员2208人，成功实施手术44例，并有4名新生儿诞生在医院船上，孩子的父母纷纷给他们取名为"和平""方舟"或"中国"。

蔡金辉在"和平方舟"上服役了11年，见证了医院船由国内到国外、从近海驶向深蓝的航迹。他用一句话形容这艘海上医院船的使命，那就是："我们要把健康送到天涯海角。"

传递友谊的中国名片

入列11年，"和平方舟"到访过43个国家和地区，这艘中国军事外交"明星舰"成了传递友谊的和平使者。

"我们是一张'大国名片',我们向世界展示中国。"海军军医大学第二附属医院副院长毛志国说,他参加了去年的"和谐使命-2018"任务。这是"和平方舟"代表中国海军首次出访多米尼加,当时多米尼加刚刚与我国建交半年。

毛志国记得,靠港那天,停泊在圣多明各港里的军舰都悬挂满旗,鸣笛迎接"和平方舟"的到来。

"和平方舟"的到访在当地刮起了一股"中国旋风"。开放参观时,多米尼加华侨学校高三学生黄秀儿,认真观看了船舱里的每一幅宣传展板。走下舷梯,她对父亲说:"爸爸,我想回中国上大学,成为一名外交官,像'和平方舟'一样,带着和平友好走遍世界。"

中国形象从这些穿着军装或白大褂的官兵身上传递出去,国与国之间的友谊也在不断加深。"和平方舟"在塞拉利昂巡诊期间,一名当地青年将烤好的红薯塞给船上的医生说:"Chinese,free。"2013年与2017年,"和平方舟"两次访问孟加拉国,长大的Chin两次登船寻找给她接生的"中国妈妈";医院船抵达刚果(布)黑角港时,不少当地民众穿着印有中刚两国元首头像的T恤衫高喊:"中国,好样的!"

身处医院船上的"明星科室"——中医科,海军军医大学中医系针灸推拿教研室副教授李伟红每次出访都格外忙碌,因为这里是各国政要登船参观的第一站。此外,很多到访国民众都喜欢上船来体验一下"神奇"的东方医术。

"和平方舟"访问马来西亚时,登船参与志愿服务的贝尔纳德曾赴中国留学,他是李伟红的学生。于是,师生二人联手开展诊疗。李伟红还参观了贝尔纳德在马来西亚开的中医诊所,为当地医生开课培训。

"这是一种文化外交,教授中医就是在传播我们的中国文化,也是在传递我们的外交理念。"李伟红说,"我们向世界表明,中国人以和为贵,中国军人为守卫和平、构筑友谊而来。"

最早执行出访任务时,官兵们曾为如何准确地翻译"和平方舟"这个名字苦恼。如今,多国语言中都新增了一个名词:"和平方舟",拼写就是汉语拼音。

"我们和很多国家联系,只要一说'和平方舟',不用翻译,谁都知道!"蔡金辉扬起嘴角,满脸骄傲地说。

锻造守卫和平的力量

2015年，中马"和平友谊-2015"实兵联合演习在马来西亚举行，演习中一艘"商船""被撞倾覆"，船员"受伤落水"。面对突如其来的"险情"，"和平方舟"立即派出救护直升机前出搜救，同时放下两艘高速小艇支援"失事"船只。

2分10秒后，中国直升机率先发现"落水者"。随后便是快速打捞、转运、检查、诊断、手术……"和平方舟"展示了卓越的立体救援能力。

出色的表现赢得外军军官的一致赞赏，有人评价"'和平方舟'是一艘最温暖的中国军舰"。而第一任海上医院院长、解放军总医院第六医学中心主任医师孙涛深知这一切背后的付出。

"一路航行，一路训练"是"和平方舟"一茬茬官兵不变的口号。即使遇上大风浪天气，训练也照常进行，因为这是"熟悉特殊环境的时机"。

2015年，"和平方舟"成立了"海上大学"，由各科室医生轮流讲课，向其他专业的医护人员与船员传授基本的救护知识。

"'和平方舟'是为了战时救治建造的，医生必须是全才，人人都要能独当一面，人人都要会紧急救援。"孙涛说。

在"和平方舟"上，最有特色的是一张"大表"，任务中这张表每天更新，为每名医师分配次日的值班科室。表格通常在凌晨更新，然后塞进各间宿舍的门缝里，第二天起床后，医护人员看到自己被分在哪个科室，就去哪里值班。

"一次次环球执行任务，不断训练，不就是为了在突发状况时能够顶得上、打得赢吗？"官兵们说。

用和平的力量守卫和平，孙涛认为，这条路还应该走得更远，"和平方舟"的航迹将驶向大洋更深处，"战斗舰走到哪里，'和平方舟'就能保障到哪里。"

（《中国青年报》2019年12月12日1版，记者：郑天然）

河钢集团塞尔维亚公司管理团队

中国河钢集团与塞尔维亚斯梅代雷沃钢厂合作运营项目启动以来,河钢集团塞尔维亚公司管理团队工作人员勇于担当、忠诚履职,把发挥中方企业营销服务网络优势与挖掘塞方企业内部潜力结合起来,使企业扭亏为盈、重获新生,成为塞尔维亚就业人数最多的企业和第一大出口企业。他们面对跨文化企业整合难题,因地制宜、善作善成,创造性提出用人本地化、利益本地化、文化本地化的海外经营策略,营造了中塞员工通力合作、共同奋斗的良好局面,促进了"中塞一家亲"。他们扎根异国他乡,自觉把个人追求融入党和人民的事业之中,艰苦奋斗、敬业奉献,展现了国企党员干部的责任担当和中国人民的良好形象。他们是"一带一路"倡议和国际产能合作的忠实践行者,是参与国际竞争与合作、积极融入全球化发展的先锋模范。

无私奉献　不辱使命

——记河北钢铁集团塞尔维亚公司管理团队

"全力打造'一带一路'建设样板工程！"喊出口号的是一个仅有9人的河北钢铁集团塞尔维亚公司（以下简称河钢塞钢）管理团队。他们通过自身不断学习、创新和努力奋斗，仅用半年时间，凭借效益本地化、用工本地化、文化本地化的管理模式，交出了一份漂亮答卷：结束了斯梅代雷沃钢厂连续7年巨额亏损局面，实现扭亏为盈；2017年产钢147.3万吨，实现销售收入7.4亿美元，创出历史最好水平；2018年企业产钢178万吨，实现销售收入10.5亿美元，比上年提高42%，成为塞尔维亚第一大出口企业。

如今，在这个经验丰富、业务精湛、素质过硬的管理团队带领下，河钢塞钢重新绽放升级活力，成为塞尔维亚就业人数最多、员工队伍最为稳定的企业，成为拉动塞尔维亚国民经济增长的重要动力，成为中国—中东欧国家国际产能合作和"一带一路"建设的标志性工程。

推进国际产能合作获双赢

2016年1月，带着"做世界河钢"的梦想，装着"代表民族工业、担当国家角色"的责任和使命，河钢塞钢执行董事宋嗣海和团队同事们踏进斯梅代雷沃钢厂的大门。在做好充分的前期准备工作后，4月18日，河钢集团与塞尔维亚政府举行收购仪式，为这座经历过破产、出售、政府1美元回购、国外企业代管等种种坎坷，濒临绝境的百年老厂注入勃勃生机。

这个由8名男职工和1名女职工组成的9人管理团队扎根异国他乡，齐心协力，全身心投入到河钢塞钢的生产经营工作中，直接推动并见证了百年钢厂斯梅代雷沃钢厂的涅槃重生，使其重新成为"塞尔维亚的骄傲"。

互利才能共赢。在河钢塞钢的经营管理中，管理团队始终坚持"利益本地化、用人本地化和文化本地化"的原则。"钢厂原有职工一个不能少，是河钢集团的承诺，也是河钢塞钢落实集团'三个本地化'的一项重要内容。"河钢塞钢总经理赵军说。

河钢塞钢完全依照当地法律、法规及文化习俗实施管理和经营，收益主要用于技术改造和规模提升，用工除了从国内企业抽调9名管理和技术骨干组成必要的管理团队之外，其余5000多职工全部为当地员工，原料采购以欧洲为主，真正实现利益本地化。"曾有个雇员跟我说，过去雇主瞧不起他们这些当地工人，说话都是高声对他们喊，可你们不一样。"河钢塞钢副总经理王连玺说。

"三个本地化"，确保了钢厂接手后平稳过渡、良好开局，不仅实现了河钢塞钢5000多名员工收入的稳定增长，还通过延伸产业链条，为更多当地居民创造了就业机会。目前，斯梅代雷沃市平均每5人中就有1人直接或间接围绕河钢塞钢工作。

百年老厂焕发青春活力

"你看，这粗轧机的底座经过大修，不但保持了生产连续性，还使热轧产品的不合格率由原来的0.14%下降到0.03%。"走在河钢塞钢高大宽敞的热轧车间里，河钢塞钢首席技术官赵凯星向记者介绍，"到目前，我们用于设备升级改造的资金已达到1.58亿欧元。"

3年来，河钢塞钢管理团队拼搏进取，全方位完成技术升级改造，依托河钢统筹配置全球资源，同时实现改造、增产、增效的目标。"我们对钢厂的炼铁、炼钢、轧钢几乎每一个生产环节的基础设施、设备都维修过，未来5年河钢塞钢改进节能环保设施、提升产品质量的投资规划也正在制定中。"赵凯星说。

然而，3年前的斯梅代雷沃钢厂却是另外一番景象。

斯梅代雷沃钢厂成立于1913年，2003年破产后以2300万美元卖给美国钢铁公司。2012年美国投资者撤资，塞尔维亚政府以1美元重新收回该钢厂所有权。此后，塞尔维亚政府一直在寻找新的投资者。2013年4月，在塞尔维亚政府的扶持下，斯梅代雷沃钢厂恢复生产，但年产量只有40多万吨。

2016年4月，河钢集团与塞尔维亚政府签订收购协议。为了在7月接手后达到较好的生产经营水平，河钢集团管理团队根据当时的市场形势，同时也为了检验现场设备状况以及员工适应高节奏生产的能力，在与当时钢厂管理人员协商后，于5月恢复已停滞多年的第二座高炉的生产。

2016年7月，河钢接手斯梅代雷沃钢厂第一个月，粗钢产量就从原来每月的六七万吨提高到12.9万吨。百年老钢厂开始重现生机。

河钢收购半年后，即结束了斯梅代雷沃钢厂连续7年亏损的历史。2018年上半年产钢90万吨，实现销售收入5.7亿美元，超过2015年全年水平。酸洗板、冷轧板、镀锡板等高附加值板材产量较2016年上半年增长110%以上。

"企业的改变和成绩的取得，单靠我们一个团队是完不成的。"在赵军看来，河钢集团是河钢塞钢发展的强大后盾。接管河钢塞钢以来，河钢派赴塞尔维亚的技术团队多达11批，近200人，从生产组织、财务管理、工艺控制、质量保障、设备维护等多个方面，帮助河钢塞钢分析、查找和解决问题，联合制订改进方案，并组建银团提供低成本项目融资。

积极推动中塞合作

只有民心通方能合作久。收购塞钢后，河钢积极推动中塞文化、管理思路、工作理念融合，管理中处处体现人性化，在塞尔维亚这片土地上书写着"中塞一家亲"的动人故事。

管理团队充分调动当地员工的主动性和能动性，沿用了被收购之前已形成的较为完善的管理流程，并将中方的先进管理经验嵌入其中，实行奖惩制度，提高工资和发放奖金。河钢塞钢与5000多名塞方员工全部签订劳动合同，消除了员工担心失业的顾虑；完成了劳动指导、风险评估、培训、医疗检查等30余项管理准则的签订，并与三家代表工会签署集体劳动合同协议，得到塞尔维亚政府和当地媒体的积极评价。

塞尔维亚总统对河钢塞钢的管理工作赞不绝口，其中有两件事让他印象深刻。

一是破例发奖金。今年第一季度，河钢塞钢保持了每个月创纪录的产量，管理团队决定普发奖金,从管理层到每个岗位上的工人都领到了一笔奖金。这是该厂建厂以来首次发放奖金。

二是发放抚恤金。去年河钢塞钢有一名工人不幸去世,钢厂不仅给其家庭发放了额外抚恤金,管理团队还拿出一笔钱再进行补贴,并让去世员工的孩子进厂接班,充分体现了中方的人道主义和人文关怀。

身处异国他乡,远离亲人,管理团队克服各种困难,敬业奉献,只为建设好河钢塞钢这个"远方的家"。

2016年4月签署收购协议后仅10天,宋嗣海意外接到母亲病逝的噩耗,等他赶回家时葬礼早已结束。因为河钢塞钢刚刚起步,作为首席执行官,许多事情等待他去处理,宋嗣海在家仅停留5天,就告别了年过八旬体弱多病的父亲,返回塞尔维亚,全身心地投入到繁忙的工作中。因为工作太忙,河钢塞钢首席运营官魏东明从原来的80公斤暴瘦到60多公斤。看着消瘦的丈夫,妻子心疼得直流泪。

河钢塞钢管理团队奋勇争先,用实际行动擦亮"世界的河钢"品牌。日前,从塞尔维亚再传喜讯:2019年一季度,河钢塞钢共产钢46.17万吨,预计能够实现全年180万吨钢产量目标,将创下建厂106年的新纪录!

(《经济日报》2019年4月25日15版,记者:宋美倩,通讯员:刘英)

铸造多瑙河畔的"金色名片"

——记河北钢铁集团塞尔维亚公司管理团队

2016年收购塞尔维亚斯梅代雷沃钢厂后,河北钢铁集团(以下简称"河钢")先后选派宋嗣海、赵军等9名管理和技术骨干人员,组成河北钢铁集团塞尔维亚公司管理团队,扎根异国他乡。仅用两年多时间,就使一个连年亏损的百年钢厂重现活力,建设成为中塞合作的模范工厂,打造成为"一带一路"建设样板工程。

宋嗣海永远忘不了2015年五一假期时接到的那个电话。"中国和塞尔维亚两国政府都在积极推进河钢集团收购斯梅代雷沃钢厂的工作，集团决定把执行董事、首席执行官的任务交给你！"宋嗣海深知这项任务的重要意义，2016年1月，他依依不舍地辞别家人前往塞尔维亚，为正式收购做前期准备。

踏进斯梅代雷沃钢厂的大门，面对眼前的"烂摊子"他感到震惊：生产装备是20世纪70年代的，管理处于真空状态，产品结构不优、档次不高……这没有动摇宋嗣海在多瑙河边二次创业的信心。2016年4月18日，河钢集团与塞尔维亚政府签署了斯梅代雷沃钢厂收购协议。

收购工作完成后，河钢唐山钢铁公司炼铁部部长赵军接到了派往塞尔维亚公司担任总经理的通知。他着实放心不下年迈的父母。然而，父亲大手一挥："让你去塞尔维亚，是组织对你的信任，是国家的大事。我和你母亲身体硬朗着呢，你就放心地去吧！"就这样，赵军从渤海之滨飞到了多瑙河畔。

魏东明担任河钢塞尔维亚公司首席运营官。游走于锈迹斑驳的设备之间，他强烈意识到，不对这些老旧设备动"大手术"，企业难以起死回生。说干就干，仅仅用了半年时间，他就率领大家先后完成了对高炉炼铁技术设备、炼钢转炉系统等关键部位的技术改造，并相继实施。

在签署收购协议后仅仅10天，宋嗣海意外地接到了母亲病逝的噩耗。等他赶回万里之遥的家里时，母亲已经安葬。因为河钢在塞尔维亚公司刚刚起步，作为首席执行官，许多事情需要他处理，宋嗣海在家里仅仅待了5天时间，强忍悲痛登上了返航的飞机。

宋嗣海回忆，那一段特别忙，只有到了深夜，才能稍稍静下心来，独自行走在多瑙河畔，寄托对母亲的怀念。"如此重大的项目交到了我们团队手中，只能成功，不能失败！"这是他在最困难、最痛苦时，心中最强大的声音。

静静流淌的多瑙河水，也承载着唐娟的思念。唐娟是河钢塞尔维亚公司的财务总监，9人管理团队中唯一的"女将"。自从丈夫患病离世后，她与女儿相依为命。唐娟被调到塞尔维亚公司后，女儿便独自一人生活。"妈，您在国外一定要按时吃饭、按时睡觉，多多保重身体。"女儿电话里的嘱托让她既欣慰、又内疚。

河钢塞尔维亚公司管理团队坚持利益本地化、用人本地化和文化本地化原则，与当地职工打成一片，调动了各个方面的积极性，从管理团队到每个工人都拧成一股绳,企业5000多名员工团结得像一个大家庭。

一座钢厂,幸福了一座城市。河钢收购斯梅代雷沃钢厂仅半年,就结束了连续7年亏损的历史;2017年实现销售收入7.4亿美元;2018年实现销售收入10.5亿美元,成为塞尔维亚第一大出口企业。斯梅代雷沃市失业率由之前的18%降到了6%,这座有10万余人的城市,有两万人的工作直接或间接与河钢塞尔维亚公司有关。

新时代的河钢人,以勇于开拓、艰苦创业、乐于奉献、真诚合作的精神,在多瑙河畔铸造出耀眼的"金色名片",成为推进国际产能合作的先锋模范。

(新华社,2019年4月24日,记者:王民、刘桃熊)

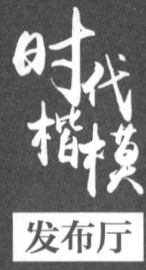

八步沙林场"六老汉"三代人
治沙造林先进群体

　　八步沙林场地处河西走廊东端、腾格里沙漠南缘的甘肃省古浪县。昔日这里风沙肆虐，侵蚀周围村庄和农田，严重影响群众生产生活。为保护家园，20世纪80年代初，郭朝明、贺发林、石满、罗元奎、程海、张润元6位村民，义无反顾挺进八步沙，以联产承包形式组建集体林场，承包治理7.5万亩流沙。以"六老汉"为代表的八步沙林场三代职工，矢志不渝、拼搏奉献，科学治沙、绿色发展，持之以恒推进治沙造林事业，用愚公移山精神生动书写了从"沙逼人退"到"人进沙退"的绿色篇章，为生态环境治理作出了重要贡献。

八步沙林场"六老汉"三代人治沙造林先进群体

从沙赶人到人赶沙：六老汉　三代人　一片绿

"沙丘向着村庄跑，每年逼近七八米，压田地，埋庄稼，'一夜北风沙骑墙，早上起来驴上房'……"捋着花白胡须，向记者说起当年的八步沙，张润元脸上云淡风轻。

张润元乃"六老汉"之一。古有愚公移山，今有甘肃省古浪县八步沙"六老汉"治沙滩。他们一年接着一年干，一代接着一代干，三代人苦干38年，至今累计治沙造林21.7万亩，管护封沙育林草37.6万亩。

1981年，在土门公社当过大队支书或生产队干部的6位农民，不甘心将世代生活的家园拱手相让，向沙漠挺进。他们献了自身献子孙，一代接着一代干，被称为八步沙"六老汉"。

老支书石满第一个站了出来："多少年了，都是沙赶着人跑。现在我们要顶着沙进，治沙，我算一个"

古浪县是全国荒漠化重点监测县之一。

1981年，作为三北防护林前沿阵地，古浪县着手治理荒漠，对八步沙试行"政府补贴、个人承包，谁治理、谁拥有"政策。治理寸草不生的沙漠谈何容易！即使政府有补贴，不知多少年后才会有"收益"。政策出台后，应者寥寥。

"多少年了，都是沙赶着人跑。现在，我们要顶着沙进。治沙，算我一个！"漪泉大队56岁的老支书石满第一个站了出来。

紧接着，同大队的贺发林，台子大队的郭朝明、张润元，和乐大队的程海，土门大队的罗元奎积极响应。他们以联户承包的形式，组建八步沙集体林场，投身治沙造林。他们6人所在村庄都紧挨着八步沙，相距不过三四公里。

消息传开，有人疑惑：别人承包良田，他们承包沙漠，是不是精神出了问题?

外人冷嘲热讽,家人也扯后腿。老婆劝:这把老骨头,要把命搭进沙漠里。儿女拦:又不是不养活你们,别受那份罪。

"六老汉"不由得吹胡子瞪眼:八步沙治不住,今天享清福,明天你们就喝西北风!打定主意,老汉们卷起铺盖、背着干粮,走进沙漠深处。

按照计划,第一年先治1万亩。6个老汉跑遍了附近和邻县的林场,只解决了一部分树苗,剩下的怎么办?最后,他们在自家承包地上种上了树苗。

6个家庭40多口人全部上阵,在浩瀚大漠里栽下一棵棵小树苗。

到了来年春天,树苗成活率竟然达到七成,"开始我们高兴极了,没想到几场风沙过后,活下来的树苗连三成都不到。"造林不见林,"六老汉"心急如焚。

"只要有活的,就说明这个沙能治!""六老汉"没有灰心,转而采用"一棵树,一把草,压住沙子防风掏"的办法,成活率得以提高。

"父亲临终前叮嘱,不要埋到祖坟,祖坟前有个沙包,挡着他看林子。要埋在八步沙旁,看着我们继续治沙"

沙漠离家远,为了省时间,"六老汉"吃住都在八步沙。张润元说,每人带点面粉、干馍馍和酸菜,用几块石头支起锅。更艰苦的,是没有住处。沙地上挖一个深坑,上面用木棍撑起来,再盖一帘茅草。这个当地人叫做"地窝子"的深坑,就是"六老汉"的家。

经过10余年苦战,"六老汉"用汗水浇绿了4.2万亩沙漠。八步沙的树绿了,"六老汉"的头白了。1991年、1992年,贺老汉、石老汉先后离世。后来,郭老汉、罗老汉也相继离世。如今,当初的"六老汉"中,四人走了,两人老了干不动了。

组建林场之初,"六老汉"就约定,无论多苦多累,每家必须出一个后人,把八步沙治下去。为了父辈的嘱托,石银山、贺中强、郭万刚、罗兴全、程生学、张老汉的女婿王志鹏相继接过了父辈治沙的接力棒,成了八步沙第二代治沙人。现在,郭万刚的侄子郭玺等第三代人已加入治沙行列,守护八步沙的未来。

现任八步沙林场场长郭万刚,当年被父亲郭朝明"逼"着回家治沙。当时,他在土门供销社上班,端的是"铁饭碗",父亲要他回来治沙时,郭万刚极不情愿:"治理几万亩沙漠,那是你们几个农民干的事?能治过来吗?"

"身在曹营心在汉"的郭万刚,直到1993年5月5日,才打消了回供销社上班的念想。"那天我正和罗老汉一起巡沙,中午地上突然就起了'黄浪',有50多厘米厚。罗老汉有经验,告诉我要跳着走,哪怕拔得稍微浅一点,就被沙尘暴埋住了。"郭万刚回忆说。

在沙漠中迷失方向的罗老汉和郭万刚,直到深夜才摸回家。从那之后,郭万刚一门心思扑在造林上。

昏倒在树坑旁的贺发林,被送到医院时,已是肝硬化晚期。弥留之际,当着老伙计们的面,贺发林安排后事。"娃娃,爹这一辈子没啥留给你的,这一摊子树,你去种吧。"他对儿子贺中强说。

石满老汉生前被评为全国治沙劳动模范,去世时年仅62岁。他的儿子石银山说:"父亲临终前叮嘱,不要埋到祖坟,祖坟前有个沙包,挡着他看林子。要埋在八步沙旁,看着我们继续治沙。"

尽管有过犹豫、有过彷徨,郭万刚已在风沙线征战30余年,在大漠深处写下答案。到2003年,通过乔、灌、草结合,封、造、管并举等措施,"六老汉"及其后人建成了一条南北长10公里、东西宽8公里的防风固沙绿色长廊,使7.5万亩荒漠得以治理,近10万亩农田得到保护,八步沙变成了树草相间的绿洲。

历经"六老汉"三代人38年的坚守,八步沙已从昔日寸草不生的沙漠,变成了当地群众增收致富的"金山银山"

沙漠里栽树,三分种、七分管,管护是重中之重。八步沙地区在20世纪50年代、70年代曾集体植过树,但都因为无人管护而前功尽弃。

"树栽上以后,草长得好,有人偷着放牧和割草,好不容易种下的草和树,一夜之间就会被附近村民的羊毁坏。"张润元说,"我们就每天早上和晚上挡着不让牲口进去,几乎整宿不睡觉地看护,甚至很多天顾不上回家。"为了护林,郭万刚、石银山曾连续6个春节在沙漠中度过。

程生学现在看护的,仍然是父亲当年亲手栽下的树。"面积将近2万亩,骑摩托车转一圈,至少4个小时。"

2001年，近200只羊钻进了程生学看护的林区。"先人们辛苦栽下的树，你咋舍得让羊啃哩！"他追上羊倌理论。"这里不放哪里放？"羊倌并不示弱。

说话间，程生学就把羊往外赶，没成想羊倌照头就是一棒。所幸，贺中强及时赶到，并报告了森林派出所。羊倌最终被处罚。

林场要发展，就不能只守摊子。2003年，八步沙7.5万亩治沙造林任务完成后，八步沙第二代治沙人主动请缨，将治沙重点转向远离八步沙林场25公里的黑岗沙、大槽沙、漠迷沙三大风沙口。截至2015年，他们累计完成治沙造林6.4万亩，封沙育林11.4万亩，栽植各类沙生苗木2000多万株。"治理区内，柠条、花棒、白榆等沙生植被郁郁葱葱。"郭万刚说。

黑岗沙等地治理完成后，"六老汉"的后人继续向距离八步沙80公里的北部沙区进发，开始治理那里的15.7万亩荒漠。同时，八步沙林场还先后承包了国家重点生态工程等项目，并承接了干武铁路等植被恢复工程，"我们带领周边群众共同参与治沙造林，不仅壮大了治沙队伍，也增加了农民收入，带领更多的贫困户脱贫致富奔小康。"郭万刚说。

绿色在八步沙不断延展。如今的八步沙林场，历经"六老汉"三代人38年的坚守，已从昔日寸草不生的沙漠，变成了当地群众增收致富的"金山银山"。

（《人民日报》2019年3月29日7版，记者：董洪亮、孔祥武、付文）

八步沙第三代人自述

当我走近八步沙第三代人当中的一位，我倾听了来自他内心深处的讲述——

爷爷常感叹，说我赶上了好时候生在了福窝里。这话我从小听到大，以至于由耳朵到思想都渐渐麻木了。记得小时候，跟着爷爷到沙窝里去，晚上睡在他搭的地窝子里，睁开眼满天繁星，浩瀚的星空跟身下这片沙漠一样，似乎都大得无边无际，清透广袤。可是夜风刮过，又似万兽呼号，沙粒刮进了嘴里,硌得牙齿难受,干燥的空气就像一把无形的锉刀,硬啦啦地吹在脸上干啦啦的疼,风旋黄沙就像一只躁动的怪兽在眼前搅动,不时在不远处的天边形成一层深黄的帘幕。我就质疑爷爷的话,难道这就是"福窝"?爷爷叹口气开始数落:你这个小崽娃子是身在福中不知福呐!然后就会讲一个很长很长的故事给我听……

传说,我们武威八步沙这儿,原来是杨家将屯兵牧马的草场,更是传说中盛极一时的丝路明珠沙洲城所在,曾经也是风吹草低见牛羊的好地方,水草丰茂、绿树成荫。可是,传说也只是传说而已,不单是我,就连爷爷的记忆里,也从来没有见过故事中所描绘的绿草茵茵、水泽潋滟的景象。更多的日子,我们都是在大风夹着沙粒吹过的呼啸声中醒来,然后全家人分吃一锅小米拌面汤后开始一天的生活。锅底上最后一碗饭永远是爷爷的,因为只有他能做到把米粒和面汤都喝下去,而碗底上只滢留出乌沉沉的沙子来。这就是生我养我的地方,腾格里沙漠边缘的一个小镇——武威市古浪县土门镇。

从我懂事起,我就无数次地发誓,长大后一定要离开这闹心的沙窝窝。我不知道当初爷爷决意承包八步沙进行治理的时候,我爹是什么心理。后来我爹辞掉供销社人人眼红的工作也进入八步沙去种树。再后来又包括我在内了。我那么拼命地读书,拼命想走出去,最终却又心甘情愿地回来了。

如果,我爹供销社那份工作算"铁饭碗"的话——不,那个年代如果你在供销社上班,你就可以做到"一人得道鸡犬升天"。因为,买糖酒、买肉食需要走供销社的后门,买化肥、买棉花、买布匹,那就更得走供销社的后门了。那我现在,作为土门镇武装部部长,真正的公务员,而且还是有前途的公务员,就算得上是"金饭碗"了吧!

而今天,我跟我爹一样,辞掉了自己的工作,而且是心爱的工作,到八步沙来种树。对此,和我一起四年大学的同窗、谈婚论嫁的女朋友对我一番歇斯底里后,用尽力气摇着我的肩膀让我醒醒,泪水像断了线的珠子,浸透了我前胸的衣衫。紧接着,又是一声声嘶力竭的长啸:你是不是疯了?我们在城市上学的时候,你确实说要回家乡工作,可也没说回到这沙窝窝里工作呀!毕业时,为了你,我放弃了一家国企的招录,和你来到这个兔子不拉屎的地方工作,当时我父母就反对我们谈恋爱,我用尽解数说服了他们,才跟随你来到这个黄沙遍地的镇上工作。我知道,只要和你在一起,吃什么苦我都认了！可是现在，我没想到的是，你连国家干部的身份都不要了，这样大的事你都不和我商量一下，你就去种树治沙了？这事说来是很伟大的工程，可不是一朝一夕就能做成的，当干部给予他们后方的支持不也一样是伟大的事吗！你爷爷、你父亲两代人种了这么多年的树，到现在为止，献了青春献子孙，才种出多么大的一点点绿地呀，你想想这值吗，值吗？你想想，你这样做置我于何地？她的手颤抖着，流下泪水。接着她连续说了好几个"我恨你"后，头也不回地、毅然地走了。

那一刻，我心疼，我痛恨自己不该把这么个美丽的南国女子带进这漫漫黄沙。可是，现在想这些已经没有用了。于是，我将这一切美好的回忆彻底埋在了八步沙的心底。因为我不能违背我的父辈的期望和理想，治沙、种树，治沙、种树，坚毅的声音在我脑海中无数次地回响，虽然我满脸是泪，但是想想爷爷和父辈的努力、坚持，想想在沙漠里延续绿色的承诺，还有保卫家乡和家乡绿色的责任……

在广袤的沙窝里，那天，我孤零零地站成了一棵树……大漠孤烟在诗词里是壮美的，驼队逶迤在影视剧里是文艺的，而真正的大漠苍凉、无情，让人敬畏且恐惧，甚至厌恶。我之所以回来，是不甘心在沙漠面前屈服，不忍心让爷爷的努力、我爹的坚守后继乏人。在他们把青春岁月伴同汗水、泪水洒到这荒漠的过程中，八步沙裸露的躯体终于有了一块"遮羞布"，那就是三万亩的绿地。三万亩，对于浩浩腾格里来说，这一小块绿地何其渺小？可是，就在爷爷稀疏的白发里、我爹深深的皱纹里，却令我生出了"雄心一片在西凉"的万丈豪情。垆头酒熟葡萄香，马足春深苜蓿长。这才是我们家乡该有的风貌，这才是我们为之奋斗的美好家园的模样。

我辞掉公务员的职位回来了，准备接我父亲的班到八步沙上班。我妈哭了。而我爹当年惊天动地的吼声至今还在我心头：八步沙不绿，我哪都不去！这话让我很受鼓舞，我也尝试着跟着我爹喊了一嗓子。实话实说，我喊我爹那句话时，我就下定了决心，为了家乡的美丽，我这辈子就交给八步沙了……

（《甘肃日报》2019年5月14日10版，作者：陈玉福）

北京榜样优秀群体

  北京榜样优秀群体的50位年榜荣誉获得者，有的勇攀科技高峰，致力关键核心技术自主创新，在重大科技领域实现原创性突破；有的扎根城乡基层，服务一方百姓，办了许多暖民心、解民忧的好事实事；有的身残志坚，以永不言弃的精神拼搏奋斗，在人生的赛场上取得了骄人成绩；有的见义勇为，危急时刻挺身而出，用大无畏的行动保护了国家和他人生命财产安全；有的热心社会公益，积极参加岗位学雷锋和志愿服务，用爱和奉献帮助了群众、温暖了京城。这些源自基层、植根平凡、充满正能量的榜样人物，用实际行动深刻诠释了习近平总书记提出的首都市民"热情开朗、大气开放、积极向上、乐于助人"的优秀品质，生动展示了社会主义核心价值观建设的实际成效。

  北京榜样优秀群体是新时代奋斗者的杰出代表，是美好幸福生活的创造者、守护者。他们在平凡的工作岗位上、普通的日常生活里，默默无闻地引领着新时代社会文明风尚，谱写了伟大的时代赞歌。

北京榜样,平凡中的力量

把小我融入大我,用行动诠释爱国家、爱北京

静水深流的爱,有时来得更为浓烈。他们把小我融入大我,用行动诠释什么是爱国家、爱北京。

有一种爱叫奉献。

1名司机、1辆车、9个站点、一天5趟。313路,在这条被誉为北京最"孤独"的公交线上,司机刘宝中一干就是11年。老人腿脚不方便,他主动扶;乘客有事,他帮忙照看家里……这趟车上充满了常相伴的温情脉脉。

"有个90多岁的老奶奶,一直坐我的车,后来她搬家了,见不着了。"刘宝中回忆,"去年秋天,我忽然看见她一个人走在路上,她说没啥事,就是想我了,过来看看我。我抱住老奶奶,眼泪立马就下来了。"刘宝中把乘客当亲人,乘客也把他当成了自家人。

有一种爱叫坚守。

贺玉凤的家在北京延庆妫水河边,是地道的农民。"小的时候妫水河特别清澈,后来垃圾多了,我看着心疼。"1996年起,边遛弯儿边捡垃圾成了贺玉凤的习惯,一捡就是23年。

刚开始,周围的人不理解,说她捡垃圾卖钱是"穷疯了",奚落她是"垃圾奶奶"。有一次捡垃圾,贺玉凤发生意外落了水,还落下了心理阴影。老伴心疼贺玉凤,知道拦不住她,就给她做了一个三四米长的抄子,让她捡垃圾时用上。

此后,越来越多的人被贺玉凤所打动,她也从当初的"垃圾奶奶"变成了"环保奶奶"。如今,她成立的"夕阳传递"环保志愿服务队,已经有上万

名志愿者。

捧不了鲜花也要微笑，用奋斗筑梦大美京华

人在奋斗的时候会发光。回望北京榜样优秀群体，几乎每个人的身上，都写着"奋斗"二字。

在时代楷模发布仪式上，一个女孩显得有些特别。台上的人们都收获了鲜花，她却垂着两个空空的袖管，仍旧笑得开心。这个女孩，叫夏虹。

老家在黑龙江，父亲只有小学文化，母亲不识字，家中贫困不堪……这是夏虹7岁因车祸失去双臂时面对的人生。通过自学考上大学，参加省残疾人运动会获得三枚金牌，在北京APEC会场为各国元首夫人展示用脚剪纸的绝活……凭着永不放弃、自强自立的奋斗，她为自己插上了一双"隐形的翅膀"。

2015年3月，夏虹注册成立了自己的公益组织：北京夏虹公益促进中心。公益组织注册资金10万元，大部分来自好心人的捐款。"当年是陈景波伯伯资助我圆了大学梦，我要传承他的精神，帮助更多的人圆梦。"

在北京榜样优秀群体中，尽管他们的奋斗过程各有不同，但对梦想的追逐往往是相似的。

2009年，甲流疫情肆虐，仅用30天时间便研发出甲流疫苗所必需的血凝素蛋白；2013年，H7N9禽流感疫情突发，仅用7个月就完成了原创抗体应急药物的全部临床前研究，生产出了1.5公斤应急救治抗体药物……谢良志带领团队打破了一个个行业纪录，但他每天只吃两顿饭，工作十五六个小时。"为了实现在中国建立国际一流生物制药企业的梦想，我可以再奋斗40年！"谢良志说。

一生守护"中国芯""为中国公共医疗卫生事业的进步服务，我一生不悔"；带领团队设计和确定了我国高铁科技发展的技术方向、战略路径、总体架构、重点任务与核心技术指标，"能够贡献一些自己的力量，此生无憾"；在北京地铁建设行业奋战23年，编制出《北京市轨道交通建设工程标准化手册》等安全建设标准，"希望通过我的工作，让北京地铁的每一段工程都安全高效"……程京、贾利民、童松，一个个响亮的名字凝聚成北京榜样优秀群体，他们用奋斗筑梦大美京华。

把小善积成大善，用点滴善举绘就最美风景

普通人的命运是社会进步的风向标。

生活中，有些瞬间转瞬即逝，但却有着无比的分量。"当时来不及多想，看到歹徒又抢东西又伤人，我就冲上去了。"2018年6月15日上午，北京市朝阳区柳芳地铁站附近，在与歹徒的搏斗中，"00后"少年张少康腰部被刀扎后受伤倒地；没有丝毫犹豫，紧随其后的"80后"小伙蔡文岁，紧接着冲了上去，穷凶极恶的歹徒扎了他七刀，蔡文岁也倒在了地上……这时，闻讯追来的"90后"小伙周凡凡冲了上去。当过兵的他，飞踹歹徒，徒手将刀夺下。随即与赶到的赵京威、陈龙、席彬、邓坤等多名群众联手，将歹徒压倒在地。"我要是跑得再快点，他们就不会受伤了。"周凡凡至今还有遗憾。

一个人在生活中逐步成长，才能在关键时刻显现本色。这些平凡的理发师、足疗师、健身教练，这些来京的务工人员，这些素昧平生的人们，他们用危急关头挺身而出的果敢，彰显了善念，也感召了社会。

很多时候，平凡的力量更让人感动。

倡建全国社区医疗服务志愿团，组织医学专家走入贫困山区救治病患的中日友好医院医生张晓艳；千金散去扎根浑善达克沙地，做起全职绿化志愿者的企业家廖理纯；一肩挑起照顾父母、公婆，以及丈夫病逝前妻年近九十的母亲和继父共六位老人的王晓旌……在他们身上，爆发的是道德的力量，闪耀的是人性的光辉。

为人民服务，是共产党人不变的初心。"解难书记"殷金凤扎根基层19年，为居民办实事、办暖心事。大家信任她，依赖她。

北京市朝阳区呼北社区71岁的孙大姐说，殷金凤来当社区书记前，夏天小区一开空调就跳闸停电，好多年了也没人能解决，没想到殷金凤来社区当书记才两个月就给解决了。

为了解决居民楼下水道堵塞问题，她去产权单位堵厂长；为了解决老旧小区停车难问题，她组织成立社区自己的停车公司；为了让居民不再"买菜难"，她改造社区的自行车棚……"她付出了多少从来没说过，但是我们心里都明白。"孙大姐说。

把小善积成大善，才能让善满京城。日常生活中的一言一行，工作岗位

上的一举一动，北京榜样优秀群体就是以这样聚沙成塔的点滴善举，彰显出道德的温暖和精神的力量，构成了首都城市的亮丽风景线。

（《人民日报》2019年2月22日6版，记者：王昊男）

中船重工第七六〇研究所抗灾抢险英雄群体

  2018年8月20日,第18号台风"温比亚"过境辽宁省大连市,受其影响,停靠在中船重工第七六〇研究所的国家某重点试验平台出现重大险情。在危急紧要关头,第七六〇研究所党委委员、副所长黄群等17名同志,面对台风和巨浪,挺身而出、英勇无惧,对试验平台进行加固作业。作业过程中,黄群、宋月才、姜开斌被巨浪卷入海中,英勇牺牲。习近平总书记作出重要指示,褒扬他们用实际行动诠释了共产党员对党忠诚、恪尽职守、不怕牺牲的优秀品格,用宝贵生命践行了共产党员"随时准备为党和人民牺牲一切"的初心和誓言,他们是共产党员的优秀代表、时代楷模。

  中船重工第七六〇研究所抗灾抢险英雄群体的先进事迹和崇高精神,生动诠释了社会主义核心价值观,为干部群众竖起了一面鲜红的精神旗帜。

生命的壮歌

——记中船重工第七六〇所抗灾抢险英雄群体

8月20日,今年第18号台风"温比亚"过境辽宁省大连市,狂风肆虐,巨浪滔天,停靠在中船重工第七六〇研究所的国家某重点试验平台出现重大险情。

危急紧要关头,中船重工第七六〇所17名同志,面对台风和巨浪,挺身而出,对试验平台进行加固作业。作业过程中,黄群、宋月才、姜开斌被巨浪卷入海中。

平台保住了,英雄一去不复回。

最后三百米:走向壮烈路

监控摄像机,如实记录了当时的情景——

狂风怒吼,大海咆哮;数十米高的巨浪呼啸扑来,将十多个身影掀翻、摁倒在白色浪花里;浪头一过,这些身影顽强站起来,决然向前、向前,无人回头……

他们明白,向前意味着什么——码头边,用于科研试验的国家某重点试验平台已经出现险情,首部4个缆桩因受力过大严重变形甚至断裂,缆绳脱落。在他们出发处不远,一块几平方米的混凝土预制板,硬生生从数根钢筋上被扯了下来,卷出了十几米!

他们更明白,退缩又意味着什么——这一提升我国船舶多项核心关键技术水平的重要试验平台,一旦失控,将造成平台及平台上4名保障人员的重大损失!

他们毫无惧色地站出来,抓着加固试验平台的备用缆绳,在狂风巨浪中走向码头,走向试验平台!

大浪猛袭下,码头上7吨重的铲车,被生生地横拍出两米!

但是,没人退缩。

抢救队伍成员孙逊说:"当时风势有所减弱,这是挽救试验平台最后的机会。"

300米长的码头,他们平日走过多少回,这一次,走得何其艰难!

终于,他们奇迹般走过来了,开始对试验平台进行加固。

然而,更大的巨浪排空而至,第七六〇所副所长黄群、试验平台机电负责人姜开斌、试验平台负责人宋月才等,先后被无情卷入海中!

码头上,试验平台上,人们一遍又一遍地抛出缆绳、救生圈,想把战友从大海中抢回,有的同志甚至跳海营救。

恶劣的天气,一次次把人们的努力化为徒劳。

试验平台平安无恙,平台4名保障人员平安无恙,3名烈士魂留碧海!

而今,码头上严重变形的金属舷梯,仍在无声地诉说那场罕见的风浪;300米长的海岸码头、依然耸立的试验平台,定格着英雄以命相搏的最后身影、记载着英雄最后的步履、讲述着英雄最后的壮烈。

最后一句话:浓缩一生情

烈士离去,留下无限追思。

"我得去码头了。"这是黄群20日那天早上,留给妻子亢群最后的一句话。他放不下对试验平台的牵挂。

亢群说,黄群对试验平台就像对自己孩子一样感情深厚,"我很理解,有险情,他肯定会义无反顾地冲上去"。

黄群热爱自己的事业。调来大连时,黄群给儿子写信说:年近50岁,离开为之奉献20多年的单位,但毕竟是新的挑战。人生就是在不断地挑战中证明自己的能力,实现自己的人生价值。

2017年,他从武汉来到大连,远离亲人,没有怨言。

与黄群一起牺牲的,是两名海军退役军人:61岁的宋月才,62岁的姜开斌。他们大可安享晚年,但却依然选择尽责报国。

当初，宋月才听到试验平台需要人的消息，说："太好了！我太熟悉了，闭着眼睛我都能摸到每一个角落！"虽然待遇不高，他仍说："我来招兵买马！"

宋月才"招"来的孙贺军说，20日凌晨3点去卫生间，看到宋月才穿着雨衣从码头回来。

8月19日，接到台风预警信息，宋月才和其他人一起，在原有加固缆绳的基础上，一次次给试验平台加固缆绳、钢丝，反复检查应对台风的各项工作，不断加固钢丝扣、调整缆绳松紧度。

试验平台工作人员李克忠，是20日当天从码头撤离的最后一批人，他含泪回忆宋月才的最后时刻："我不下三次请求他一起撤离，他就是执意不肯走，说要再观察。"

姜开斌来自湖南，他的老战友刘子辉说："他不缺钱，离开家人来到这里，就是一种情结。"

"烈士们的行动，有人可能觉得'傻'，但我理解他们，军工人都理解他们，在他们看来，如果没有尽自己最大的努力，试验平台受损，他们会抱憾终生。"七六〇所顾问张琼说。

生命的回响：奉献为荣光

烈士的壮举，化作强大的精神力量。

姜开斌的一个战友辗转给七六〇所打来电话，表示如果需要，他将前来接替姜开斌的工作。谈及不高的待遇和工作的风险，这位老兵慨然表示：知道的，这些事情我们看得很淡。

刘子辉是当时在试验平台上坚守的4人之一，并勇敢营救落水战友。他说："退休了，还能重温过去的梦，还能为国防事业作贡献，是一种荣光。"亲历3位烈士牺牲的过程，让刘子辉坚定了干下去的决心。

试验平台的保障人员全是退役官兵，大部分都是抛家舍业。他们都表示，能够为国家、为国防事业贡献自己的力量，再苦也值。

在海水中挣扎近2小时才获救的孙逊说，负责这个项目六七年了，这个试验平台来之不易，对我们国家很重要，当时就想着一定要把试验平台控制住，把人保住。那段在生死边缘挣扎的经历没能吓退自己,自己不会改行,"我们有信心把后续工作搞好!"

第七六〇所党委书记段纪军说,这个英雄群体关键时刻能站得出来,冲在前头,豁得出去,真正体现了党员的先锋模范作用,充分彰显了军人作风、军工精神。

许多人前来参加黄群同志追悼会,两位与烈士素不相识的院士打来慰问电话。英雄的精神感动着人们。

张琼说,投身这个行业,就要做好报国牺牲的准备,这是整个军工行业的情怀。

牺牲的前一晚,黄群自己在家包饺子,请同事王维伟一家人吃饭。王维伟10岁的孩子王子莹在作文里回忆与黄伯伯相处的一点一滴,写道:"我一定牢记您的话,好好学习,将来做一个对社会有贡献的人,一个有价值的人。"

(新华社,2018年9月18日,记者:蔡拥军、王秉阳、郭翔)

恪尽职守　许党报国

——中船重工第七六〇研究所抗灾抢险英雄群体先进事迹引发社会强烈反响

"中国脊梁""气壮山河""新时代的英雄楷模"……网友们这样赞颂这个英雄群体。

8月20日,今年第18号台风"温比亚"过境辽宁省大连市,受其影响,停靠在中船重工第七六〇研究所的国家某重点试验平台出现重大险情。危急关头,第七六〇研究所党委委员、副所长黄群等17名同志挺身而出、英勇无惧,在台风和巨浪中对试验平台进行加固作业。作业过程中,黄群、宋月才、姜开斌被巨浪卷入海中,英勇牺牲。

9月14日,中共中央宣传部向全社会公开发布中船重工第七六〇研究所抗灾抢险英雄群体先进事迹，授予他们"时代楷模"称号，在全社会引发强烈反响。广大党员干部和军工企业职工通过多种方式，表达深深的敬重和悼念。

恪尽职守、不怕牺牲：壮举方显英雄本色

"海智，你好！爸爸很想你。"这是黄群留给儿子黄海智最后家书里的话。

在外读书的黄海智很后悔没能多去大连看望爸爸。2017年，年近50岁的黄群响应国家需要，只身离开工作28年的武汉前往大连履新，留下妻儿和年过古稀的母亲。但是，黄群在家书中写道："人生就是在不断挑战中证明自己的能力，在挑战中实现自己的人生价值。"

新时代共产党员的思想底色令人感动。

是什么让他们不顾生命危险、毅然前行？黄群的妻子亢群说："他们对试验平台就像对孩子一样有着深厚感情，所以我很理解，有险情，他肯定会义无反顾地冲上去。"

"随时准备为党和人民牺牲一切""军工人心里永远是国家利益至上"……网友认为，中船重工第七六〇研究所抗灾抢险英雄群体用实际行动诠释了共产党员对党忠诚、恪尽职守、不怕牺牲的优秀品格，体现了共产党员的使命与担当，践行了共产党员"随时准备为党和人民牺牲一切"的初心与誓言。

第七六〇研究所党委书记段纪军说，这个英雄群体关键时刻能站得出来，冲在前头，豁得出去，真正体现了党员的先锋模范作用，充分彰显了军人作风、军工精神。

不忘初心、许党报国：精神点亮信仰之光

黄群生前同学、同事说，黄群对舰船的热爱深入骨髓、一以贯之。

大家回忆，上学时黄群话不多，但是只要说起船舶和技术，便滔滔不绝；参加工作近30年，初心不改，对质量要求细致入微、近乎严苛。

黄群生前在笔记本上写下"牢记使命　勇于担当　为七六〇所高质量发展提供保障"，表达了科工人员兢兢业业、履职尽责的情怀，许多网友的内心

被深深触动。

"只有奋斗的一生才称得上幸福的一生。"网友表示，要以黄群、宋月才、姜开斌为代表的英雄群体为榜样，真正地把爱国之情、报国之志融入国家发展、民族振兴大业中。

英雄永远离开了我们，但是他们的精神像一盏明灯，点亮了信仰之光，照亮了报国之路，激励着更多的青年学子和科工人员。

一位华中科技大学的网友在微博上给黄群留言："开学典礼上听说了你的事迹，从未谋面的学长一路走好。"

刚参加工作的中国舰船研究院员工赵浩东，在学习了抗灾抢险英雄群体的先进事迹后深受感动，"黄群、宋月才、姜开斌等前辈在国家利益处于危机的时候挺身而出，这种优秀品质值得我认真学习。我要将他们的精神融入自己的本职工作，履行好自己的岗位职责"。

抗灾抢险群体的一员、在海水中挣扎近2小时获救的孙逊说，在生死边缘挣扎的经历没能吓退他，自己不会改行，将一如既往地工作，"我们有信心把后续工作搞好！"

（新华网，2018年9月17日，记者：王秉阳、郭翔）

海军海口舰

  海军海口舰是我国自主研发建造的导弹驱逐舰,自2003年组建以来,海口舰官兵群体始终牢记党和人民的期望重托,扎根南海、守卫南海、建功南海,持续紧盯未来海战、主要对手和问题短板,全面落实战斗力标准,大力开展实战化军事训练,始终保持高度戒备状态,先后完成首批、第10批、第27批亚丁湾护航任务、海上紧急搜救以及多项重大演训任务,开创了人民海军史上的多个第一,被海军授予"护航先锋舰"荣誉称号。

  海军海口舰是实现中华民族伟大复兴、推进强军兴军实践中涌现出的先进典型。他们的先进事迹,充分体现了维护核心、听党指挥的忠诚品格,苦练精兵、敢战胜战的打赢本领,勇为人先、转型创新的开拓精神,比肩一流、维护和平的崭新形象,充分展示了海军部队官兵矢志强军、聚力打赢,努力建设世界一流海军的生动实践,展示新时代革命军人昂扬奋进的精神风貌。

忠实捍卫万里海疆的深蓝利剑

——海军海口舰先进事迹报告会发言摘编

锻造共和国的"深蓝利剑"

海军海口舰舰长　樊继功

海口舰,是我国自行设计建造的新型导弹驱逐舰,具有先进的防空、反潜和对海突击能力,被誉为"中华神盾"。组建15年来,海口舰纵横万里海疆,勇闯远海大洋,航迹遍布4大洲3大洋,东至美国圣迭戈,西至非洲摩洛哥,南至南非好望角,先后访问12个国家和地区,安全航行34万余海里,出色完成海上维权、远洋护航、中外联演等重大任务,创造了人民海军历史上多个首次和第一,被海军授予"护航先锋舰"荣誉称号。

在海口舰,令我们终身铭记的是,习主席先后两次视察检阅我们的战舰。2012年12月8日,习主席首次离京调研视察部队就来到海口舰,与我们一起航行、亲切交谈。今年4月12日,中央军委在南海海域隆重举行海上阅兵,作为航母打击群的一员,海口舰又光荣接受了习主席检阅。

2015年初,我被任命为海口舰实习舰长。走上这个岗位,我既感到兴奋光荣,更感到肩上有千钧重担。作为军人,我敬佩邓世昌"撞沉吉野"的勇气,林永升战至最后一刻的血性,但他们的牺牲却没能挽救北洋水师折戟沉沙、中华民族百年沉沦的命运。悲惨的近代史告诫我们:落后就要挨打。

从学员到舰长,我通过严格考核、层层闯关,率领全舰官兵用整整9个月的时间完成了全训,拿到了通向战场的"资格证",我也成为海口舰第六任舰长,被支队授予"深蓝之剑"。

习主席向全军将士发出的"能战之问""胜战之问",是对每一名军人的警醒和考问。身为一舰之长,就必须响应统帅号令,把备战打仗作为第一职责，带头思战谋战，做一名带兵打仗、练兵打仗、能打胜仗的新时代舰长。

2015年盛夏，海军组织实兵实弹对抗演习，命令海口舰拦截某新型导弹。该导弹飞行速度快、隐身性能好，素有"航母杀手"之称，抗击难度极大。有的舰员对这次能否拦截成功，心里有点打鼓。我对大家说："我们海口舰，没有完成不了的任务，没有战胜不了的对手！"战斗如期打响，雷达战位报告："方位××，距离××，发现高速目标来袭！""保持跟踪""舰空导弹抗击来袭目标"。全舰闻令而动、密切协同，导弹腾起烈焰、呼啸而出，1秒、2秒、3秒……"导弹截获""目标减速下坠""目标空中解体"。靶弹被成功摧毁！全舰官兵欢呼雀跃、掌声雷动，在场的一位将军竖起大拇指说："海口舰，打得漂亮！"

发出这般感慨的，还有外国海军的同行。那一年，我们舰参加多国海上联合演习。这既是军事技能的切磋较量，更是军队形象的集中展示。演习中，我们舰与其他5个国家舰艇组成特混编队，展开火炮射击。排在我舰前面的2艘外舰全部脱靶。我舰一上场，首发命中，接着，第二发又命中。这时，国际通用频道里传来外军的声音："中国海军别打了，再打，靶就打没了，给我们留一点吧！"可是，为时已晚，炮响靶沉！这，就是咱中国海军的精度！

在国内训练场勇夺第一，在国际竞赛场扬我军威，海口舰靠的是什么？靠的是我们时刻牢记习主席的话，仗怎么打、兵就怎么练。在海口舰，我们最大的兴趣就是琢磨对手，最大的爱好就是钻研打仗，最大的追求就是战场制胜。要想战时快敌一秒，必须战前多争一分。我们常态组织"析战、研战、演战"活动，真正把信息化海战的制胜机理钻深钻透，把作战对手研深研透，把未来战场搞深搞透，练强能打胜仗的真本事。

作为共和国的先锋战舰，捍卫祖国领海主权和海洋权益，保护国家海外利益，是我们的光荣使命和神圣职责。今天，人民海军"走出去"的步伐越来越快，维护祖国利益的能力越来越强，祖国的利益拓展到哪里，我们的航迹就延伸到哪里。

2009年2月5日，正在护航的海口舰接上级命令，赶赴索马里霍比亚附近海域接护"天裕8号"渔船。这艘渔船是在中国海军首批护航之前被海盗劫持的。接到任务，我们一边向目标海域机动，一边研究制订接护方案。我舰连续两昼夜全速航行，抵达预定海域。狡猾的海盗反复变卦、不断更换地点。当海盗第三次变更地点时,我舰快速锁定目标、强势紧逼,海盗扔下武器、仓皇而逃。这个时候,甚高频里传来一声声急切地呼喊:"中国海军,我是'天裕8号',你在哪里?你在哪里?""我是中国海军,正在向你接近,请放心!"此时,这艘渔船已遭海盗劫持88天之久,船上已被洗劫一空。这一天,刚好是中国传统佳节元宵节,我们顶着5米大涌大浪,搭起补给"天梯",把救命的燃油、药品、衣物和官兵准备过节的汤圆、牛奶、罐头,运送到渔船上。抵达安全海域分航时,"天裕8号"船员用两块纸板写下的"感谢祖国""感谢中国海军",高高地挂在驾驶室舱前。这一刻,我们热泪盈眶,为强大海军骄傲,为伟大祖国自豪,祖国万岁!

女兵仗剑闯大洋

海军海口舰情电部门实习副政治教导员　王柯鳗

我是海口舰情电部门实习副教导员。2011年,我从军校毕业分配到海军某驱逐舰支队。报到后不久,我得知海口舰即将奔赴亚丁湾执行第10批护航任务,激动的我连夜写下决心书,坚决请求随舰出航。白色的军装、蓝色的大海、威武的战舰,还能出国打海盗,这几乎满足了我对海军的全部想象。可是,有些人总是善意地对女兵上舰抱有怀疑,而我们就是要用行动证明,女兵也能驾战舰、闯大洋!

谁说女孩经不起风浪?在逐梦深蓝的路上,我们剑气如虹、意志如钢。上舰后,政委问我的第一句话就是:"晕船吗?"我斩钉截铁地说,"绝对不晕!我能原地转上几十圈,身体都不晃。"牛皮被我吹上了天,没过多久就被现实打脸。护航途中遭遇大风浪,军舰高速穿行,舰艏一会扎向浪谷,一会被推上波峰,巨浪不时冲上甲板,打到驾驶室的舷窗。几个回合下来,我们几名女舰员全部吐到天昏地暗。

这时,政委挨个舱室来慰问,看到我们一个个像霜打的茄子全都蔫了。他一边变戏法似的拿出巧克力,一边鼓励我们说:"吐了之后还得吃东西,吃饱了才有力气吐。"

不经历风雨,怎能见彩虹,如果连这点风浪都闯不过去,还谈什么勇闯大洋、走向深蓝。大家暗暗下定决心:就是吐也要吐在战位上。为克服晕船关，我们把精力集中在学习专业和值班执勤上，边吐边学、边吐边干；为克服体能关，我们每天绕着甲板跑步坚持锻炼、增强体质；为克服想家关，我们与战友们打成一片，训练间隙开展趣味比赛，给值夜班的战友送夜餐，还经常组织各种大洋晚会、深蓝歌会……

谁说女子不如男？在大洋练兵场上，我们一样扛红旗、当尖兵。巾帼不让须眉，战舰不相信眼泪。为了不让男舰员小瞧，我们定下目标：任务不讲条件、工作不降标准、生活不搞特殊、成绩不拉后腿。这不仅是一句口号，也是我们训练生活的真实写照。指控班女兵戴晰雨，别看个子小，训练劲头可不小。刚上舰时穿戴防毒衣考核不及格，别人午休她就加练。好几次我看不过去，想让她休息，她却乐呵呵地说："教导员，免费桑拿、全新SPA，你也来一下？"每次练完，防毒衣都能倒出半碗水。最终她摸索出适合女兵的快速穿戴法，考出了全舰第一。有了这个榜样激励，女兵们都向各自专业"满血"冲锋，报务、信号、绳结……现在舰上很多纪录都是由我们女兵创造的。

谁说战争让女人走开？女兵也是兵，打起仗来照样上战场。刚上舰的时候，舰长的一番话让我印象深刻：你们首先是个兵，然后是女兵，最后才是女人。未来战场上，没有男女之别，只有胜负之分！

一次，我们正在南海执行战备巡逻任务，忽然接到命令：在你东南方向100海里发现一艘外国军舰，命你舰立即前出跟踪监视。女操舵兵莫敏希迅速做出反应，立即调整航向高速向该舰追去。为了找准、分清、跟紧目标信号，女雷达兵杨兰目不转睛盯着屏幕，仔细甄别、准确定位，死死咬住对方。眼看着远处的小黑点逐渐变大，我带领取证小组迅速到达指定位置，用摄像、照相机对该舰进行拍照取证。女信号兵宋茜则通过甚高频不断用英语喊话驱离。看到我们理直气壮紧追严逼，外舰只好向外转向乖乖地走了。

谁说女兵不懂柔情？我们的爱像大海一样深沉宽广。有人把女舰员称为"女汉子"，觉得我们不懂生活、缺乏温情。其实我们也爱美，爱自拍、爱逛街、爱美食，内心渴望被照顾、被呵护、被宠爱。但我们心中更有一份大爱，那是对蓝色大海的爱，对海军事业的爱，对伟大祖国的爱。

在我舰通信部门有位女兵叫吉萍萍，这个来自海南的黎族姑娘，深爱着这艘以家乡城市命名的战舰。一天，我看到她在舱室偷偷抹眼泪。原来，围绕去不去护航这件事，萍萍与男友发生了激烈争执。男友说："相恋3年多，见面才5次,还经常玩'失踪',现在又要去护航,这婚还结不结?"萍萍很倔强:"我要去护航,不结就不结!"我知道,为国争光是每一名水兵神圣的向往,也是每一名女兵心中的梦想。起航那天,萍萍等了很久也没有看到男友出现在送行的人群中。

几个月后,海口舰胜利凯旋。萍萍走下舷梯,远远地看见男友捧着一大束玫瑰花向她飞奔而来,她的眼泪奔涌而出。那泪水,是远航征程的深深思念!那泪水,是永不言弃的信念如磐!那泪水,是人民至上的无悔担当!那泪水,是忠诚使命的大爱无疆!这就是仗剑大洋的女水兵,这就是砺剑深蓝的女军人,这就是胸怀家国的女战士!

走向深蓝的先锋战舰

海军某驱逐舰支队政治委员　胡姣明

忠诚是先锋战舰的灵魂。海口舰官兵始终坚守一个信念:"不论时代怎么变,听党指挥的军魂永远不变;不论航向怎么变,绝对忠诚的信仰永远不变。"2003年"八一"前夕,还在上海某造船厂时,海口舰就组织官兵参观中共一大会址和嘉兴南湖红船。在这艘播下中国革命火种的"母亲船"面前,大家凝神沉思。梦想,从这里启航。一茬茬官兵传承红色基因,不忘初心、牢记使命,始终沿着党指引的航向前进。

党的十八大后,习主席两次视察检阅海口舰,现场聆听领袖教诲,面对面感受统帅关怀,更是给海口舰官兵注入了强大的精神动力。每年新兵上舰、每次舰艇出征、每逢重大节日,舰上都要组织"牢记领袖嘱托、矢志建功深蓝"系列教育,开展"做习主席的好水兵"主题实践活动,通过用好用活深蓝大学堂、舱室小讲堂、网络微课堂,官兵们对强军目标的理解更加深透,从而更加坚定自觉地把强军责任时刻扛在肩上,把强军信念深深刻在心中,始终做到人民海军忠于党、舰行万里不迷航。

担当是先锋战舰的特质。海口舰把推动转型发展作为重要使命,将航向牢牢锁定在远海大洋,越是重任在肩,越是一往无前,在深蓝航道勇当开拓者、排头兵。2008年12月26日,一个载入共和国史册的日子。这一天,海口舰与武汉舰、微山湖舰组成编队,远赴4000海里以外的亚丁湾索马里海域执行第一批护航任务。这是我国首次使用军事力量赴海外维护国家战略利益。外媒评价，这是继郑和下西洋600年后，中国军队第一次勇闯这条远海航线。这一闯，闯出了挺进深蓝的航道！闯出了大国海军的自信！闯出了民族复兴的希望！

面对凶恶猖獗的海盗，海口舰官兵把出海当出征、把护航当战斗，日夜守护着这片世界上最繁忙的海湾。2009年2月24日，海口舰正在护送第23批船舶，一艘没有申请护航的意大利商船因主机故障漂泊在海上。上午10点03分，他们突然收到该船在国际通用频道的紧急呼救：遭遇两艘海盗快艇追击，请求救援！请求救援！险情就是命令！海口舰直升机携3名特战队员迅即飞往事发海域。经过警告射击、武装驱离……海盗最终落荒而逃。虎口脱险的外国商船发来了感谢电。首次亚丁湾护航，创造了124天连续航行不靠港的纪录，探索出破解海盗"群狼战术"等20多套战法，为后续护航任务蹚开了路子。这是海口舰走向深蓝的航迹，也是人民海军转型发展的轨迹。

如今，海口舰已经3次护航，累计540多天，确保了近600艘商船百分百安全，成功解救10多艘遭海盗袭击船舶，驱离400多艘次海盗快艇。可以自信地说，随着国家综合实力越来越强，中国海军走向世界的步子将越来越大。哪里有人民利益需要保护，哪里就有中国海军！

打赢是先锋战舰的本色。当前，世界并不安宁。但能战方能言和，能战才能止战。海口舰官兵深知，没有亮剑杀敌的血性，没有克敌制胜的本领，就不配先锋战舰的称号。组建之初，支队党委就给海口舰这样定位：全面建设要争做"全军标杆"、对外交往要争创"国际一流"、未来海战要争当"打赢先锋"。"当先锋""打头阵""争一流"已经成为战斗誓言，深深烙印在海口舰官兵的心中。海口舰尽管在同批舰艇中组建最晚，但形成战斗力最快，首次参加实弹演习，就用副炮成功击落来袭靶弹。入列后，很快就成为支队的"标杆舰"。

多研一项战法，就多出一张王牌；多拿一个第一，就增添一份胜算。海口舰官兵常说，我们是习主席检阅过的兵，要争就争第一，要当就当标兵。这些年来，海口舰先后有10余名官兵在海军比武中夺得金牌，200多人次在战区海军、支队组织的比武竞赛中摘金夺银，涌现出全国五四青年奖章获得者、海军十杰青年邹福全等一批优秀人才。

随着海军转型加速推进,新型舰艇快速入列,支队新添了一批批更先进的新锐舰艇。海口舰成为支队的"种子舰",从这里走出240多名优秀骨干,输送给各级机关和其他舰艇。尽管如此,海口舰宝刀不老、本色不褪,始终保持着先锋战舰的狼性虎气,受领任务最坚决、交付任务最放心、完成任务最出色。只要党一声令下,先锋战舰召之即来、来之能战、战之必胜!

大国海军的亮丽名片

海口市民政局组织人事处副处长　任　菲

15年前,海军把当时吨位最大、高科技含量最密集、现代化程度最高的国产导弹驱逐舰命名为"海口舰",从此,这艘战舰进入全国人民的视野,成为我们海口市的荣耀与骄傲。

城市与战舰共建,战舰与城市互访。今年5月16日,海口舰到海口举办开放日活动,"海口舰回娘家了",消息一传开,立刻引发全城轰动。原定总共5000人参观,结果3天接待了近2万人。一名小学生参观后这样写道:"这是一艘英姿勃勃的军舰!它代表着海洋的力量,代表着中国的强大!"这篇名为《"171",我的军舰》的作文,很快在网上蹿红,赢得无数网友点赞。一位花甲老人参观后发出这样的感慨:"看到这么威武的军舰,儿子出海捕鱼我就放心了。"作为这次活动的组织者,我真切地感受到了市民高涨的拥军爱国热情。海口舰究竟是一艘怎样的战舰,让大家对她如此着迷、充满期待?我带着这样的疑问,寻找心中的答案。

在我们海口人心中,海口舰是一艘窗口之舰。海口舰一路劈波斩浪,纵横万里海疆,勇闯远海大洋,从她被命名的那一天起,就与海口市拉起了一条无形的纽带、鱼水情深、心心相印。海口市民是海口舰的"荣誉水兵",海口舰官兵是海口市的"荣誉市民"。每年,海口舰都派官兵到海口各院校开展国防教育,接待海口市民上舰参观,普及海洋知识和海防观念,自发捐款救助受灾群众。为了让战舰走得更远,让官兵心里更暖,我们开设军人绿色通道,送教育上军舰、送文化进军营、优先安置军人家属就业、优先安排军人子女入学……点滴的温暖让海口舰与海口市的情谊越来越浓厚、越来越紧密。

城市为战舰保障,战舰为城市扬名。海口是中国改革开放的"窗口",而海口舰则是世界了解中国的"窗口"。作为中国海军"明星舰",海口舰每到一国、每靠一港,都会通过甲板招待会、舰艇开放日等方式,向世界讲好中国故事、弘扬中国文化、传递中国精神,在国际舞台展现了海军官兵和平友好、开放自信的时代风采。

在我们海口人心中,海口舰是一艘开拓之舰。一艘现代化的军舰,是一个国家工业、科技水平和综合实力的集中体现。记得10多年前,我有幸参加这艘战舰交付入列仪式,时任舰长告诉我们,海口舰是我国自行设计建造的新型主力战舰,聚集了我国多项军事高新技术,综合作战能力达到世界先进水平。这让我深深感到,国之重器彰显的是中国实力。

进入新时代,我们欣喜地看到,人民海军开启了迈向世界一流的新征程。最让我们自豪的是,人民海军的"颜值"越来越高,国产航母、万吨大驱等新型舰艇不断加入海军行列;最让我们振奋的是,人民海军的"拳头"越来越硬,海上维权、护渔护航、实战练兵渐成常态;最让我们激动的是,人民海军的航程越走越远,使命所至,航迹必达,中国海军正昂首阔步走向大洋、走向世界!

在我们海口人心中,海口舰是一艘英雄之舰。强者无敌,勇者无畏。不论是强敌对手,还是狂风恶浪,官兵们都能直面挑战、敢打必胜。2015年10月4日,超强台风"彩虹"挟着暴雨正面袭击广东湛江,台风以每秒68米的速度疯狂肆虐。在台风的挟持下,湛江港内,一艘艘大大小小的渔船、货船,有的走锚,有的锚链断裂,似脱缰的野马横冲直撞。正在港内系水鼓防风的海口舰也是险情不断,随着风力不断加大,海口舰锚链和钢缆突然断裂,舰体在强劲的台风作用下,快速向左侧漂移。而此时,海口舰左侧是搁浅的渔船,前方有失控的民船,右舷不远处就是码头。狭窄的湛江港内,樊继功舰长不断下达口令,海口舰在狂风大浪中忽左忽右,不断地调整航向、变换动力,规避着失控船只。"决不能撞上民船!决不能搁浅!决不能撞码头!"经过十几个小时连续奋战,累得几近虚脱的官兵,终于驾驶战舰突出重围,化险为夷,保护了国家和人民生命财产的安全!

我每次来到海口舰上,听到最多最提气的就是海上维权和大洋亮剑的故事。与外军舰机巧妙周旋,与海盗斗智斗勇,官兵们讲起来绘声绘色,我听起来惊心动魄。这些英雄故事的背后,是官兵们默默无闻的奉献和付出。机电长岳涛对我说："渔民出海带回的是满舱鱼虾，而我们带回的是满满的忠诚与思念！"哪有什么岁月静好，不过是有人替你负重前行。这艘英雄战舰上的英雄水兵，就是为我们负重前行的人。

在我们海口人心中，海口舰是一艘希望之舰。在海口舰静静停泊的海口港，记载着历史上的辉煌与耻辱。历史告诉我们，向海而兴、背海而衰，不能制海、必为海制。处在海防前哨的海南，自改革开放以来，逐步从较为封闭落后的边陲海岛，发展成为中国较为开放、较具活力的地区之一，离不开人民海军的守卫和支持，海南人民对建设一支强大的人民海军，有着更为深切的期盼。

做新时代大国军舰的坚强"龙骨"
海军海口舰机电部门柴油机班班长　王　东

1994年12月，带着对大海和军舰的向往，我走进了海军这个蓝色方阵，被分到号称"海上铁拳"的某驱逐舰支队，在一艘年龄比我还大的护卫舰上当主机兵。虽然支队名头比较响，但在当时，舰艇很少远航，跑一趟西沙、南沙就算是出远海了。还有一些超期服役的舰艇，常年停靠在码头。看到这种现状，我内心不免有些失落。说好的纵横四海呢？说好的环游世界呢？难道我的军旅生涯就这样度过吗？

2003年7月，我得知上级要组建新的驱逐舰支队，接新舰大舰。我内心深处的梦想瞬间被激活了：我要上大军舰、干大海军。在海口舰的这15年，是人民海军大踏步发展的15年，一大批新型舰艇像下饺子一样列装，出国像串门一样频繁，我们舰上80%的官兵都去过10个以上国家。从当初人人抢着上大舰，到现在人人都能上大舰；从以前只能在家门口打转转，到现在满世界跑圈圈，我们战舰留下的每一道航迹，都见证了一支军队的转型，见证了一个时代的跨越。

人总是要有些志向的，我的人生志向就是当好大师傅、带出好徒弟。今年两会期间，习主席在出席解放军和武警部队代表团全体会议时，语重心长地对参会的士官代表说："当一名合格士官不容易，要不断提高能力水平，努力做大师傅，带出好徒弟。"这是军队统帅对我们基层士官提出的殷切希望。

有人说，未来战争是"士官的战争"。士官叫"官"不是官，作用却不一般。我们海口舰的这些班长骨干，可以说个个有本事、人人有绝活。主炮班长李明，通过改造主炮供电系统，使攻击时间缩短了数十秒。对于发现即"秒杀"的信息化海战来说，数十秒是什么概念？意味着一艘现代化的军舰，可以在此时间内被锁定、重创甚至击沉。副炮指挥仪班长朱举彬，创新采用某型雷达给副炮下达目标指示，使副炮抗击效能提高了50%。副炮是对空防御的最后一道防线，它的抗击效能越大，就意味着舰艇的生存率越高。燃机技师周帅，是首批舰员中在国外接受过系统培训的"兵专家"，他提出的9项装备改进措施和3项创新发明被厂家院所采纳，并在海军同类型舰艇中推广。我本人也先后3次在支队以上专业比武中夺得第一名，多次在演训任务中发现和排除重大故障，荣立了二等功，首次护航时编写的《远海任务中主机使用管理指南》，成为后续护航编队的必备手册。

一人优秀不算真本事，全舰优秀才能打胜仗。我们深知，军舰是众人一条船、百人一杆枪，一个人就是浑身是铁，也打不了几根钉；专业再强，也撑不起整艘舰。所以，不论是平时训练，还是重大任务，我们这些班长骨干都是冲锋在前、示范在先，面对面讲解，手把手帮带，力争让身边的战友人人过硬、个个顶用。在我们的带领下，舰上的兵都是嗷嗷叫，机电兵顶着机舱50多摄氏度的高温，练就排除故障"一摸清"；声呐兵每天戴着耳机克服各种噪音干扰，练就判别目标"一听准"，还有枪炮兵、防化兵、雷达兵……大家纷纷开启专业技能"暴走"模式，争做强军工匠、争当胜战尖兵在舰上蔚然成风。

人总是要有些梦想的，我的人生梦想就是走向深蓝、勇闯大洋。在我们支队的办公楼前矗立着一块石头，上面刻着四个大字：走向深蓝。这是我们每一名水兵心中的向往。2008年12月20日，我们舰接到了赴亚丁湾执行首批护航任务的预先号令，这是中国海军走向深蓝具有里程碑意义的事件。驾舰闯大洋、出国打海盗，想想都觉得兴奋。我赶紧给我们部门正在休假的士官周施成打电话，通知他尽快归队。接到电话，周施成先是一阵激动，随后陷入沉默。他告诉我，妻子还有半个月就要生产了，他得和妻子商量一下。一边是心中多年的梦想，一边是即将出生的骨肉，老周左右为难。

看着纠结痛苦的周施成，妻子流着泪说："要不，我就提前剖了吧？这样你也放心了，虽然陪不了我们娘俩，好歹能看到孩子出生的第一眼。"老周连连摇头："那怎么能行，娃还没长好呢！"那天夜里，周施成费了很大劲，才说服妻子到预产期再生。清晨，他离开家时，都没敢回头看妻子的泪眼。

起航十天后，政委接到了老周妻子打来的电话，他三步并两步往机舱跑，边跑边冲着正在值班的老周大喊："周施成，你老婆给你生了个大胖小子，7斤2两！她让你放心护航……"老周立马蹦了起来，兴奋地喊道："我有儿子了！我当爸爸了！"那一刻，这个硬汉再也忍不住了，泪水夺眶而出。

后来，老周给他的儿子取名叫周亚丁，就是想让他永远记住出生时爸爸战斗的地方。

（《人民日报》2018年7月31日16版）

万里海疆铸军魂

——记海军某驱逐舰支队海口舰

"驾战舰，迎海风，万里海疆任驰骋，蓝色的水兵爱和平，日夜巡逻织彩虹，我们是海上的蛟龙，人民重托记心中，为了万家团圆祖国安宁，勇往直前我们决战决胜……"椰林夹道，海浪轻拂，某军港上空响起了南海舰队某驱逐舰支队海口舰官兵们嘹亮的歌声。在训练间隙，全体官兵精神饱满地合唱舰歌激扬士气。

这艘被冠以"中华神盾"美誉的"明星舰"，入列以来，有着耀眼的"履历"：三赴亚丁湾护航、参与多国海上联演、解救多艘中外商船……开创了人民海军史上的多个首次和第一，翻开了中国海军挺进深蓝、走向世界的新篇章，成为"努力建设一支强大的现代化海军"的亲历者和实践者。

碧海映丹霞，逐浪起风雷。多年来，海口舰官兵矢志忠诚、用敢打敢拼的实际行动为强军梦添砖加瓦，忠实捍卫祖国的万里海疆，维护世界和平，被国际海事组织授予"航运和人类特别服务奖"，被全军表彰为"执行亚丁湾、索马里海域护航任务先进单位",被海军授予"护航先锋舰"荣誉称号,荣立一等功、二等功各1次。

"不论航行到哪里,党旗不能丢"

舰阵如虹,白浪如练。今年4月12日,中央军委在南海海域隆重举行海上阅兵,48艘战舰、76架战机、10000余名官兵光荣接受习主席检阅。作为航母打击群受阅舰艇的一员,海口舰官兵个个神采奕奕、精神饱满。

2012年12月8日,习主席十八大后首次离京调研视察部队就来到海口舰,与官兵们一起航行,共进午餐,亲切询问水兵的日常训练、工作和生活。

海口舰官兵将习主席的嘱托化为前进的动力,危急时刻"敢顶上",现实威胁"敢冲上",强敌当前"敢较量"。他们的"敢战之气"从何而来?在舰上走一圈,党员胸前闪耀的党员徽章给出了最好的答案。

"绝对忠诚、绝对纯洁、绝对可靠的政治品质,已融入官兵的血脉和灵魂。"海口舰政委邹琰说,作为一线战斗堡垒,海上临时党委是战舰在大洋深处执行任务时的"定海神针"和"航行罗盘"。

邹琰告诉记者,自组建以来,海口舰始终坚持把思想政治建设摆在首位,把"忠诚"的红色基因深植官兵心中。结合"学习战斗英雄、弘扬战斗精神"主题活动日等,组织官兵定期赴西沙烈士陵园缅怀英烈、集体宣誓,邀请陈伟文、王正利等海战英雄给官兵讲战斗故事、忆经典战例。

海口舰首批舰员、柴油机班长王东记得,2003年建军节前夕,首任舰政委梅文带领官兵来到嘉兴南湖红船和中共一大会址回顾辉煌历史,寻根红色基因。"不论时代怎么变,军魂不能变;不论航行到哪里,党旗不能丢。"

"只有不断研究创新,才能练就打赢真本事"

那场演练,舰长樊继功一直忘不了。

在一次对抗训练中,海口舰沿袭以往的战法试图压制对手,但没想到对手是被誉为"大洋黑洞"的某型潜艇。"敌"潜艇像幽灵一般在海底游荡,不仅成功摆脱海口舰的跟踪,还伺机发起了鱼雷攻击。

此次的失利警醒了樊继功，他立即带领官兵研究应敌之策，并在此后的一场攻潜演练中成功击中"大洋黑洞"某型潜艇，取得胜利。"未来战场瞬息万变，只有不断研究创新，才能练就打赢真本事。"樊继功字句铿锵地说。

每一次飞跃的背后，都凝聚着海口舰官兵对"能打仗、打胜仗"的不懈追求。燃气轮机技师周帅能从160分贝的高噪音中察觉出故障；主炮技师李明在某次演习中改写了海军某型主炮射击纪录。樊继功告诉记者，在海口舰，官兵们爱好钻研打仗，主动研究武器装备边界条件下使用、强电磁干扰下立体打击等高难科目，形成了10余项研究成果。

"人民的期待是我们前行的不竭动力"

"没有国，哪有家？护卫万里海疆，我们重任在肩。"樊继功说，"作为一名革命军人，胸中就要时刻装着党，装着国家，装着人民！"

一位年近百岁高龄的老兵激动的泪水，被轮机工程师刘应虎珍藏在记忆里。那天的香港昂船洲军营码头充盈着热烈的欢呼声，香港市民们争相一睹海口舰的风采。

人群中有一位走路颤颤巍巍的老人，整洁的军装上挂满了勋章。一登上海口舰的甲板，这名曾在抗日战争中英勇奋战的老兵难掩激动之情流下眼泪，他拉着海口舰引导员的手深情地说："感谢你们护卫祖国和人民。你们航行多远，我们的腰杆就挺多直。"

在遥远的亚丁湾海域，炊事班长戴飘扬仍然清楚记得首次护航接护被海盗劫持的"天裕8号"渔船的情景，"船上所有东西都被海盗洗劫一空，船员头发和胡须又长又乱，见到我们时眼泪夺眶而出"。连续航行100多天，海口舰的补给已经很紧张，但舰员还是自发将换洗衣物和省下来的牛奶、汤圆都送给了船员。离别时，"天裕8号"船员在纸板上写下"感谢祖国""祖国万岁"，成为戴飘扬终生难忘的画面。

（《光明日报》2018年7月27日5版，记者：章文、王晓樱）

航天员群体

中国人民解放军航天员大队是一支担负特殊任务的英雄部队,航天员群体是伴随着我国航天事业发展成长的英雄群体。航天员大队组建20多年来,全体航天员始终牢记党和人民的期望重托,胸怀中国梦强军梦,矢志献身航天事业,精研苦训掌握飞天技能,锐意进取实现创新跨越,圆满完成多次载人航天飞行任务,为我国载人航天事业发展作出了卓越贡献。2017年八一前夕,中央军委主席习近平签署通令给中国人民解放军航天员大队记一等功。

航天员群体是在强国强军伟大实践中涌现出来的时代楷模,是新时代革命军人的杰出代表和光辉典范。他们的先进事迹,充分体现了航天员群体"问鼎苍穹心向党"的坚定信念、"敢教日月换新天"的创业豪情、"矢志一流谋超越"的进取精神、"计利当计天下利"的崇高境界,生动展示了担当民族复兴大任时代新人的良好精神风貌。

筑梦九天写忠诚

——记英雄的中国航天员群体

太空，人类梦想的疆土，寥廓而深邃。

这是一种极为震撼的体验：从343公里之外眺望地球，大地脉络分明，海岸线清晰绵长，青藏高原的雪域云天仿佛触手可及；

这是一段壮美无匹的征程：一人、二人、三人……寥寥数人的出征胜似千军万马上战场，每一次都标注了中国人探索未知的新高度；

这是一个千锤百炼的英雄群体：在中华民族的奋进史册里，飞天勇士叩问苍穹无疑是精彩的篇页之一。今天，他们正书写着新时代的新华章。

他们，就是英雄的中国航天员群体。

"每一次对太空的叩问，都是下一次探索的开始"

这是属于全体航天员的荣光。

2017年7月28日，八一大楼。明亮的双眸、庄重的神情、挺拔的身姿，51岁的航天员景海鹏昂首阔步走上前台，亮闪闪的"八一勋章"紧贴胸口，让3次进入太空的他心潮澎湃——这既是向最优秀军人颁发的最高荣誉，也是伟大祖国给最勇敢战士授予的最高功勋。

中国航天员的脚步，伴随着国家强起来的鼓点，正以"世界瞩目的速度"走到一个个新的方位——

2013年6月26日8时07分，聂海胜、张晓光、王亚平圆满完成我国载人航天首次应用性飞行。王亚平站在"最高讲台"，一堂40分钟的太空科学课，在千万青少年心底播下科学与梦想的种子；

2016年11月18日13时59分，景海鹏、陈冬在太空完成33天中期驻留，为后续的中国空间站建造运营奠定了更坚实的基础。

这短短3年里的两次飞行,飞行时间超过历次总和的两倍,科学实验和技术试验超过以往的总数。

一次次中国飞天的步伐,留下的是民族永恒的记忆,中国人来到了太空,而且有信心、有能力飞得更高更远——

2003年10月16日6时23分,杨利伟驾乘神舟五号飞船,用21小时23分钟环绕地球飞行14圈、近60万公里,在人类"走出地球摇篮"的漫漫征途刻下了属于中国人的数字。时隔短短两年,费俊龙、聂海胜执行危险性及难度系数均高出很多的神六任务,实现了载人航天飞行从"一人一天"到"多人多天"的重大跨越;

2008年9月27日16时41分,翟志刚在刘伯明、景海鹏的密切配合下,完成首次太空出舱行走,在343公里的太空轨道实现了中国人与宇宙的第一次直接握手,让茫茫太空多了一抹五星红旗的鲜艳;

2012年6月18日17时04分,景海鹏、刘旺、刘洋"飘"进天宫一号,太空从此有了真正意义上的"中国之家",首次手控交会对接,刘旺以不到7分钟、误差18毫米的中国精度,赢得世界喝彩……

从神舟五号到神舟十一号,13年间,我国已成为世界上第三个独立掌握载人天地往返技术、独立掌握空间出舱技术、独立自主掌握交会对接技术的国家。

"每一次对太空的叩问,都是下一次探索的开始。"走好新时代征战太空的新征途,这份豪情壮志始终在航天员们心中激荡。

"你们飞多高,中国人的头就能昂多高"

有时候,梦想会在一瞬间悄然而生。

2003年,当杨利伟飞向太空时,两名年轻的飞行员在不同地方,同时通过电视目睹了火箭升空的那一瞬。25岁的陈冬心想:"什么时候我也能像杨利伟一样飞向太空,为祖国飞得更高?"23岁的王亚平看着火箭灿烂的尾焰,脑子里闪过一个念头:"中国已经有了男航天员,什么时候会有女航天员呢?"

唰!当整流罩打开,神舟十一号飞船的右舷窗亮了,壮美的太空又一次让景海鹏惊叹。一句"爽!"喊出了陈冬初见蓝色星球的震撼,也喊出了他实现自己飞天梦想的酣畅。

飞行归来,有小朋友好奇地问王亚平:"你在太空中会不会做梦?"她笑着回答:"在太空,不管做不做梦,我都已经在自己的梦里。"

每一位航天员深知,飞天梦,不仅仅是自己的梦。

载人航天工程是一项宏大的系统工程,每次载人飞行,有超过10万名的技术人员用齿轮咬合般的团结协作,托举起英雄飞天。"两弹一星"元勋孙家栋形容:"离开了集体的力量,个人将一事无成。"

刘洋说起一个令她感动的小故事。发射塔架上有个供紧急撤离的逃逸滑道,52米高,航天员会在执行任务之前进行训练,而技术人员会提前试验。一位年轻的女航天教员对刘洋说,她试跳时,看到下面黑乎乎的,两腿在发抖,但想到是给航天员们当"沙袋",又觉得挺开心。

"到了太空,地球的引力变得微乎其微,祖国的引力却越来越重。"航天员们有一个共同的感受:每次飞临祖国上空,心跳都会加速,会不由自主地凝望祖国的疆域,情不自禁地隔着舷窗想去触摸,每一次都会热泪盈眶。

费俊龙这样对国外同行说:"你可以分享我的快乐,却无法分享我的自豪。因为在我身后,有强大的祖国,站立着13亿多人民!"

有一个场景让杨利伟至今难忘。2004年,他在美国纽约访问时,应邀出席华人华侨的一次活动。一位年近八旬的老华侨拉着他的手,语调颤抖,脸上满是泪痕:"你们飞多高,中国人的头就能昂多高!"

刘洋珍藏着一张照片。2012年10月,她参加北京航空航天大学成立60周年校庆,一位退休女教授挤过人群与她合了影。次年5月,当她再次来到这里与学校附中师生座谈时,一名小男孩递给她一个信封说:"这是我奶奶给你的,我长大了也要当航天员。"刘洋打开一看,竟是去年跟那位退休女教授的合影,背面写着:向为航天事业作出贡献的人致敬!

跨越"上天的阶梯",创造了训练零淘汰率纪录,在世界航天界绝无仅有

1998年1月5日,从1500多名优秀空军飞行员中百里挑一、精心选拔的14人,汇聚北京航天城,成为中国首批航天员。他们面对五星红旗庄严宣誓:

"甘愿为载人航天事业奋斗终生！"

这一天，中国人民解放军航天员大队诞生。

自1961年4月12日苏联宇航员加加林一飞冲天，人类已进行上百次载人航天飞行，共有数百人次进入太空。面对风险莫测的飞天旅程，需要脚踏实地去追赶。

北京航天城，航天员大队公寓的门柱上，镌刻着"珍惜崇高荣誉、迈向更深太空"的队训，见证着飞行员向航天员的转变、从天空向太空的跨越。天空与太空，一字之差，被苏联航天员列奥诺夫形象地称为"上天的阶梯"。

14名首批航天员进入航天员大队时，年龄最小的近30岁。工作了10多年，书本也搁置了10多年，猛然间捡起书本当学生，要在一年时间里系统掌握许多生涩的学科理论，对每个人无疑都是严峻考验，因此也被称为"登天第一关"。一位来上课的老教授说："要在3个月内教完一年的高等数学课程，可真把我难住了。"

王亚平在参加航天员选拔时问杨利伟，成为航天员最难的是什么？杨利伟回答了两个字："学习。"等她加入航天员大队，才真正体会到"学习"二字的分量。

于是，航天员们重回课堂，白天上课、训练，夜里复习、预习，航天员公寓成了"不夜城"。

航天环境适应性训练是第二道坎，包含了众多艰苦万分的训练。仅以其中的"超重耐力"训练为例，在飞船返回地球时，人要承受自身重量数倍的压力，很容易造成人的呼吸极度困难或停止，导致意志丧失、黑视甚至直接危及生命。

刘洋曾说："太空虽然向女性张开了多情的怀抱，却从不有所偏爱。"她刚开始进行离心机超重训练时，短短几十秒，6个G的负荷就已让她如跑了万米一般，双腿发软，精疲力竭。

在高速旋转的离心机里，常人只能承受3到4个G的重力加速度，航天员却要承受40秒的8倍重力加速度。训练中，他们的五官被挤压变形，眼泪不自觉地往外飞，胸部极度压抑，呼吸非常困难，手臂抬不起来。一位航天员的母亲看后，一边流泪一边不住地摆手说："不看了，不看了！"

做这种训练时，航天员手边有一个红色按钮，一旦挺不住了就可以立即按动红钮，请求暂停。但20年来，没有一个人按过这个红色按钮。

太空飞行中，航天员每一步操作、每一个细节都直接关系任务成败。飞行手册是航天员在太空执行任务的宝典，所有指令都汇集在9大本、上百万字的厚厚手册里。在飞行程序训练中，他们做的笔记摞起来比桌子还高，数以万计的指令成为习惯动作和肌肉记忆，每个人闭上眼睛都能精准无误地全流程操作。

最终，经过严格考核与评定，先后选拔的两批21名航天员顺利通过考核，全部具备了独立执行载人航天飞行任务的能力，创造了世界航天员训练零淘汰率的纪录，在世界航天界绝无仅有。

"哪有运气和奇迹！"面对任务，航天员永远在备战

神十任务结束后，王亚平返回地球才知道，短短40多分钟的太空授课，引起全世界高度关注。

太空授课是神十任务一大亮点。人在失重环境下连站稳都很难，如果还要开展授课、实验和拍摄，那比地面难出千百倍，聂海胜、张晓光、王亚平三人乘组为此在地面进行了200多个小时的训练。

太空授课中的水球实验，王亚平做出的水球又圆又大，格外漂亮。看到王亚平持续往晃动的水球中注水，地面支持团队的心都提到了嗓子眼。当完美的水球呈现在所有人面前时，大家才醒悟过来，兴奋地说："这丫头绝对做功课了，她是想给我们一个惊喜呢！"

王亚平的确是做足了功课。在太空最难做的是水球实验，动作轻了重了、水量多了少了，都可能导致水膜破裂。在地面每次做实验失败后，王亚平都和队友们细查原因，不断尝试，找出窍门。

手控交会对接是难度极高的航天技术，被称为"太空穿针"，对航天员的心理稳定性以及快速反应、准确判断、精准控制等能力，提出了很高要求。世界航天强国也难免数次失败。

为掌握"穿针"技术，确保百分之百的成功率，刘旺付出了大量心血和汗水。训练中，刘旺坚持以最高标准严格要求自己。他还主动提出将手柄延迟设置从1秒内延长到2秒，提高操作控制难度。地面1500多次的训练，终于换来了太空中的一次成功。

"哪有运气和奇迹!"用15年等待"换来"15天太空之旅的张晓光说,航天员面对任务,永远是在选拔,永远是在备战。

"无论'主份'还是'备份',都是航天员的本分"

北京航天城,空旷的模拟器楼,聚光灯下的邓清明一脸平静——20年来,他从未在聚光灯下出现过。

"我是航天员邓清明,是目前航天员大队唯一没有执行过飞天任务、仍在训练的首批现役航天员。20年来,我3次入选任务梯队,3次与飞天失之交臂。为了飞天做准备,我感到过枯燥,也烦过、累过,但没有放弃过。无论'主份'还是'备份',都是航天员的本分。"邓清明声音不大,语气却十分坚定。

通过严格训练的21名航天员,全部有能力执行太空任务。但受任务密度和条件制约,不可能每个人都有机会飞天,只能按照综评成绩排名确定人选。往往,第一名和最后一名成绩相差很小,小到一两分,甚至仅仅零点几分。神七航天员选拔时,刘旺就差0.005分。

大多数航天员都当过"备份",有的甚至不止一次。神五时翟志刚是"备份",神六时他又一次与飞天擦肩而过,但他两次都站在战友身后,微笑着为他们出征壮行;神七任务选拔时,陈全仅以微小差距落选,他说:"我会努力当好'备份',让战友在天上飞得更高更踏实。"

神十一任务发射前一天,决定最终的飞天人选是景海鹏和陈冬,邓清明仍是"备份"。这是邓清明离梦想最近的一次,又一次止步于发射塔前。轮到邓清明发言时,他停顿了一会儿,转过身面向景海鹏,紧紧抱住他说:"海鹏,祝贺你!"景海鹏也饱含深情地说了句"谢谢你!"几分钟内,整个问天阁大厅寂静无声,在场的许多人都流了泪。

神舟十一号成功返回后,载人航天工程领导对邓清明说:"你们和神十一乘组共同完成了这次任务,任务的成功就是你们的成功,航天员在天上的表现就是你们的表现。"听到"共同"二字,邓清明激动地落泪。

2014年3月13日,一个普通的日子,却因5名航天员的停航停训,被写入中国航天史册。

吴杰、李庆龙、陈全、赵传东、潘占春是我国首批航天员,十几年来,他们日复一日地重复着"准备出征"这一件事,一次次接受祖国挑选,一次次与飞天失之交臂。因为超过黄金飞行期,他们再也没有机会为祖国出征太空,但他们仍像当年毫不犹豫参加选拔一样,坚决服从组织安排,退出现役航天员队伍。

抚摸着航天员纪念章,已年过半百的他们,还是难以忍住眼中的泪水。

他们的等待与飞天的辉煌一起,构成了中国航天史上最厚重的一页。

"飞天就是使命,太空就是战场,困难再大、危险再大,都动摇不了我们征战太空的决心"

西北大漠,孕育了中国航天事业的酒泉卫星发射中心。

2001年11月,航天员们第一次来到这里,踏入航天人的精神圣地——东风革命烈士陵园。这座元帅、将军、士兵相依的不朽军阵,深深震撼了他们。自此,每次执行任务前,航天员们都会前来瞻仰长眠于此的700多位献身航天伟业的英烈。

载人航天是世界上最危险的职业之一,曾有20多人在执行任务和训练时不幸罹难。

2003年,是世界航天史上的多事之年。此时,中国航天员正在备战首次载人飞行任务。担心世界航天接连失利的阴霾会造成影响,一场座谈会召来了航天员们进行交流。没想到,座谈会开成了请战会。航天员的想法惊人的一致:"飞天就是使命,太空就是战场,困难再大、危险再大,都动摇不了我们征战太空的决心!"

2003年10月15日9时,长征二号F火箭护送着神舟五号飞船直刺苍穹。上升到三四十公里高度时,火箭和飞船突然开始急剧振动,与人体产生共振,杨利伟眼前一片漆黑,感觉五脏六腑似乎都要碎了,难以承受。共振持续26秒后,终于慢慢减轻。杨利伟如释千钧重负,如获一次重生。

后来有人评价:26秒,见证了中国航天员英勇无畏、舍身为国的赤胆忠心。

当翟志刚探头出来睁大眼睛,瞬间被太空的荒凉、广袤和深邃所震撼。但他已经比预计出舱的时间晚了几分钟。此刻,神舟七号飞船正以每秒钟接近7.9公里的高速,在343公里的高度掠过祖国疆域。留给他们执行出舱任务的时间也就十几分钟。

正当费尽周折打开舱门的翟志刚准备出舱时,报警声突然响起:"轨道舱火灾!轨道舱火灾!"刺耳的声音不断重复。

飞船火灾是全世界航天员在太空最怕发生的事故。报警的第一时间,轨道舱内的刘伯明和返回舱内的景海鹏检查了所有设备,没有发现火灾,也没有发现短路跳火。而此时轨道舱处于真空状态,是不可能发生火灾的。尽管翟志刚他们判断不可能发生火灾,但可怕的报警声一直在持续。

"还出不出舱?"刘伯明问。

"出舱!"翟志刚答。

翟志刚攀出舱门,全身已在深不见底的茫茫宇宙中。按计划,他要先把一个固定在飞船舱外的实验样品送回舱内,然后再从舱内取出五星红旗,进行太空漫步和舱外展示。第一时间,刘伯明先把国旗递了出来,翟志刚心领神会地接过,两人临时改变了出舱程序。

2008年9月27日16时41分,身着"飞天"舱外航天服的翟志刚,挥动着鲜艳的五星红旗向地面报告:"神舟七号报告:我已出舱,感觉良好。神舟七号向全国人民、全世界人民问好!请祖国放心,我们坚决完成任务!"

那一刻,人们从电视直播中看到的是五星红旗在神舟飞船舱外飘扬,但并不知道当时的惊险。

返回地球后,有人问,为什么要先展示国旗?翟志刚说:"无论发生什么情况,我们都要完成任务,让五星红旗高扬在太空。"刘伯明说:"即使我们回不去,也要让五星红旗在太空飘扬。"

幸运的是,事后分析表明,轨道舱火灾警报只是一场虚惊。

有人曾问两度飞天的聂海胜和三次圆梦的景海鹏:"你们已经实现飞天夙愿,未来还打算冒这么大的风险吗?"

"航天飞行是我们的事业,更是我们的生命,为了飞天梦想,只要祖国需要,我们随时准备再上太空!"聂海胜答道。

作为党的十九大代表,景海鹏面对中外记者提供了这样一个"答案":"我十分渴望再上一次太空、再当一次先锋、再打一次胜仗,让浩瀚太空再次见证一名航天战士对党和人民的绝对忠诚、无限忠诚!"

追梦新时代,"心愿只有一个,就是再次飞向太空"

2017年10月18日,党的十九大在北京隆重开幕。"建设航天强国"写入党的十九大报告,中国航天事业站在新的历史起点上。

空间站时代大幕开启。北京航天城里,航天员们开始了空间站任务学习和训练的第一年。

空间站时代,出舱装配、维修科学设备将是日常工作,而出舱是超大负荷的活动。一直在锻炼上肢力量和手指力量的王亚平,刚开始并没有具体概念。5天舱外服的试验做下来,完全颠覆了她的想象:在120多公斤的舱外服中才工作了三四个小时,手就抖得拿不住笔。而将来真正的太空出舱活动,一次就相当于地面连续工作七八个小时的训练量。

50岁出头的刘伯明看起来比10年前参加神七任务时还要精干。为了空间站任务,他主动加量训练,强化自己的体能。刚做完身体检查的他,肺活量达到6000毫升,比年轻时还好。

"庆幸赶上伟大的时代,有幸参与伟大的事业。"祖国越来越强大,刘伯明有切身感受。20年前,我国载人航天工程刚刚启动。20年后,已有外国航天员选择来中国参加海上救生训练。"外国航天员还想学汉语,想加入到中国的航天员队伍中,跟我们一起交流合作。"

"心愿只有一个,就是再次飞向太空。"费俊龙说。

新时代,人人有梦。

(《人民日报》2018年1月22日1版,作者:人民日报记者余建斌、谷业凯,新华社记者李国利、梅常伟)

中国人民解放军航天员群体:

为国出征叩苍穹

6月9日,神舟十二号载人飞船与长征二号F遥十二运载火箭组合体已转运至发射区。这表明,神舟十二号载人飞船即将搭载着3名航天员飞向太空。

这是继2016年神舟十一号任务之后,中国航天员时隔5年再赴太空,也是中国人民解放军航天员大队自1998年成立后执行的第7次载人航天飞行任务。

1998年1月5日，来自祖国各地的14名优秀飞行员，齐聚北京航天城。面对鲜艳的五星红旗，他们庄严宣誓："我自愿从事载人航天事业，成为航天员是我至上的光荣……"

历史将永远铭记这一天，中国人民解放军航天员大队正式成立了。2010年5月，又有7名飞行员光荣地加入这支队伍，成为我国第二批航天员。2018年5月，第三批预备航天员选拔工作启动，经过初选、复选、定选三个阶段，于2020年选拔出符合条件的18名预备航天员（含1名女性），他们经过系统训练后将参加空间站运营阶段各次飞行任务。

20多年来，中国人民解放军航天员大队全体航天员胸怀强国梦、矢志强军梦、献身航天梦，以九天揽月的雄心壮志和征战太空的超凡本领，先后14人次勇闯苍穹，巡游太空68天，行程4600余万公里，勇夺6次载人飞行任务的全面胜利，为我国载人航天事业作出了卓越贡献，在强国强军的伟大征程中立起了先锋楷模的时代标杆，先后有3人获得国家科技进步奖特等奖、4人获得国家科技进步奖一等奖、1人获得军队科技进步奖一等奖、1人当选"100位新中国成立以来感动中国人物"。11名航天员被中共中央、国务院、中央军委授予"航天英雄""英雄航天员"荣誉称号，航天员大队被中央军委授予"英雄航天员大队"荣誉称号，1名航天员荣获"八一勋章"，航天员群体荣获"最美奋斗者""时代楷模"称号。

那是载入中华民族史册的绚烂十月——2003年10月15日9时，我国第一艘载人飞船神舟五号发射成功，航天员杨利伟成为浩瀚太空的第一位中国访客，中华民族千年飞天梦圆。

10月16日6时，太空飞行一天后，神舟五号飞船回到祖国的怀抱，中国人首次飞天活动圆满成功，标志着我国成为世界上第三个掌握载人航天技术的国家。

两年后的又一个金秋——2005年10月12日9时，神舟六号载人飞船发射成功，航天员费俊龙、聂海胜被顺利送上太空。

第一次进入轨道舱，第一次进行航天医学空间实验研究，第一次进行压力服脱穿试验……神舟六号进行了中国载人航天工程的首次多人多天飞行试验，完成了我国真正意义上有人参与的空间科学实验。

2008年9月25日21时10分,神舟七号载人飞船载着航天员翟志刚、刘伯明、景海鹏飞向太空。27日16时43分,翟志刚穿着我国自主研制的"飞天"舱外航天服,在刘伯明的协助下打开舱门,迈出了中国人在浩瀚太空中的第一步,我国从此成为世界上第三个掌握出舱技术的国家。

2012年6月16日18时37分,神舟九号载人飞船搭载着景海鹏、刘旺和我国第一位飞天女航天员刘洋飞向太空。6月24日,刘旺操作飞船从140米外向天宫一号靠近,取得了首次手控交会对接的成功,这标志着我国成为世界上第三个完全独立自主掌握交会对接技术的国家。

2013年6月11日17时38分,神舟十号飞船搭载聂海胜、张晓光、王亚平3名航天员发射升空。在轨飞行期间,航天员进行了面向全国青少年的中国首次太空授课活动。

2016年10月17日7时30分,在长征二号F运载火箭托举下,航天员景海鹏、陈冬乘坐神舟十一号飞船从酒泉卫星发射中心飞向太空,并与天宫二号空间实验室成功进行自动交会对接。2名航天员在天宫二号与神舟十一号组合体内驻留30天,完成了一系列空间科学实验和技术试验,创造了中国航天员太空驻留时间新纪录……

在中华民族的奋进史册里,飞天勇士叩问苍穹无疑是最精彩的篇页。今天,他们继续书写着新时代的新华章。

(新华网,2021年6月13日,记者:李国利)

陆军某部"大功三连"

陆军某部"大功三连"是一支在抗日烽火中诞生的英雄连队,战争年代4次荣立大功,和平建设时期多次立功受奖,被中央军委授予"基层建设模范连"荣誉称号。连队把习近平新时代中国特色社会主义思想和习近平强军思想作为举旗铸魂的科学理论、强军兴连的根本指导、培育官兵的思想灯塔和履职尽责的强大动力,坚持系统深入学、结合实践悟、融入工作用,培育"四有"新一代革命军人,锻造"四铁"过硬连队,圆满完成改制换装、实兵演习、抢险救灾和纪念中国人民抗日战争胜利70周年阅兵等重大任务。

"大功三连"的先进事迹,鲜明体现了当代革命军人的成长之路、当代青年的成才之路和当代大学生的发展之路,生动回答了如何用习近平新时代中国特色社会主义思想和习近平强军思想武装头脑、如何更好地使党的创新理论大众化普及化、如何推动中国梦强军梦在基层落地生根等重大时代课题。

信仰之光，在这里闪耀

——陆军某部"大功三连"用习主席系列重要讲话精神建连育人（上）

陆军某部一营三连，是一支具有光荣传统和历史荣誉的先进连队。战争年代战功卓著，4次荣立大功，被誉为"大功三连"。20世纪70年代，三连就因"煤油灯下学毛著"而享誉军内外。40多年来，连队成为闻名全军的思想工作模范连、基层建设模范连、科学发展模范连。

党的十八大以来，连队坚持用习主席系列重要讲话精神建连育人，指导转型建设实践，努力锻造"四铁"过硬连队、培育"四有"新一代革命军人。官兵真学、真信、真用，连队全面建设转型升级再上新台阶。

在这里，真学成为一种自觉

"学理论、变思想、建连队、育新人"，走进"大功三连"，连队俱乐部里张贴的这12个大字最先映入眼帘。

"这是三连的光荣传统，打仗间隙学《论持久战》、点着煤油灯学毛著曾闻名全军。"旅政委刘海成告诉记者，新形势下，连队创新方法学理论，建立"理论学习值班员"制度，开设"士兵讲坛"，组织文艺创演，探索的"学、讲、议、帮、干"做法，走向了全国全军。

记者在三连看到，习主席系列重要讲话精神要点，在门厅、走廊随处可见；班用柜钥匙牌、床头定位卡，贴的都是系列讲话的思想观点；"士兵讲坛"火花迸发，"理论沙龙"精彩纷呈，快板书朗朗上口，漫画集栩栩如生……

"妈，'两学一做'基础在学、关键在做，我们连队学习教育搞得好，我给您介绍点经验……"战士陆钧杰在电话中侃侃而谈，电话那头身为甘肃省某大型国企党委副书记的母亲早已喜极而泣,她没想到以往叛逆迷茫的儿子入伍后不仅懂事了,还爱上了理论学习。她专程到连队一探究竟,深深感到:是连队浓厚的理论学习氛围感染了儿子,是习主席的系列重要讲话精神改变了儿子。母亲回家后连续给儿子写了3封信,她要和儿子共同学习习主席系列重要讲话精神。如今,收藏在连队荣誉室的这3封家书已成为更多战士和家长的"参照系"。

小陆是怎么转变的?原来,班长廉永康发现小陆对漫画、画报等情有独钟,就找来相关画册给他看。从习主席到百姓中访贫问苦、到哨所看望官兵等图片中,小陆感悟颇深。廉班长趁热打铁,引导小陆从看画册转入到看文章。小陆对学习习主席系列重要讲话精神产生了兴趣。

一个兵透视一个连,一个连折射一支部队。

"用官兵兴趣点激发学习兴奋点,是我们点燃官兵学习热情的法宝。"三连指导员王金龙介绍说,连队借鉴"百家讲坛""天天读报"等热门电视节目,每周开办"士兵讲坛",24名大学生士兵在先学一步、学深一层的基础上轮流登台授课,从战士感兴趣的话题入手,选取习主席的某一篇讲话或部分段落剖析解读;每天组织"新闻点评",采取自荐、抽点、轮值的方式,让全连官兵针对时事热点各抒己见。

"在这里,学习就是一种精神享受了!"行走在军营,记者被三连浓厚的理论学习氛围感染着。

"习主席的系列重要讲话有温度暖人心,博大精深,既能治国理政,又能强军兴军,还教立身做人。"三连连长张继平说。

在这里,真信成为一种力量

"宁要绿水青山,不要金山银山,而且绿水青山就是金山银山。"蒙古族战士格西格图下连不久,连队组织学习习主席关于大力推进生态文明建设的重要论述,指导员解读这段话时,他感同身受。

随后的讨论,格西格图说:"我的家乡在内蒙古大草原,前些年过度放牧沙化严重,乡亲们深受其苦。是习主席号召的绿色发展理念,让大家头脑开了窍,政府也采取有力措施,改善了生态环境,如今风吹草低见牛羊的景象再现。"这次讨论后,他对学理论产生了浓厚的兴趣,越学心里越亮堂,越学越爱学,如今已成为连队的理论骨干。

"战士参军入伍,承载着个人的梦想、父母的期盼、强军的希望,我们有责任把他们教育好培养好。"指导员王金龙对记者说,就是要像习主席要求的那样,按照"四有"新一代革命军人标准培塑官兵,使人人有梦想,个个能成才。

上等兵王欢入伍前是个"学霸"。大二那年,他踌躇满志参军来到三连,本想大展拳脚却接连碰壁。体能考核,他总是被甩在队尾,实弹射击经常不及格,就连理论考核也不占优势。巨大的落差,让王欢感到一下子掉进了"冰窟窿"。

"要勇敢肩负起时代赋予的重任,志存高远,脚踏实地。"学习《习近平谈治国理政》书中的这段话,王欢豁然开朗,要想在部队有所作为,就必须克服眼高手低的毛病,从点点滴滴学起干起,夯实能力素质基础。

王欢自我加压、练体能、练队列、练战术……很快,他不仅训练水平赶上了,还发挥自身优长,为连队制作理论学习展板、军事训练教学视频,成为连队离不开的"小能人"。

"三连是个大熔炉,人人在这里都能成长成才。"3年来,连队先后有9人考学提干,22人实现学历升级,退伍战士中有28人成功创业,61人成为地方企业骨干。2015年,连队被共青团中央和原总政治部定为"全国大学生社会实践基地"。

在这里,真用成为一种行动

走进班排宿舍,战士们正全神贯注地看智能手机。

原来,他们正通过集团军与中央党校联合研发的"学习军营"App教育辅助系统学系列讲话。

App页面里有"强军风采""兵心驿站"等9个板块,特别是习主席的系列重要讲话,图文并茂,内容丰富。"App是随身携带的掌上课堂,学习起来方便又入心。"一名战士插话说。

三连官兵说,学习讲话精神,关键是领悟透、照着做,指导实践、推动工作。

去年4月,三连专业训练紧张展开,又恰逢担负旅两项重大教育先行试点任务。指导员王金龙及时组织干部骨干学习习主席重要讲话中蕴含的统筹兼顾思想方法,突出重点、抓大放小,对连队工作重新进行梳理和分工。很快,连队各项工作步入了良性发展的轨道。

"真学真信关键在于真用。学习力就是战斗力。"旅政治部主任卫军刚告诉记者。3年来,连队共破解教育、训练、战备、管理、保障等方面30多个重难点问题,连队先后有25人被集团军和旅评选为"理论学习之星"和"理论骨干之星"。

在学习理论中提升战斗力。官兵深刻理解习主席指示,坚决纠正"牺牲训练保安全"等军事训练上的思想误区,凝聚全连真打实备的意志力量。

理论越学越好,武艺越练越强。在不久前组织的一次对抗演练中,三连担负左翼穿插任务。官兵利用地形巧妙掩护,充分发挥机动优势,用一记漂亮的"左勾拳",一举端掉"蓝军"后方指挥所。随后,继续向纵深推进,打乱了"蓝军"的作战部署,为战斗取得最终胜利立下大功。近几年,三连荣立集体二等功3次、集体三等功1次,在上级组织的比武竞赛中摘得5枚金牌。

(《人民日报》2017年1月13日4版,记者:倪光辉)

制胜之剑,在这里锻造

——陆军某部"大功三连"用习主席系列重要讲话精神建连育人(中)

这是一把随时准备出鞘的尖刀——

旅里不打招呼整建制拉动部队。随着一声令下,只见三连官兵装备启封快速高效、物资装载定人定位、远程机动动若风发……两个多小时后,三连率先抵达集结地域。机关检查评比,三连器材一件不少、物资一样不缺,全部符合实战要求。

"睡觉都要睁只眼,随时拉得出冲得上!"在旅长刘长安看来,三连战备水平在全旅首屈一指。"宁可备而不战,不可无备而战。"连长张继平告诉记者,习主席强调"保持箭在弦上、引而待发的高度戒备态势",就是要求我们树立"战争就在今晚打响"的忧患意识,把战备工作抓得紧而又紧、实而又实。这个"理",在三连早已形成共识。

一时胜负决于力,千秋胜负决于理。一支军队的精神崛起,才是真正的崛起。

近几年,三连注重把学习成果转化为强军兴军的政治热情和内在动力,落到连队各项建设上,连队先后荣立集体二等功、一等功,党支部被陆军表彰为"先进基层党组织"。

在这里,铸魂固本有元气

"这真是一场闹剧!看了新闻,肺都要气炸了!""菲律宾南海仲裁案的法官拿了人家的臭钱,瞪眼说瞎话!"这是2016年7月13日晚,三连官兵收看完"新闻联播"后的新闻点评,官兵口诛笔伐,群情激愤。

在点评新闻时,官兵们打开"学习军营"App,从习主席会见欧洲理事会和欧盟委员会领导人时的讲话说起,最后落到习主席"过去讲养兵千日、用兵一时,现在要讲养兵千日、用兵千日"的精辟论述,号召官兵用练兵实际回击这场闹剧。10多名官兵的发言汇聚一点:时刻听令而行、坚决不辱使命!

这,就是"大功三连"的兵!装进脑子是理论,释放出来是力量。

一段时间以来,网上出现了对"狼牙山五壮士"等战斗英雄恶意抹黑的行为,作为英雄所在部队的传人,三连广泛组织开展"我为英雄正名"活动,用铁的事实批驳那些似是而非的质疑和评价,用习主席讲话精神解读英雄事迹的时代价值,坚定官兵崇尚英雄的信念。

"练就金刚身,不怕百毒侵。"面对当前意识形态领域尖锐复杂的斗争,大学生士兵王子勋,看到同学微信群里散播一些不良信息,他用习主席"网络不是法外之地"的观点有理有据地进行阐释,引导"朋友圈"里的朋友,时刻保持清醒头脑,提高政治鉴别力。

"青年官兵追梦的路上,注定不会是一帆风顺。"连长张继平对记者说,信息网络时代，官兵入伍动机多元、价值取向多样，在个人成长中难免有些迷茫，关键是要像习主席指出的那样，"以正确的世界观、人生观、价值观来指导自己的选择"，在灵魂上"补钙"、本事上"升级"、血性上"淬火"、品德上"提纯"。

进来是块铁，出去是块钢。近年来，三连先后走进41名大学生士兵，个个都是理论骨干，人人受到表彰奖励，12人成为训练尖子。

在这里，能打胜仗有底气

这是一次尖刀对尖刀的对决。

2016年5月中旬，南昌城郊，"中部铁拳·勇士"杯比武竞赛开展得如火如荼，来自中部战区陆军5个集团军50个战斗班在这里一决高下。

丛林投弹、翻越障碍、反恐射击……参赛队员要负重27.5公斤，连续战斗36小时，完成12项内容全新的军事课目。两天鏖战，成绩揭晓："大功三连"一班扬威赛场，成绩名列前茅。

理论学得好、军事过得硬，"大功三连"能打胜仗的底气从何而来？

2013年，三连所在部队整编，所在营由装甲步兵营整编为合成步兵营。装备转型，人已经钻进步战车了，思维却还躺在履带板上。官兵刚操作新装备着实力不从心。连队重新组织官兵学习研究新装备的技战术性能、作战运用原则，并在组训模式、战法运用以及指挥协同等方面求新求变，着力破除重体能轻技能、重单兵轻协同等"旧胎"，换接技战一体、人装一体、训战一体的"新骨"。

2014年5月，连队组织换装后首次实弹射击。他们在靶场插上小红旗，标示跃进线、射击线、返回线。由于炮长提前知道目标射击距离，实弹射击发发全中，打出"满堂彩"。

"上战场还能插小红旗吗？""今天训练场上搞假把式，明天上战场就会付出血的代价！"……打靶归来，连队官兵自发组织"战斗力标准大讨论"，大家各持己见，轮番向实弹射击中的不实训风"开炮"。

这声声"炮声"，让连队党支部"一班人"警醒：开展实战化训练，就要像习主席要求的那样，以作战的方式训练，以训练的方法作战。他们以这次大讨论为契机，逐战位逐课目深查细纠，先后清理整改了"5公里武装越野捆装具""手榴弹实投找'保姆'"等和平积习。

实战的导向一旦确立，训练的准星就主动瞄准战场。在浓厚的打仗氛围下，连队打仗的本事越来越强，战士打仗的技能越练越精。改制换装4年来，三连官兵见了红旗就红眼，不拿红旗就红脸，四大专业15个课目优良率均达到95%以上，成为全旅第一，连队年年被评为军事训练一级连。

在这里，作风优良有正气

"书记刘新刚同志抓工作有时急躁冒进，搞个人说了算，与支委沟通不够……""副书记张继平同志抓训练创新思维不够，跟不上换装转型步伐……"

连续9个多小时的民主生活会"辣味"十足，三连支委们率先"开炮"，自我批评揭短亮丑，批评他人不留情面。这是三连按照党的群众路线教育实践活动安排，召开党支部专题民主生活会的一幕。

这也是连队换装改制后召开的第一次支部民主生活会。新班子组建不久，如何攻坚克难，破解连队转型建设中的重难点问题，党支部"一班人"意见统一，用好批评与自我批评这个锐利武器，首先清除连队转型建设中的思想作风积弊。

民主生活会从下午两点半一直开到深夜零点，人人当场认领问题，个个作出整改承诺。

"习主席说，打铁还需自身硬。作为连队的主心骨，支部班子建设不能有丝毫懈怠。"现任党支部书记王金龙告诉记者，改制换装以来，连队党支部坚持落实制度从严从实、解决问题抓早抓小，党员问题解决不出党小组，连队问题解决不出党支部，确保党支部坚强有力，始终发挥核心领导作用。

"我的承诺你监督，我的表现你打分。"三连在"两学一做"学习教育中，深入开展党员承诺、亮诺、践诺活动，全程请群众监督、评议、打分；开展"我心中的党员好样子"大讨论，梳理出11条"党员好样子"标准，设置"党员先锋岗"，引导党员立足本职看齐追随，积极发挥先锋模范作用。

"敏感问题不敏感，个人进步靠实干。"处理官兵成长进步等切身利益问题，三连党支部坚持不搞亲疏远近，不搞暗箱操作，不搞平衡照顾，谁该入党、谁该提干、谁该选取士官、谁该学技术评先进，党支部和官兵都有一本"明白账"。

"在三连，潜规则没有市场，官兵立身靠品行、进步靠实干、解难靠组织，大家一门心思把工作干好、把训练抓好，谁都不想歪门邪道的事。"旅政委刘海成说，旅机关对三连风气建设满意度测评，次次都是100%。

"好班子带出好作风，好作风催生战斗力。"3年来，三连发展党员25名、选晋士官41名、选送各类技术学兵29名，人人素质过硬、成绩突出、官兵公认。

（《人民日报》2017年1月14日7版，记者：倪光辉）

转型之翼，在这里高飞

——陆军某部"大功三连"用习主席系列重要讲话精神建连育人（下）

塞北寒冬，一场实战化背景的合成营战术演练激战正酣。立体侦察、炮火打击、装甲强突……"大功三连"担任主攻任务，全新的作战样式、精湛的战术水平、灵活的战法运用，攻坚势如破竹，守固稳若泰山。

在指挥所，旅长刘长安介绍，近年来，三连官兵注重从习主席系列重要讲话精神中汲取创新的智慧和勇气，直面武器装备更新、体制编制调整带来的挑战，走出了一条脱胎换骨、凤凰涅槃的转型之路。

思维更新找准转型坐标

"装备换了！编制变了！"2013年12月，三连所在师改旅，为全军步兵旅转型建设探路。三连官兵满怀豪情送走挂满荣誉的战车，告别熟悉的装甲团营区，走进旅合成营这个新生家庭。

新装备列装不久，集团军组织创破纪录比武考核。三连官兵摩拳擦掌，希望在装甲步兵班攻击碉堡这个拳头课目上争个头彩。

"不合格。"考核组的评判，让三连参赛官兵顿时傻了眼。"战车上强大的火力武器为何弃之不用？还沿用传统步兵的进攻战术……"考官的反问让官兵哑口无言。

比武场上首次亮相就遭遇当头棒喝，给这个声名赫赫的连队上了刻骨铭心的一课。当晚，连队党支部"一班人"彻夜反思："穿新鞋走老路，手持倚天剑竟舞成烧火棍""人钻进了步战车，思维还躺在履带板上"……

为了从思想上脱胎换骨，大家认真学习习主席关于新军事变革的重要论述，逐渐认识到，"不日新者必日退""要始终以改革创新精神开拓前进，努力夺取军事竞争主动权"。

"荣光只属于过去，只有主动识变、思变、应变，才能创造新辉煌。"全连官兵积极建言献策，破除重体能轻技能、重单兵轻协同、重基础轻战术等陈旧观念，形成了战技一体、人装一体、训战一体等转型理念。

"剑"变了，"剑法"也要跟着变。按照机动作战、立体攻防的实战要求，大胆变革训法战法。紧贴步兵分队未来作战能力需要，实现官兵分训，连队干部专心练指挥、研战法，士官长负责组织基础训练、班组战术；采取过关升级、分层次训练，增加战场侦察、特种射击、特种爆破等特战技能训练内容……

搜索目标、装填炮弹、激光测距、跟踪发射……随着一阵隆隆炮声，一发发炮弹直捣"敌"阵。当年底，三连参加旅实弹射击考核，取得了8个课目全部优秀的好成绩。

本领恐慌驱动能力升级

去年初冬，一场红蓝对抗演练胶着厮杀。担任红军的三连狙击小组奉命执行敌后"斩首"行动。晨曦微露，三连狙击手刘帅、冯丽军在蓝军营地附近密林中，潜伏6个多小时，敏锐地捕捉目标。

"山猫，1号高地800米处发现敌装甲车一台！""砰！"一声清脆枪响，远处装甲车上，一名刚探出半个头的蓝军指挥员丧命，蓝军顿时群龙无首，红军趁势展开猛烈攻击，一举扭转战局。

"定点清除敌指挥人员、精准打击敌火力点、渗透敌后侦察狙杀,狙击班是我们连的一把钢刀。"谈及狙击班从零起步的跨越,班长李志凯一脸自信。

狙击班刚组建时,面对新型武器装备,李志凯和班里其他战友都有种"老虎吃天无从下口"的感觉,习惯了步枪机枪,这些宝贝疙瘩能玩得转吗?李志凯带领全班勤学苦练,攻坚克难。

没有教练员,他们就跑到兄弟单位蹭学,回来再加班练习;隐蔽伪装训练,他们借鉴外军狙击手训练做法,探索不同天候、环境下的伪装渗透方法……旅第一次组织狙击手集训比武,李志凯率队夺得第一名。

新装备需要新知识,新岗位呼唤新本领。三连官兵时常用习主席强调的"打仗能力"拷问自己,努力提升能力素质,实现换羽高飞。

连队士官长张海生一走上新岗位,就深刻地感受到能力之痛:组织连队训练考核,筹划不严密不细致,招致一些战士质疑;开展班组战术训练,方法不多急得直冒汗……

"士官带了'长',本事先要长。"张海生心里很清楚,打铁还得自身硬。他对照士官长责任清单,一项一项倒逼自己,在不断摔打磨炼中实现能力升级。

"如今,士官长不仅是连队干部的左膀右臂,更是连队建设的顶梁柱。"对于连队几名士官长的表现,指导员王金龙很满意。去年连队实弹射击,没有干部在场,张海生带领3名士官长全程负责组织,无一差错。

刀刃越磨越快,本领越练越强。从狙击班到士官长,三连官兵主动适应转型要求,人人精通手中武器、个个专业岗位全优,90%以上官兵精通两种以上专业。

攥指成拳抢占制胜高地

"向2号高地出击!"一声令下,某训练场上,一辆辆新型步战车突奔挺进,扬起滚滚沙尘。

"一车、二车交替掩护,三车快速冲击。"接到指令后,三车车长徐杰生快速搜索目标。"10点钟方向,敌火力点,开火!"

旋即,突击组、战车组、反装甲组相互配合,线膛炮、反坦克导弹、并列机枪交织开火,敌火力点瞬间灰飞烟灭。

"合则强，孤则弱。现代战争不再是某个作战单元的单打独斗，胜利取决于作战系统整体效能的发挥。"连长张继平形象地比喻道，好比人的一双手，单个指头硬还不行，只有攥指成拳才能打出最大力量。

"逢山开路，遇水架桥。"他们悉心领会习主席提出的"机动作战、立体攻防"等指示要求，打出了一套组合拳：对所有训练课目技战术运用，逐个分解形成协同流程图；集中群众智慧探索攻关，革新出快速瞄准发射器等10多套训练器材，新装备战斗力生成步入了快车道。

不仅如此，他们还组织官兵熟悉掌握合成营各连的主战装备技术性能、战术运用。合成营战术演练中，前方敌情迭出，指挥车内，连长张继平通过一体化指挥平台，实时掌控战场态势，不断向合成营指挥机构发出求援信息。

在强大火力掩护下，三连官兵与机降分队密切协同，穿插迂回，打得"敌"指挥所被迫转移。

演习结束，导演部对三连的行动给予高度评价：这支初具雏形的新型步兵连队，上了战场必将是一把锋利无比的胜战尖刀。

（《人民日报》2017年1月16日3版，记者：倪光辉）

广西军区某边防团十连

  广西军区某边防团十连,坚持以强军目标为指引,铁心跟党走、铁拳守边关、铁纪正作风、铁血凝友情,打造了风清气正、团结奋进的战斗集体,圆满完成守边固边任务,连队党支部被评为"全军先进基层党组织"。

  广西军区某边防团十连官兵的先进事迹,充分体现了强军目标在基层部队落地生根、开花结果的显著成效,鲜明树立了有灵魂、有本事、有血性、有品德新一代革命军人的崭新形象。

"我的战位请放心,我的阵地不失守"

深秋清晨,广西军区某边防团十连官兵又一次踏上了巡逻路。

509号界碑,是连队防区内最难巡的一座界碑,需翻4座高山、攀3处悬崖、蹚两条河流,一路还要斩荆棘、防蛇虫,连队就曾有两只军犬在这段巡逻路上被蚂蟥活活叮死。

屹立在高山丛林的18块界碑,始终是十连官兵心中永恒的依恋。多年来,官兵把铮铮誓言化作不懈练兵动力,血性虎气始终在连队激荡,连队被评为军事训练一级单位,多次在团建制连比武中排名第一。

"能打胜仗,是边防军人最大的价值"

保卫边关,防区就是战场。十连每个官兵心中都有一个信念:一个战士就是一座界碑,一个哨位就是一个战位,能打胜仗,是边防军人最大的价值。

在连队采访,记者发现十连的训练标准近乎苛刻:

投弹训练,除了要考验右手,还要考验左手;步枪精度射击,10发子弹不得低于90环;5公里越野,比大纲规定成绩快两分钟才算合格;刺杀操、捕俘刀等险难课目训练,从来不用模拟器材……

卫生员明川刚下连时,5公里的越野成绩排在全连最后。为了提高训练成绩,他每天坚持早晚绑沙袋、背砖块长跑7公里,不管酷暑严寒,刮风下雨,从不间断。一年下来,明川身上穿的子弹袋被汗水反复浸润,也由浅绿色变成了深黄色,他个人的5公里成绩跃升为全连第一。明川说:"我的战位请放心,我的阵地不失守。"

去年11月,十连参加年终考核,官兵全副武装集结在营门口,为最后一项五公里武装越野考核摩拳擦掌,战士郭明浩却发现水壶里漏出的水打湿了裤子。原来，前一天巡逻时，他不慎跌了一跤，水壶被一块尖利的石头戳出了一个小口子。考核即将展开，郭明浩想都没想，就在器械场灌了满满一壶沙子。

"把水壶盖子拧开！"最后一人冲过终点线后，考核员逐人检查携带装具，郭明浩拧开水壶盖，使劲拍打，倒出里面湿湿的沙子，比背水沉了几倍，但他心甘情愿。

2015年初，十连进行反暴恐训练，战士丁振练习捕俘刀"横劈挑击"招式，转身时被锋利的匕首划到左臂，鲜血直流。没过两天，战士詹鹏飞因动作幅度过大，枪刺再一次刮到身旁的战友。

接连有人挂彩，让有些官兵心里产生恐惧，有人提出练捕俘刀时用塑料刀代替，练刺杀操时把枪刺卸下来，既不会误了训练，又不会增加危险。连长杨家英急了："假刀枪能练出真本事？当兵的连死都不怕，连这点困难都克服不了？"照样带着官兵真刀真枪练。训练结束，官兵几乎人人挂过彩，但这个课目最终成为连队"猛、准、狠"的名片。

"边防军人就是要时刻保持冲锋的姿态"

"战场上敌人不会等我们休息好了再动手，这是个练兵的好机会。"一场训练尖子比武中，十连官兵的举动出人意料。

2012年6月，十连官兵参加团里组织的单兵基础训练课目尖子比武。从十连赶到团里，全程近200公里。那天，十连官兵早早出发前往机动营报到，不想车辆在半路抛锚。带队的时任连长唐俸一看离机动营只有二十来公里的路程，当即带着官兵，一路奔袭赶往比武地点。

赶到比武场时，离团里组织比武的时间已经只有一个小时。团里考虑十连官兵一路奔跑，身体疲劳，打算让他们休整半天。唐俸不同意，请求按时参加比赛。他说："边防军人就是要时刻保持冲锋的姿态。"

官兵拖着疲惫的身体走向比武场，结果综合成绩名列全团第三。团领导宣布比武成绩时，全场响起的掌声比宣读第一名的成绩时还响亮。

2014年6月，团里规范战术训练课目教学，需要一个连队担任示范任务，十连作为候选之一，与团里其他4个刀尖子连队竞争这次机会。

一场超强度的训练在山岳丛林中展开。匍匐前进，那片曾长满荒草的土地，被官兵爬得寸草不生；练站军姿，烈日烤，汗浸衣，官兵站得腰僵腿硬弯不了身。半个月下来，官兵们手磨破了，腿练肿了，有的拿筷子都十分困难，但没有一人退缩。

选拔当天，群雄列阵，十连指挥员的口令清脆有力，配合教学官兵的动作规范利落，用无可争议的表现赢得了团领导的认可。官兵们说："上阵杀敌拼的就是一股子英雄气，这股英雄气在我们连队涵养了几十年，从来都是满满的。"

严格的训练日复一日，年复一年，让连队始终保持着令人叹服的战斗力。

去年9月，驻地发生了一场罕见森林大火，很快就要吞没村庄。当时，官兵正在6公里外的一个山谷搞训练，听说后朝火灾方向一路飞奔而来，仅用23分钟就赶到现场。

连长杨家英第一个冲进火海，官兵们紧跟而上，硬是赶在火势快要蔓延村庄时，熄灭了大火，保护了群众。

从火场下来，官兵脸庞黝黑，衣衫褴褛，有的烧焦了头发，有的手上脚上烫出了血泡。但杨连长一声"集合"，官兵列队回连，照样步伐不乱，口令震天。看着这支队伍远去的背影，群众由衷赞叹："这样的连队能打仗！"

（《人民日报》2015年11月2日4版，记者：冯春梅）

风清气正好十连

"风气连着士气，有正气才会有士气！"

深秋时节，记者在广西军区某边防团十连，多次听到这样的感叹。

十连驻守在西南边陲，担负着守护"两国三省"交会之处边防安全的重任，日夜巡防着17.1公里边防线，捍卫着18块界碑凝聚着的国家尊严。连队远离上级机关，距离团部168公里，反走私、反偷渡、反越境犯罪的任务，给连队带来严峻挑战。

10多年以来,连队党支部把"忠诚报国、严守法纪、风清气正"作为一条建连育人的铁律,贯穿于连队建设始终。先后获得"尊干爱兵模范连"荣誉称号,荣立集体二等功一次、集体三等功两次,连续15次被评为"标兵连队"和基层建设示范单位。

守住边防线,不光靠武器和威严,还要靠本色底线——
心中有祖国,哨位有定力

20年前,李冠华是十连一名略带稚气的新兵。

1995年6月,他刚分到连队时,第一感觉就是连队对执行任务、教育训练、落实规章的要求,近乎苛刻。老指导员说:"要在十连守得住,就得心有祖国,脚有定力。"

要保卫国家边防安宁,边防军人就要有艰苦奋斗的本色。在十连的锻炼,让李冠华领悟了这样的道理,并很快成长起来。1999年参加军事大比武,他一举打破广州军区两项纪录,荣立二等功并被破格提干,最终走上了团长的岗位。

说起自己的老连队,李冠华深有体会:"在这里当兵几年,让人受益一辈子。"

2014年春节,有人看中连队5号阵地一处不用的破旧营房,找到指导员李风雷,提出租用这处营房,只要连队拉一条电线,每月给连队两万元租金,还给李风雷3000元好处费。面对这种事,李风雷一口回绝:"这种违法乱纪的事,就是给座金山也不行。"

20多年,十连的风气好一直名声在外。然而,在连队官兵看来,这样做本来就应该。

2013年底,班长吴喜强二级士官服役期满,连队想留他。他哥吴海强在杭州开一家园林公司,专程赶到连队,希望弟弟退伍和他一块干。得知哥哥的来意,吴喜强没有跟哥哥多说什么,而是请他参加了一次不知重复了多少回的仪式。

那天,风和日丽,艳阳高照,连队和云南省军区边防某团二连会哨,一同向界碑宣誓。吴海强看见，蓝天白云下，鲜艳的五星红旗迎风招展，499号界碑巍然矗立山巅，官兵头戴钢盔，手握钢枪，面向界碑发出钢铁一般的誓言："服从命令，听从指挥，在任何情况下，不丢祖国一寸土地……"

在商海中翻滚多年的吴海强，见到这副场景，心里涌出一股从未有过的骄傲：这群守卫边防、守卫繁华的军人中，有一个是他的弟弟。

送哥哥离开连队那天，吴喜强给哥哥留下一句话："保家卫国的事业，不是谁想走就走，想留就留。"然后又走向那个伴随了他8年的哨位。

十连官兵有一个本色底线：守边军人就要像界碑一样神圣，搞歪门邪道者没有资格成为国门卫士。

凭着边防军人的这种洁身自好，戍边几十年，连队的每个哨位都固如钢铁，每个执勤点都出色履行职责，先后协助地方执法部门查获走私案件26起，截堵盗伐分子25次，抵制金钱诱惑百余次，无一人触碰红线，无一人逾越规矩。驻地群众交口称赞：金钱撬不开国门一条缝！

"双向承诺"20年不走样，"三无风气"20年不改变——
筑牢挡风墙，正气树常青

"涉及官兵切身利益的事情，必须公正、透明、讲原则。"这是十连党支部会议上，书记、副书记强调最多的一句话。

为努力营造风清气正的环境，连队年复一年地开展"干部视战士高于自己，爱战士胜过自己，为战士不顾自己，学战士提高自己""战士服从干部视为天职，尊重干部胜于兄弟，保护干部奋不顾身，学习干部促进自己"的"双向承诺"活动，截至目前已经坚持了20年。

1995年以来，每年新兵下连、新干部报到，连队都要组织进行"双向承诺"的仪式。为确保公开、公正地处理好每一件涉及官兵利益的事情，从小事、琐事抓起，努力培育"内容公开无盲区、程序公开无死角、'招呼'公开无避讳"的"三无风气"。

2014年3月的一天，排长阮映岗忽然发现自己的手机多了200元话费，多方了解都没人帮他充。阮排长很快锁定一个人，新战士徐翔翔。

徐翔翔家庭环境优越，思想活跃。来到连队后，为了得到更多关照，让家里给排长充手机话费，并打算以后长期充下去。搞清事情的原委，阮映岗对小徐说："这样做，把我看扁了，也把自己看轻了。"小徐不理解："谁没个人情世故，给你充个电话费至于这样说我吗？"阮排长反问他："以后你干得好，人家说这是帮排长充话费起了作用，你这是不是花钱恶心我，也糟蹋自己？"阮排长和小徐做了一次长谈，鼓励他踏踏实实工作，靠能力和贡献成长进步。

去年5月，杨家英刚任连长不久，两名军校同学前来看他，他在驻地小吃店请他们吃了顿饭。战士小周以为连长是公款吃喝，他跑去找司务长了解，结果发现冤枉了连长。

吃顿饭还被人盯着，这样的事搁谁都不是滋味，没想到杨连长坦然一笑："这件事一说明连队监督风气好，二说明大家不想让我犯错误，三说明相信我不会打击报复。"

这一次，战士给新连长上了一课，新连长也给战士上了一课：战士的眼睛里揉不进一粒沙子，连长也有一心为公的坦荡胸怀。

2013年11月，上等兵罗浩艺的父亲罗兴国为了儿子转士官，专程赶到十连找干部"想办法"，没想到钱没送出去一分。"精明"的罗父以为自己出手不够大方，提出多留两天，想要看个究竟，李风雷满口答应："那就请你当'编外监考员'吧。"

连队选拔士官，按照相关规定严格设置军事技能、文化成绩考核和全连官兵投票等程序，确保按照优劣确定人选。越野、投弹、障碍、射击等课目考核计秒、米、环，罗父全程察看，没有任何争议；队列考核，罗父担心有人打印象分，连队一声哨子集合干部骨干，请他任意抽点考官；民主测评，罗父现场参与验票，一切明明白白。考评结束，罗浩艺落选了，但罗父很感慨："要是都像十连这样，还有什么事不能令群众信服？"

讲原则、守规矩，无论离上级多远，都不会出问题
人按职责干，事按规矩办

"每次到十连，不管什么时候来，不管看什么地方，人人事事都有章有法，十连风气好，归根结底是制度坚持得好。"百色军分区政委方洽平说。

这样的评价源于一个事实：一个长年戍边、离团部168公里的连队，这些年从没出现一个因违反规定受处分的人！

在十连官兵看来，规矩裂条小缝，风气破个大洞。

作为独立驻防的单位，连队经常这样教育官兵：要想风气好，先把规矩讲。连队越是远离上级机关，越要严格落实规定。多年来，他们坚持"人按职责干、事按规矩办"，一年365天，天天像一天。

老班长符财富退伍后做生意，去年元旦结婚，他给连队战友送来了喜糖。官兵虽然都想参加，但没有一人主动找连长指导员请假。原因很简单，连队人员外出有比例，这条规矩谁也没破过。

十连的兵抓落实较真，全团有名。团军务股长刘恒这两年先后9次不打招呼检查连队，没有一次发现问题。记者不信，随手翻阅这两年的边境巡逻日志，无论天晴下雨，他们都按规定走到了每一块界碑，每次巡逻都有登记、有签字，还有视频资料可以调阅。

2013年夏天，连队派一个班支援边境建设大会战。在工地生活两个月，班长郑攀攀坚持带领全班严格落实一日生活制度，出操、排岗、整理内务，饭前有歌声，行进有番号，与在连队没有差别，成为工地一道风景线。战士们说："不管走到哪里，不管执行什么任务，都要像个军人的样子。"

"落实无例外，执行不走样。"连队把落实规定作为建连兴连的根本，各种规章制度就像一道道隐形的"护身符"，时刻发挥着立正避邪的作用，保证连队时时处处激荡着清风正气。

（《人民日报》2015年11月1日4版，记者：冯春梅）

第二炮兵某洲际战略导弹旅

第二炮兵某洲际战略导弹旅是我国第一支战略导弹部队。组建60余年来,他们始终不忘历史责任、聚焦强军目标,以忠诚基因铸魂励志,以担当精神真打实备,以严实要求锤炼作风,精练苦练战略铁拳,倾心铸就大国重器,圆满完成建设、改革和军事斗争准备各项任务,不愧为绝对忠诚可靠的战略力量,仗剑卫国的"东风第一枝",投身强军兴军实践的先锋劲旅。在他们身上,生动体现了对党忠诚、信念坚定的政治品质,牢记宗旨、献身使命的责任担当,开拓进取、攻坚克难的拼搏精神,恪尽职守、敬业奉献的务实作风,展示了有灵魂、有本事、有血性、有品德的新一代革命军人的良好精神风貌,为全社会树立起学习榜样。

壮哉，"东风第一枝"

——第二炮兵某洲际战略导弹旅官兵践行强军目标纪实（上）

这是一支神秘的部队：

远离光环，却护卫万里天疆；蛰伏深山，却撑起大国脊梁；不在战争前沿，却是人类和平的盾牌。没有惊天动地之名，却有惊天动地之举。

50多年前，随着西北大漠上一声惊天巨响，共和国历史上一支新型武装力量——中国地地导弹部队宣告诞生，被誉为"东风第一枝"。

50多年后，这支英雄的"种子"部队已成长为洲际战略导弹劲旅，当年的"东风第一枝"已成为全面建设走在前列的中国"东风第一旅"。

默居深山，心系强军梦；高车巨剑，一动天下惊。第二炮兵某洲际战略导弹旅官兵50多年如一日，心中始终装着国家和民族，眼光始终紧盯未来战场，脚步始终紧跟信息前沿，枕戈待旦、孕育雷霆，以忠诚和热血砥砺着国家的"王牌"、民族的"底牌"。

浴火飞天，锻造大国神剑

这次发射，一开始就颇不寻常：远距离跨区发射、随机抽点发射……

对洲际导弹来说，一次发射挑战多个"首次"，是个崭新课题。就在发射的关键时刻，天公再出难题，狂风骤起，大雨滂沱。

最终，导弹一发冲天，精确命中目标，不仅成功突破多个训练"禁区"，还一次刷新五项纪录。

"任他西风凋碧树，我自东风唤惊雷。"敢闯禁区、勇劈新路，是这支洲际导弹旅几十年形成的独特"性格"，更是一茬茬官兵用精武集聚而成的自信"底气"。

56年前，面临严峻国际形势，党中央、中央军委毅然决然组建中国地地导弹第一营。

280名刚刚掸去战争硝烟的老兵，上不告父母、下不告妻儿，悄然离开京城，扎进茫茫戈壁。"萝卜草绳白铁皮，沙枣树皮骆驼草。"一张白纸，就此铺开：他们把纸盒画作面板，用萝卜刻成按钮，将麻绳搓成电缆，"沉寂"三年多时间，在大漠深处炸响了一声惊雷——由作战部队发射的第一枚战略导弹发射成功！

这声巨响，打出了中华民族的骨气，打来了中国人民的志气，打掉了帝国主义的霸气。这枚导弹，被称为"争气弹"，开创了共和国战略导弹的"通天之路"。

在旅史馆一张张老照片面前，旅政委文青告诉记者，部队成立之初，除了280条汉子外几乎一无所有，但官兵豪情在胸，激情满怀，"为党为人民，再苦心也甜"，愣是把导弹送上了天。半个多世纪以来，该旅不仅接过了"两弹"装备，也完整传承了"热爱祖国、无私奉献、自力更生、艰苦奋斗、大力协同、勇于登攀"的"两弹一星"精神，自觉把护佑民族振兴责任扛在肩头。

如今，当年的"第一枝"已发展壮大成"第一旅"，导弹武器装备经历多次换型，射程越来越远、精度越来越高、威力越来越大，一次次浴火飞天实现了战斗力建设从"打得响"向"打得远""打得准"羽化蜕变、华丽转身。

接过前辈的枪，承载一份责任担当，一茬茬官兵续写着新的辉煌。从这里，走出了"忠诚履行使命的模范指挥员"杨业功等33位共和国将军，10名导弹基地司令、16名导弹旅长，"东风第一枝"的种子洒满导弹部落。56载风雨兼程，该旅先后发射数十枚多型东风战略导弹，48次参加执行重大任务，每次行动都事关国际形势、国家战略，为中华民族争气蓄威。

一剑封喉，练就重器精兵

"导弹听我话、我听党的话。"

军营里，阵地上，官兵把"绝对忠诚、绝对纯洁、绝对可靠"的口号喊得震天响。

旅政治部主任曹建中说："要信念坚定如磐，'三个绝对'从信仰、品质、行动立起听党指挥的新标准,这是'第一枝'的新起点,'发新芽'的催化剂,'强军梦'的力量源。"

"要打败强敌,必成为强手,要打败超强对手,必成为顶尖高手。"今天,面对"打得赢"的使命,这支掌握着国家"王牌"、民族"底牌"的洲际导弹旅,头脑更加清醒。

"导弹听我话"绝非易事,旅政委文青说:"洲际战略导弹担负着国家战略使命,不是一城一地的得失,只有'剑术'练到炉火纯青,出手才能'一剑封喉'。"

洲际导弹系统庞大、结构复杂,涉及10多个学科、30多个专业、数千条核心原理,在官兵眼中,一枚导弹就是一所综合大学,"入学"容易"毕业"难。

官兵常说一句话:要拿"毕业证",必先"跑三路"。"跑三路"就是默背导弹电路、气路、液路图及原理。跑通一张中等难度的图纸,相当于熟记一座省会城市的大街小巷和行车路线,要成为导弹号手,必须默背几十张,甚至上百张图纸。一位博士来旅实习,感触很深:"上了这所大学,不成'学霸'毕业都难。"在这个旅,"学霸型"官兵随处可见。

上士文熙俊,为学好导弹专业,把10多本四五百页的专业教材连抄4遍,累计600多万字,苦学精练最终成为一名熟悉3个专业、胜任10多个岗位的专业组长,他参与编写的教材在部队推广。

三级军士长康平,对操作平台上密密麻麻的开关、按钮、指示灯如数家珍,内部结构原理烂熟于心,2次亲手按下点火按钮,打出不同型号洲际导弹最佳精度,在中国战略导弹部队首屈一指。

发射营长周游国,统管上百个战位、上千台设备游刃有余。参加基地导弹专业大会考,10名考官轮番提问,2个多小时对答如流,无一错误,破格晋升为第二炮兵一级发射营长。

某基地司令员刘启德自豪地说:"这个旅的官兵,拉出去与导弹专家比专业,一点都不逊色。"

国之重器,百人一杆枪。文青介绍,为锻造出一支随时能战的先锋劲旅,部队常态化开展"考比拉"活动,按战时要求编组指挥班子、配置火力单元,探索走训练纲目化、指挥信息化、保障模块化的路子,所有作战单元具备"接令就能打"的过硬本领。

今年初的一次调研中，上级提出"阵地密闭生存条件下后勤装备怎么配置？"牵引出后勤实战化训练研究。为了不留短板，该旅进行实案探讨、实地勘察、实战检验，形成了完备的战时后勤应急方案。如今，在官兵的携行包里，连如厕用纸、洗漱用品、内衣刮胡刀都齐备不缺，号令一下随时出发。

着眼前沿，号准世界脉搏

天上战机轰鸣，地上铁甲冲锋，海上航母巡弋，多维空间厮杀……某模拟训练平台荧屏上，伴随着轰隆隆的爆炸声，一幕幕战场画面撼人心魄。

这样一份追踪世界前沿的"军情通报"，是该旅每周交班会的例行内容。而这一传统，他们已坚持了数十年。

战略导弹，被誉为国家的"王牌"、民族的"底牌"。执掌"王牌底牌"，必须未雨绸缪。"生怕一觉醒来落后。"该旅旅长王锡民表示，每次周交班，第一项内容就是军情通报，围绕世界大势、国家安全、使命任务，概览周边动态和军事发展要况，强化国际意识全球意识。

官兵们说，如果缺少现代战争知识，不把世界装在胸中，就不可能"号准地球的脉搏"。

踏访该旅一座座深山军营，记者看到，图书室里，整齐地码着高科技书籍，不少都翻得毛了边；政工网上，官兵们浏览最多的是军事前沿知识；闲暇时间，官兵们经常关注的是世界热点，经常谈论的是大国形势，经常分析的是打赢差距。

他们把战略思维融入日常训练，通过研透潜在对手，研究未来战争特点，提高部队能打仗、打胜仗能力；将特情处置贯穿训练始终，提高机关和分队应对难局、险局、困局的能力；建立常态化训练体制，使部队在"常拉、常演、常导"中提高实战能力。

仗怎么打，剑就怎么练。为了打赢未来战争，该旅在"地下龙宫"里开始了一场"寂寞的长跑"——

为了实现所有发射营独立发射能实战，他们突出抓导弹专业技术人才培养，运用集中研讨、帮带育才、周考月查、上装操作等方式，每年组织两次专业技术大会考，人人登台、个个过关，培养了一批技术明白人和训练领路人。

为了让大国神剑出手更加迅捷，他们探索优化作战流程，作战准备时间缩短4/5；加大密闭生存防护训练力度，数十天特情处置接连不断，让官兵的生理心理经受极限挑战；积极探索大型号导弹实战化训练新模式，在多个领域开创第二炮兵同型号部队的先河；按实战流程组织实弹发射，创造了该型导弹历史上的"五个第一"。

在不断传承中不停前进，该旅官兵先后有35项创新成果在第二炮兵和基地部队推广。数十次神剑飞天，数十声轰天巨响，该旅在实战化建设中步伐日益铿锵。尽管从未与敌手正面对决，但在意念中却不停交锋，官兵的大拇指时刻悬在"点火"按钮上，听令行动蓄势待发！

"深山掩映绿色军营，倚天长剑刺破苍穹。钢铁托架是我们的臂膀，动地雷霆是我们的吼声。英雄的东风第一旅，守护祖国的安宁……"

强军征程上，"东风第一枝"底气长存，"东风第一旅"风帆正举！

（《人民日报》2015年7月27日8版，记者：倪光辉）

美哉，大国仗剑人

——第二炮兵某洲际战略导弹旅官兵践行强军目标纪实（下）

在这里，国家"王牌"，第一次强烈地感受到与国家使命贴得那么紧。

在这里，有不少的博士、硕士，但都有一个称呼：守护国宝的卫士、战士。

军营在大山之间，阵地在岩层之下，"隐身"成为一种常态。密闭生存防护训练，在"玻璃罐"一样的阵地里一待就是数十天，官兵在挑战生理极限中等待"威震雷霆"之时。

守在岩层深处，地处信息孤岛，一代代"导弹守巢人"用忠诚坚守诠释着"强国梦""强军梦"的责任和担当。

第二炮兵某洲际战略导弹旅官兵视使命为生命，以战天斗地的精神练兵备战，共同铸就了召之即来、来之能战、战之必胜的战略铁拳，一次次圆满完成党中央、中央军委赋予的重大任务。

他们就是英雄,他们,是最美大国仗剑人!

地宫里的升"太阳"仪式

清晨,一轮"红日"慢慢升起。不在浩瀚的海平面上,也不在连绵的群山之巅,而是在深山导弹洞库墙壁上。

班长王进向"太阳"敬了一个军礼,喃喃地说:"新的一天,早安!"

当兵到该旅,就走进了"周边山连山、头顶一线天"的世界:冬季,十天半月难见太阳踪影,夏季,每天也只能2个多小时见到阳光。中士梁显刚清晰地记得,第一缕阳光会照在饭堂墙壁的第9块瓷砖上,最后一缕会从窗户下沿慢慢隐去。

长时间的时空错乱,许多新来的官兵常常发出"今夕是何年"的感叹。没有白天黑夜,难辨日月晨昏,官兵把手表换成24小时制的闹钟,用水彩笔画出一个红彤彤的太阳,每天清晨准时"升"起在战斗岗位。

"缺少阳光的生活会让我们身体缺钙,但只要精神的钙质不流失,灵魂深处就永远充满阳光。"讲得十分轻松,笑得如此坦然,听得让人心中一凛。每一个到过导弹阵地的人,无不对这轮"最美的太阳"肃然起敬。

"抬头一线天,脚下乱石滩;极目百步远,出门就爬山。"这是该旅技术营阵通连驻地的真实写照。一名新毕业排长刚到那里,为了与女朋友说上几句悄悄话,一口气冲到山顶,把手机挂在树枝上,试图寻找微弱的漂移信号,最终失望而归。某导弹阵地四周高山环绕,日照时间只有2小时,官兵每天捧着洗过的衣服追太阳,不但没有怨言,还生发出"身体虽缺钙,精神有富矿"的豪情。

战士陈健入伍前是个"富二代",家中跑车就有3辆,每月零花钱动辄上万元。他选择当兵时,家人朋友很不理解:"值得吗?"

第一次上岗值勤,营长带他来到操作岗位前。几米宽的平台,一排密密麻麻的指示灯,这便是无数"国宝卫士"坚守几年、十几年甚至几十年的战位。

"别小看这几米,岗位虽小却系着大使命,守好它就是守好了大国'核心',守住了万家安宁!"营长一席话,让陈健感到肩头沉甸甸的责任。

那天夜里,他在日记本上写下这样一段话:"忠诚,是身陷囹圄、面对酷刑的坚贞不屈;是一声令下、万箭齐发的大军涌动;更是日复一日、无怨无悔地默默坚守。"

"金牌号手"是怎么炼成的

这个士官引人注目:

导弹起竖后,他离导弹最近;发射倒计时中,他是万众瞩目的焦点;号令下达后,他摁下"点火"按钮。他就是被官兵誉为"金牌号手"的康平,两次亲手将大国长剑送上苍穹。

摁动"大国神剑"核按钮的手,会是只什么样的手?

"金牌号手"的起点十分平凡。刚入伍时本想找个舒适的岗位,直到看见长剑起飞壮烈场面才开始转型之路。面对百余张电路图,他像攀岩一样发起了冲锋,一点一线一步一动,终于登顶发射专业头名宝座。

有次发控台瞄准控制器失效,他敏锐地判断出是一个元器件焊接不干净,加热时间长所致,为这款控制器的再生产提供了优化方案。

康平的转型突破化蛹成蝶,铸就了他的慨然底气。

导弹部队千人一杆枪,不仅要求每人过硬,还必须做到每个细节无懈可击。在导弹部队,战位的兵都统一称为"号手",士官陈俊峰就是一位"耳聪目明"的号手。

在一次测试时,陈俊峰听到仪表异响,顶住专家质疑提出重测,并找到故障点。一时间,陈俊峰的"耳功"名扬发射场。

陈俊峰还有不凡的"眼功"。一次演练,面对导弹发控台上数十个显示灯的不停闪烁,他敏锐地捕捉到两个灯亮的顺序颠倒。一查,原来是发控台有个潜通路。陈俊峰一双利眼,及时解除了后患。专家感慨,几十年了,"东风精神"依然光芒不减。

为了让尖子人才多起来、硬起来,该旅从2006年起每年组织"十大创新成果"评比,广泛开展"问不倒""一口清""一摸准"练兵活动,推动了人才队伍快速成长;制订人才培养三年规划,构建"总体型人才领头、权威型人才保底、通用型人才应急"的实战化技术人才保障体系，一举破解一线作战部队缺少"大家、高手、权威"的问题。

"老兵阶梯"的故事

隐匿于群山之中，山峦无声使命有痕。

在发射一营控制连上楼下楼的每个台阶侧面，都印有一名老兵的照片和简要事迹，被称为"老兵阶梯"。"东风第一枝"的精神也在这里传承——

赵平普是该旅刚退休的老兵，他的"战场"在一段连接指挥中枢和导弹阵地的通信线路上。25年前，他带着妻子组成"夫妻哨所"，一辆破旧的自行车，近百公里的巡山线路，成了他们每天生活的轨迹。哨所年年被评为"红旗哨所"，赵平普荣立了一等功，还被评为"全国拥政爱民模范"。退休后，他仍然经常到巡山线路上走一走，他说："心在这里，过来走走就很踏实。"

发射四连连长瞿江，父亲曾是一名为导弹筑巢的工程连指导员，当年施工建设的坑道，正是他现在驻守的导弹阵地。父子两代人，同守一条沟，时隔25年，瞿江接过的不仅是导弹阵地，更是父辈的"精神衣钵"。他在给父亲的信中写道："钻山沟、守国宝，不是每个人都有机会拥有这样的荣耀。"

四级军士长赵东山，从事专业危险，经常穿戴防护装具，只身钻入罐体清理残液，超负荷的工作，曾让他多次累倒在岗位上。但为了导弹的绝对安全，天天与艰险打交道，他从不犹豫，一干就是16年，10多次排除重大险情，成为天天与死神打交道的"钢铁卫士"。

2013年底，副旅长李红武和邵国宸同时接到转业通知，而他们此时一个在千里之外的演兵场"仗剑出征"，一个在大山深处坑道里"枕戈备战"，没有商量、没有约定，他们同时选择了留下，推迟40多天离队，直到任务圆满完成。

精神的传承，润物无声！官兵们说，爱上"东风第一枝"，我们有N个理由。

（《人民日报》2015年7月28日4版，记者：倪光辉）

江苏南京站"158"雷锋服务站

  "158"雷锋服务站是江苏南京火车站学雷锋先进集体。长期以来,一代代铁路职工坚持"以服务为宗旨、待旅客如亲人"的理念,立足岗位学雷锋、走向社会做公益,为南来北往的旅客提供贴心的服务,孕育形成了"敬业爱岗甘当螺丝钉、无私奉献甘当践行者、温暖社会甘当一团火"的"158"精神,成为全国铁路学雷锋志愿服务的一面旗帜。他们的先进事迹和崇高精神,体现了工人阶级的伟大品格,展示了"爱岗敬业、争创一流,艰苦奋斗、勇于创新,淡泊名利、甘于奉献"的劳模精神,生动诠释了社会主义核心价值观的要求,为全社会树立了学习的榜样。

47年"义务帮"

上电梯、过天桥、送站台、到铺位……一天下来,柔弱的她们要跑上20余公里,为的是那些老、幼、病、残、孕、困等特殊乘客的出行方便。

老人们把她们看作女儿、成年人把她们看作姐妹、孩子们把她们看作妈妈……南京火车站"158"雷锋服务站的她们,为了乘客的这份情,四代人已坚守了47年。

脏与累

1968年,南京火车站成立学雷锋小组,成为"158"雷锋服务站的前身,后来取名"158",谐音"义务帮"。"158"的服务对象,是那些行动不便、急需照顾的特殊乘客。

施凤英在铁路服务岗位工作了30多年,什么脏活、累活她都干过。

一位年逾古稀的大娘在车站失声痛哭,施凤英跑近前,闻到了难闻的臭味,原来是老人大便失禁。施凤英轻声安慰着,把老人带进卫生间,用毛巾帮老人擦身子,然后换上干净裤子,再去水池边替老人把换下来的裤子洗净。为老人洗裤子,施凤英不知经历了多少回。

一位生病的老人累倒在天桥上,施凤英跑上去搀扶,被老人吐出的血溅了一身;一位失去双腿、衣衫脏乱的流浪者进站艰难,施凤英二话没说,跑上前将他抱上了电梯……

年轻的蔡琳、吴婷刚看到这样的乘客时,心里发怵。"你要是把乘客当亲人,就不会在意这些脏和累了。"师傅施凤英朴素的语言,令她们终生难忘。

"不行不行,我憋不住了!"轮椅上的女士大叫,推着轮椅的蔡琳赶紧找来件大衣一挡,让其丈夫将她抱起,自己蹲下来用塑料袋去接小便,整个动作利索、自然。

一个老人在台阶旁晕倒，口吐白沫、不省人事，吴婷赶紧跑上前，俯下身给老人做口对口人工呼吸。

客运员马晶在女厕所旁看到一名男乘客着急流泪，语不成声地使劲指着厕所里面。马晶跑进去一看，一名产妇在厕所生产了，浑身是血的婴儿在一旁啼哭。马晶赶紧脱下毛衣，将刚出生的婴儿包好抱在怀中，紧急呼叫医务人员前来抢救产妇。

……

"施凤英，你家亲戚来了！"同事的这句口头禅，施凤英一听就明白，肯定有特殊乘客需要自己服务了。这些"亲戚"，"158"所有人几乎每天都会遇到，她们和施凤英一样，每次都是快步上前。

老与幼

老人慈祥的笑、孩子纯真的笑、客运员们开心的笑，一组黑白和彩色照片，记录着"158"几代客运员扶老携幼的故事。

南京站第二代优秀客运员孙燕光，与一位远在包头名叫"施南京"的少年有着一段难忘的情缘。

2003年除夕，包头开往宁波列车上有位产妇临产，车到南京，孙燕光和同事们把产妇抬下车一路送到医院。那个大雪纷飞的春节，孙燕光多了一份牵挂：产妇住院，她送去年夜饭和营养品；孩子出生，她送去奶瓶、保温袋等婴儿用品；孩子是早产儿需要留医院半个月，她又帮夫妇二人找旅社安顿下来，一有空就买些母鸡、鲫鱼、猪蹄等食品给产妇补身子。怀着感恩之心，施成奎给儿子起名"施南京"，以记住他和南京、和一位铁路职工的特别情缘。

施凤英，多年来结下了太多"亲戚"：工伤致残的叶庆争老人，多次乘车都是一个电话，施凤英把买票、接送的事安排得贴心周全；重病求医的王素荣老人，每次来南京治疗，都是施凤英迎在车前，一路推着轮椅相伴；徐州一位身患绝症的老人，得到施凤英的悉心照料与帮助后，临终前还念念不忘要家人来南京感谢这个"亲闺女"……

南京站党委书记朱新煜说，"待乘客如亲人"，这句话的最高境界，是"乘客感受到你就是亲人"。这一点，"158"的女士们做到了。"学雷锋，学的更是雷锋对人民发自内心的感情！""158"的女士们深有体会。

职与责

进入21世纪，铁路大提速、高铁时代到来。"变化的是速度，不变的是真情！"

黄吉莉，"158"第四代客运员，她和80后的同事们延续着前辈们对乘客的那份情。

在她们精心安排下，50多名残疾人顺利登上去往内蒙古大草原的列车。她们通过微博、微信与其他车站开展联程服务，形成铁路系统的爱心接力。

爱学习，是黄吉莉这个带头人的特点。手语，她先是跟着施凤英学，又报了残联的手语培训班。两本1200多页的《中国手语》，让她翻成了旧书。毕业于旅游管理专业的她，工作后还参加全英语封闭培训。同事们说："只要黄吉莉在，遇到外宾，我们就吃了'定心丸'。"

一位双目失明的女孩子乘地铁来坐高铁，电话打过来，南京南站"158"的高洁连忙赶到地铁站台，在人流中找到这名叫王倩的女孩，一路陪护她坐上高铁。

手持对讲机、一路小跑，这是施凤英留给乘客和徒弟们的生动身影。"一趟车平均下来总有1到4个轮椅、10多个带小孩的乘客，不跑怎么行！"讲起这些，施凤英淡淡一笑。

2012年1月19日，是施凤英退休的日子，她向领导请求，"能不能推迟办退休？"人们明白，她牵挂的，是正在忙碌的春运。直到今天，施凤英还会不时到"158""上班"，不为别的，"习惯了，舍不下那么多需要帮助的人"。

"她们的声音有色彩、有温度"，一位盲人乘客说，他能体会到她们出于真心、发自真情。

（《人民日报》2015年5月19日9版，记者：申琳）

南京"158"雷锋服务站：让雷锋精神随火车飞驰

"把有限的生命，投入到无限的为人民服务之中去。"在南京火车站一个不起眼的候车室里，这一雷锋精神延续了近半个世纪。

这个小候车室即"158"雷锋服务站。南京站4代人、131名员工，接力奉献，累积点滴小善，将这个只有30平方米的小室，打造成一个"爱的驿站"，并让雷锋精神随火车飞驰。

小事中闪耀人性光芒

"孙奶奶！"今年春运，一对中年夫妇带着孩子，出现在孙燕光眼前。孙燕光没有想到，自己一点"绵薄之力"，竟让这个家庭念念不忘十余载。

2003年大年三十，包头开往宁波的列车上，有位产妇临产，不得已在南京站提前下车。孙燕光和同事将产妇护送至医院，帮忙挂号、拿药、陪护检查……年初一，孩子降生。考虑这对夫妇是外地人，忙活了一夜的孙燕光又一头扎进厨房，为产妇做各种催奶、滋补食物，直至半月后产妇出院。产妇一家感动不已，今年，又带着孩子专程来看孙燕光。

1968年，南京站建成。响应毛主席"向雷锋同志学习"的号召，南京站第一代客运人李惠娟等客运员自发成立了"学雷锋班组"。

"当时，我们提出'上夜班的每天早来1小时，下夜班的晚走1小时'，利用业余时间，帮旅客搬行李、打开水、缝补衣物，做一些力所能及的小事。"如今已是70岁的李惠娟回忆说。

这一学就是47年。47年间，类似孙燕光这样助人为乐的故事，每天都在上演。而孙燕光正是南京站接替李惠娟学雷锋的第二代领头人。

如今，这个服务班组已发展成为专为"老、弱、幼、病、残、孕"等重点旅客提供志愿服务的服务站。2000年，南京火车站为这个助人为乐的平台起了一个响亮的名字——"158"雷锋服务站。"158"谐音"义务帮"。

"158"服务站提供的服务项目依然是各种小事。然而，正是这些小善举，令这个服务站成为困难旅客心中"爱的驿站"。

据统计，仅2000年以来，有记载接受过这一班组服务的旅客多达47.59万余人次，而这一班组收到的感谢信有7389封，锦旗174面。

坚守中延续雷锋精神

"师父，你还帮接尿啊？"2012年3月的一天，25岁的蔡琳从软席候车室加入"158"服务站，看到带领她的师父施凤英为下肢无法站立的旅客接尿，她有些吃惊。

不过，她很快就回过神来，主动帮助施凤英，拿起塑料袋，两人一前一后，为乘客接尿。尽管还是有一些尿液滴到了手上，但她没有一丝嫌恶。

"这又是'158'的一棵'好苗子'。"看到蔡琳的表现，施凤英，这个"158"服务站第三代领头人倍感欣慰。而蔡琳这个习惯了软席候车室服务的"80后"，也体会到了"158"的不一样。

上海铁路局南京站年接发旅客列车26万列、服务旅客9600多万人次。每天，川流不息的人群中，总有这样或那样的困难旅客，而这些旅客最后大都集中到了"158"服务站。

"只要来到这个候车室，我们就有义务为他们服务，让他们走得更灿烂、舒心。"施凤英说。

从李惠娟到孙燕光，再到施凤英，她们一代接一代，坚持岗位学雷锋。如今，在"158"服务站担当主力的则是一群"80后""90后"。尽管她们多是独生子女，但现在都很"享受"这份护工般的工作。

"158"服务站如今的领头人黄吉莉说："这里工资不比其他岗位高，活还要苦、累、脏一些，但在这里服务却让我们内心更充实、更快乐。"

和前辈相比，这一批"80后""90后"进一步提升了服务标准和能力。她们都会手语，具备一定急救常识，大多数人还拿到了导游证。

"做一时好事易，做一辈子好事难，几代人在平凡的岗位上坚持做好事难上加难。"2013年的两会上，"158"服务站的事迹曾引发江苏代表团的讨论，有代表如是评价。

南京站站长杨光说，47年中，学雷锋在这里从未间断，至今先后有131名员工在这个岗位上工作过，3000多名职工到这里参与过义务服务。

联动中传播志愿种子

"盲人旅客陈先生单独乘车，K1512次18号车厢27座，请@武铁襄阳火车站协助出站。"

今年2月3日，正值春运返乡高峰。晚上6点多，"158"服务站的叶慧送一名去往襄阳的盲人旅客上车后，顾不上吃饭，马上发微博并@武铁襄阳火车站。

很快，对方回应："已安排客运人员为这名旅客提供服务，请放心。"2月13日，这位盲人旅客过完春节返回南京，同样的爱心接力，再次在光纤中传送。

伴随网络发展，"158"服务站近年将对困难旅客的帮扶，进一步延展至网络空间，建QQ群、开微博，还在中国铁路总公司的支持和推动下，与全国160多家车站、480多趟列车建立起联网联动服务机制，让雷锋精神随火车飞驰，随铁轨延伸。

"铁路不是冰冷的，不只是把旅客送来送去，还有很温暖的一面。"南京南站客运员万里在学生时期，就到"158"服务站当过志愿者。这段经历令他至今难忘，一有空闲就来这里做志愿者。

南京火车站党委书记朱心煜说："人民铁路为人民。奉献是铁路文化中最重要的一部分，是铁路精神的核心。'158'雷锋服务站是这种精神的最好诠释。"

（新华网，2015年5月18日，记者：朱国亮）

浙江省皮肤病防治研究所上柏住院部医疗队

  浙江省皮肤病防治研究所上柏住院部医疗队是一支青年人为主体的医疗团队,主要承担麻风病治愈畸残者的医疗、护理、康复以及重症现症麻风病人的救治工作。他们十年如一日坚守在偏僻、艰苦的山村,甘于寂寞、无私奉献,为我国麻风病防治事业作出了积极贡献,树立了新时期医务工作者的崇高形象。

香樟树下的守望

——浙江省皮肤病防治研究所上柏住院部纪事

楔子

理想是石，敲出星星之火；

理想是火，点燃熄灭的灯；

理想是灯，照亮夜航的路；

理想是路，引你走到黎明。

——引自《理想之歌》

进入4月，那棵扎根在德清县武康镇上柏村报恩寺遗址里的百年香樟，正尽情呼吸着春天。竹笋也从没人注意的地方嗖嗖破土而出。

在这片以香樟为圆心的区域，山泉缓流而下。20世纪50年代，这里曾经搭起一片草棚。改革开放后，草棚消失了，代之以青灰色的砖瓦房。近几年，又新添了16幢黄墙红瓦的平房。

这里就是始建于1951年的浙江武康疗养院（浙江省皮肤病防治研究所），是我国较早的麻风病院之一，也是一家省级收住麻风治愈畸残者和重症麻风现症病人救治的医疗卫生机构。半个多世纪以来，数千名麻风病人在这里治疗、康复、回归社会。至今，还有80余名麻风休养员在这里生活，他们中年纪最大的90岁，平均年龄72岁，平均居住时间30年，100%存在可见畸残。陪伴他们的是我省三代麻防工作者的坚守。

如今与麻风休养员朝夕相处的，是一支以15位"70后""80后"为主的年轻医护团队。十几年来，这群姑娘小伙坚韧地把根扎在这个偏僻的小山村里。他们的爱与学识，恰如香樟茂密广展的树冠，为麻风休养员撑起了一角静好岁月。

马海德奖、南丁格尔奖、国家级"青年文明号"……一串串的荣誉，是他们事业成功的注脚——他们开展心理咨询服务的实践，被中国科学技术协会列为麻风病学科重要进展之一；他们率先在全国实行"麻风村"医务人员24小时值班制度，被誉为最具人性化、最具人文关怀的措施；他们还倡导直接和患者肌肤接触，这里因此成为我国消除麻风歧视及干预理论的发源地……

这是一曲温暖人心的生命之歌。这是一曲振奋人心的理想之歌。它的主旋律，就是甘于奉献的人生幸福高贵！就是拥有梦想的人生海阔天空！

今天就让我们来到浙江省皮肤病防治研究所上柏住院部，听听这一群守护麻风病人十来年的年轻医生，讲述自己及其前辈们的故事吧。

香樟之梦，揣一轮理想而来，来了就不曾离开

都说甘于忍受的人才会编织出美丽传奇，默默无声的人才有锦绣文章，不过，那样的境界如何才能进入呢？这一点，上柏住院部主任喻永祥有一箩筐的故事可以说。

个头不高，皮肤黝黑的喻永祥，是上柏住院部的最高"领导"。2003年，31岁的他正当最好年华，却离开武康镇南路乡卫生院院长的岗位，来到上柏住院部当一名内科医生。那时他对麻风病的认知，只是在湖州卫校攻读临床医学时，在课本中读到过的薄薄一页关于麻风病的介绍。

喻永祥想起11年前的那个夏天，仿佛就是昨天。

如果时光能够倒流，他不会选择拖家带口来报到。因为摩托在驶入住院部大门之后，忽见一群畸残的病人，6岁的女儿"哇"的一声哭了起来，央求爸爸带她回家。

随后，爱人、父母还有朋友们也轮番前来劝说："离开这里到别的医院去吧。"

喻永祥犹豫了。

当年的上柏住院部留不住人。曾有7位大学生分到这里，几年后，全部离开；后来，又有13位中专生奉调而来，最后走得一个不剩。几十年中，分配来的学生来了走，走了来，队伍始终不稳。

"永祥，这里不比外面的世界精彩，甚至还很枯燥平淡。但这里的麻风

休养员真的很需要医生,只要静下心来与他们相处,你会发现坚持下去的理由。"喻永祥掂量着时任上柏住院部主任王建河的这番话,决定服从组织调动,留下来。

这一留就是11年。

清晨,在住院部遇到喻永祥的时候,他正在吃方便面,昨晚又轮到他值班。24小时值班制——这是住院部雷打不动的规矩。他和另外三位医生王景权、虞斌和谭又吉轮流守护着村里的夜晚。

喻永祥带我们走进值夜班的小房间,一张很窄的木床,靠墙一个柜子塞满4床铺盖。轮到谁值班,就把自己那床铺盖拉出来用。一张小木桌,放着呼叫器,休养员在房间里一按,值班医生就知道有人需要帮助了。

一个冬天的深夜,呼叫器突然急促地叫起来,喻永祥一骨碌坐起来。一看,是406房。他赶紧套上衣服,揣上听诊器和血压计,"哗啦啦"一把拉起卷帘铁门就往外跑,刺骨寒风猛地扑上他的脸。

夜,漆黑一片,伸手不见五指,喻永祥一路小跑不敢停顿。推开休养员的房门,喻永祥赶紧给他量体温、听诊。诊断为急性支气管炎。除了开药,还要输液。休养员双手畸残严重,手掌都萎缩了,喻永祥小心地在皮肤枯萎的腿上找到静脉。等到一切安排妥当,休养员病情稳定了,他才松了一口气。这时,窗外的天色已经发白,其他休养员都已起床活动了。

2010年,喻永祥接过主任的担子后,他更真切地感受到了压力。每天早晚两次查房,治疗患有老年性疾病的休养员。同时他还是矛盾调解员、账务会计、后勤保障员、24小时值班员。经常是从早忙到晚,直到累瘫在座位上,有时候连脱白大褂的力气都没有了。

2013年初,喻永祥的父亲被诊断为肺癌晚期,他多想在家多陪陪老父亲。可是休养员们离不开他。每次去值班之前,喻永祥和父亲道别,老人只说:"儿子……你去吧。"可是,紧抓着喻永祥的手却不愿松开。"我咬咬牙,转身走了,泪流满面。"回想起这一幕幕,这个淳朴汉子的眼圈红了。

今年清明是喻永祥父亲去世后的头一个清明,他赶到父亲的坟前坐了很久。喻永祥说:"我是个不称职的儿子,也是个不称职的丈夫。"

2010年10月,上初中的女儿发高烧40多摄氏度,喻永祥值班脱不开身。接连两个夜班后,他赶到医院。女儿已由高烧转为肺炎住院了。

2011年，当教师的妻子突发神经性耳聋，重返讲台的她已无法听到学生的声音。喻永祥很想帮妻子调换个合适的岗位，但一直未能如愿。

亏欠家人的时光，都留给了与患者的朝夕相处中。

我们在住院部采访的时候，正赶上麻风休养员胡成贵80岁生日。喻永祥塞给老人一个贺寿包，"这是我们医生护士的一点心意。八十大寿，可喜可贺啊！"

胡成贵一个劲地推托着："我没想到自己能过80岁生日，没有你们，就没有我。我的生日饭，你们一定要来啊。"

"一定。"

老人脸上顿时现出孩子般欣喜的笑容。

直到今天，喻永祥还把11年前到上柏报到时揣着的那张调令放在家中。每到工作有困惑的时候，他就会拿出来翻看一下。薄薄一页纸，记载了他揣着一轮理想而来，就不曾离开的十多年岁月，印记着他和麻风休养员之间难舍难分的情谊。

许多朋友都不能理解，"为什么他要跑到一个山坳坳里的麻风村，去吃这样的苦。"但对喻永祥来说，在这片大山里，他似乎背负着某种使命，"我是一个医生，看到住院部的那些病人，我无法掉头离去。"喻永祥动情地说。

香樟之歌，触得到的关怀，是一切柔情的生命和光泽

距离德清县城约13公里，树木葱茏的上柏村是一个美丽的所在。但因为我省的麻风病医疗机构建在这里，这里几乎与外界隔绝。

说起"麻风病"，许多人尽管陌生，但还是会心头一紧。过去，麻风病人曾一度被视为"不可接触的人"。

从"谈麻色变"到"麻风可防可治不可怕"，为这一认识和观念的转变，全省麻风防治人员努力了60年。1995年，浙江省首批通过卫生部考核，成为国内基本消灭麻风病的省份之一。上柏住院部的护士长潘美儿也用青春，在这条路上留下了美的足迹。

潘美儿是休养员时常挂在嘴上的"阿美"，南丁格尔奖的获得者。清晨，我们随她一起披上白大褂走进病房。

与患者接触,是上柏住院部护士们每天做的第一件事。

问问休养员们昨晚睡得好不好,给溃烂的伤口清洗换药……"阿美"的脑子里有一串房号和名字,都是些行动不便、需要集中治疗的休养员们。

这时,71岁的休养员倪大爷总是在自己的房间里静静等待"阿美"准时出现,带他去做每天例行的皮肤护理。

麻风病菌破坏了老人的皮肤和神经,手指往往变得不听使唤,经常收缩成弯曲的模样。无论春夏秋冬,手掌都不会出汗,甚至干燥到龟裂。

潘美儿将温水倒进脸盆,试了试水温,然后把老人的手腕浸在水中。她揩拭着老人干枯而毫无知觉的皮肤,努力帮助他舒展蜷曲的手指。泡完后,再为老人细心地涂上药膏。这一切,她做得从容自然。

"在十几年里没停过一天,就算是我的亲生女儿,也不一定能坚持下来。"休养员徐大爷的感慨,代表了整个上柏住院部老人的心声。

触得到的关怀,充满柔情,能给患者,特别是这些曾饱受麻风歧视的患者极大的心理慰藉。如今,按住手腕、捋直手指、打湿手掌、按摩做操……早晚两次的温水皮肤护理,是所有年轻护士来到上柏住院部的第一课。

"阿美"并不是一个人在奋斗,与她在一起的,还有归婵娟、俞秀娟、章淼尔、沈国丽、刘盾、孟妤薰、汪萌萌、王超霞、陶亦帆、喻永祥、王景权、谭又吉、虞斌和吴进等一群好伙伴。

有一年,住院部一下子接收了许多来自全省的麻风病人。因为很多都是现症病人,几个护士轮流给病人擦身、清创。晚上住在简陋的值班室里,整宿整宿地守护着病人。最后,病人一个也没有少,全都活下来了!

几个月的熬夜中,姑娘们没有哭,而此刻,她们的眼泪却像决了堤……

麻风病的治疗,调节心情起到很大的作用。休养员金阿姨双脚溃烂,不得不每天躺在床上。但春天到了想买件新衣裳,成了她压在心底的愿望。

护士沈国丽把金阿姨的表情看在眼里,记在心里。镇上那家服装店的老板早就认识沈国丽,因为她常常帮休养员买衣服。次数多了,沈国丽还练成一个本事,看一眼就能知道老人们的尺码,一买一个准。

"我穿着好看吗?"有了新衣的金阿姨喜滋滋地像个小女孩,看着她的笑脸,沈国丽的心头暖暖的。岁月流逝,这群一毕业就来到这里的护士女孩,早已与休养员们情如亲人。闲暇时,她们还会帮休养员炒炒菜、洗洗碗,顺带缝补衣物。这种只有家人间才会有的温馨场面,在上柏住院部里经常可见。

在随"阿美"穿行于各个病房的时候,老人会不时探出头来招呼她。

"别看他们年纪大,其实都像小孩子,相处久了,我更觉得他们就是我的爷爷奶奶。"交谈间,一位坐电瓶车的休养员靠近了我们,她偷偷塞了一颗糖果给"阿美","阿美"接过后立刻含在了嘴里。"看到我当面吃下,他们会高兴一整天。"

"阿美"每天早上还能吃到一个热乎乎的鸡蛋。给她鸡蛋的不是别人,正是麻风休养员孙爷爷。手弯曲变形的孙爷爷行动不便,每次只能煮一个鸡蛋,他自己舍不得吃,都给了"阿美"。

"我是流着眼泪吃完了第一个鸡蛋的,这里面包含的是孙爷爷满满的爱!我能做的,就是真心待他,像对自己亲爷爷一样!"

什么是南丁格尔精神?当这些姑娘们戴上燕尾帽宣誓"终身纯洁,忠贞职守"时,她们的生活里就不再有"病人"和"亲人"的区别。南丁格尔的精神在哪里?当这些姑娘们把"竭诚协助医生之诊治,务谋病者之福利"写满纯洁的少女时代时,麻防工作者的色彩变得愈加圣洁。

青春在此,无怨无悔。

香樟之魂,传下去的坚韧,照亮别人先得自己有阳光

在上柏住院部采访写稿,有一种深深的感触,我们能够叙说的,是那么得微小。再怎么努力也只能给读者半截山水,不是全幅写真。因为这里的故事太丰盛,渗透了我省几代麻防工作者的坚忍付出。

长期在疾病控制与预防战线工作的疾控专家、浙江省卫计委主任杨敬说:"婚姻法曾规定,麻风病人不能结婚,他们无家、无亲人,是真正的弱势群体。为他们提供良好的医护服务和生活环境,对维护社会稳定、体现人类尊严具有非常重要的意义,也是我们政府、社会、公共卫生机构的职责所在。"

75岁的华维德和他的老同事们就是我省承担起这份职责的第一代中坚力量。面对职责,他们中的许多人年纪轻轻就立下志愿:"这一辈子我就搞麻风防治。"

已故的著名麻防专家高鲁在建院伊始就来到了上柏住院部,他放弃了杭

州宝石山上漂亮的洋房，举家搬进了上柏村香樟树下的草棚。严冬，凌厉的西北风呼呼地直往草棚里灌。他一心扑在病人身上，为了寻找治疗麻风的方法，甚至冒着被感染的危险，在自己身上做试验。

在华维德的记忆里，当时住院部还不通电，喝水靠井，如果碰上酷暑天，井便会干涸，医护人员只能从小溪打水喝。生火做饭更成问题，他们要和休养员一起上山砍柴，还要带足一周的饭菜。由于医学认识的局限，那时查房还要穿着厚厚的隔离服。夏天，没有电扇的病房热得像个蒸笼。一天下来，衣服全都湿透了，橡胶手套里的双手被汗水浸泡得发胀、起泡。

许多医生、护士吃不了这个苦，成家后纷纷打起了申请调动的报告，有的大学生报到第一天，看到这样的条件，扭头就走。

但华维德留了下来。"病人有痛苦，医生就要去解决。"为了照顾家庭，他在医院工作的爱人也调到了住院部，夫妻俩一同承担起照顾麻风休养员的责任。

曾有人无数次地问这些麻防工作者，条件好的医院有很多，你们为什么要选择干这个？作为上柏住院部的第一任主任，华维德无数次回答过这个问题——

"麻防工作确实艰苦，你可以说我是傻子，但我就要做这个傻子，因为这份事业需要有人去继承，麻风病人需要我们去救治。"

"金眼科，银外科，打死不去传染科。"浙江省皮肤病防治研究所所长严丽英从事麻防工作32年，对此也深有感触。严丽英说，由于缺乏对麻风病的认识，一些人害怕、歧视、排斥麻风病人，同时，就连麻风病防治工作者也连带被歧视。老一辈麻防人倪启超医师去杭州出差，当年的同学没有人愿意和他同桌吃饭。他坐长途汽车，检票员一听他要去武康疗养院，立刻盘问他是不是麻风病人，倪启超正在解释时，车上的乘客跑了一大半。

麻风病防治普查，是整个麻防工作的重中之重。但全面普查之时，很多人只要听见"麻风"二字，就害怕。当年在全省普查时，很多旅馆一看介绍信上"武康疗养院"的公章，就千方百计找借口不让入住。他们只好背着铺盖、带着干粮，在防疫站的会议室、学校的空教室甚至破旧的祠堂寺庙，铺上稻草对付一宿。

即便如此，我们的麻防人仍然对麻风病人充满了关爱。有一次，杨森英医师去金华访视一位治愈的麻风休养员，发现四邻十分歧视他，路过他家门口都会绕道而行。杨森英马上决定留下来，和这家人一起用餐。这在当时需要多大的勇气啊！当天的晚餐是一碗蛋炒饭，休养员亲手为她炒的。杨森英叫来了村干部，当着他们和围观村民的面，拿起筷子毫不犹豫地吃完。这位休养员当场就给杨医师跪下了……

越困难，越勇猛；越孤单，越坚强。照亮别人先得自己有阳光。杨森英说她太了解了，这些饱受麻风歧视的患者，是多么渴望平等的目光。

没有豪言，没有壮举，三代麻防人就这样凭借坚强的内心和甘于奉献的高贵品格，一点一滴改变着社会对麻风病人的偏见和歧视，而这恰恰是当今这个社会最稀缺、最可宝贵、最令人感动的地方。

2011年，香樟树的身后多了一座麻风史料陈列馆。鲜红的大门内，讲述的是我省60多年来的麻防工作史以及上柏住院部走过的道路。

这里的每张照片、每段影像、每件物品，都伴随上柏住院部的医护人员一段难忘岁月，它们无声地诉说着青春和奋进的故事。这里，已经成为新生代麻防人精神洗礼和传承之地。

香樟之馥，抚平苦难的时刻，散发人生中最耀眼的光彩

小秋秋是名符其实的"麻风村的孩子"。她在这里出生，全部的童年世界就是这香樟树下的村落。她健康地成长，在菜地和竹林间飞奔，而她的邻居们，全都是像妈妈一样手脚畸残、面容模糊的爷爷奶奶。阳光下，他们坐在轮椅上，乐呵呵看着这个小孩子在院子里欢笑，小秋秋是全体麻风休养员的"下一代"，像一束饱含希望的光芒照亮他们。

穿着白大褂的叔叔阿姨们同样把小秋秋捧在手心里。实际上，几个医生护士的小孩子时常过来和小秋秋一起玩耍，他们分享玩具，共同认字，村子里常有几个小孩子欢乐的身影。

小秋秋一天天长大了，大家知道，他们不能永远把小秋秋留在身边。这个孩子应该和她所有的同龄人一样，走进学校，走向社会，书写自己的人生。这是住院部全体医护人员共同的心声。于是他们帮助联系了小秋秋老家一所小学。

小秋秋要去念书了！这个消息，让整个麻风村都热闹了起来。所有的医生和护士都在为小秋秋捐钱。不断有休养员摇着轮椅，来到小秋秋的母亲前，掏出一沓厚厚的零碎钱："这是给孩子买铅笔的……"

2012年8月的一天，大家在香樟树下为小秋秋开欢送会。这个平日里活泼欢闹的孩子，那天一改常态，两只手臂死死抱住香樟树"哇哇"大哭，说什么也不肯走。

医生虞斌回想起来，不禁感慨："那场景，一辈子只要经历过一次，就再也不会忘记。"护士归婵娟擦去眼泪，蹲下身，柔声向小秋秋许下了诺言："你放心，叔叔阿姨会一直照看着你。"

他们正是这样做的。小秋秋刚到学校，住院部医护人员多次给学校领导和老师打电话，告诉他们麻风病的知识，请他们多多关心，为孩子的成长提供和谐友爱的环境。这个孩子从小玩伴不多，到了学校和同学之间相处得如何，成绩怎么样？护士们就在工作之余挨个儿给小秋秋打电话，和她聊天，勉励她自立自强。季节变换，该添衣了，护士们给她寄去厚厚的羽绒服。

寒假里，小秋秋回来了。她摸着脖子上的花丝巾，告诉每一个围上来的亲人："这是王景权叔叔送我的礼物！因为我在期末考试中语文考了全班第一！"

归婵娟欣慰地笑了。这个孩子已经完全走出了那片时隐时现、令人担忧的阴霾。那曾经纠缠着麻风病人、还要吞噬他们下一代的凄惨命运，终于一去不复返了。

她向四下望去。老人们正坐在轮椅上，聚精会神地听小秋秋讲学校里的故事，不时快乐地大笑。自己这一代青年麻防人的坚守，不正是为了这样的时刻吗？

经年累月的陪伴能够抚平苦痛，恒久的耐心与关怀可以汇聚希望，这就是奉献的意义。这一刻，这个"80后"的年轻护士收获了自己人生的高贵与幸福。

老一辈麻防工作者感慨，也许现在的年轻人更懂得休养员。这支青年团队很早就意识到，麻风休养员的心理重塑，比其肢体的康复更为重要。

谭又吉在大半年时间里没有过一天的休息日，周末所有的时间都用在去浙江大学进修。2011年，他顺利地考取了国家级心理咨询师。为休养员提供心理疏导服务本是额外的工作，但上柏住院部的年轻人却甘之如饴。

王景权在这山坳里埋头苦干十多年。匮乏的科研条件并没有阻挡王景权奋发研究的冲劲。他和同事们申请了中国荷兰麻风病防治合作卫生系统研究项目，遍访各类人群，研究并撰写《麻风病家庭和社会歧视及其危险因素研究》等多篇论文，在这个领域作出了自己的贡献。

这群甘于奉献的年轻人绝不甘于平庸。偏僻孤寂的麻风村同样是成才的沃土。研究学术、专攻护理、组织活动，每个人都找到了未来的方向。有梦想的人生海阔天空。

上柏村里的这棵香樟树，还在静静生长。

香樟树的成长虽然缓慢，但是它的生命十分漫长。香樟树是如此沉默，又是如此顽强。一天天、一夜夜，它延展枝干，吐出新芽。

花开时节，香樟树散发着阵阵幽香，它树冠所及，虫害杳无踪迹。

在这香樟树下，年轻的麻防人，还在继续守望。

（《浙江日报》2014年4月10日1、2版，记者：童桦、曾福泉，通讯员：林莉）

武汉长江救援志愿队

　　武汉长江救援志愿队是一支由业余冬泳爱好者组成的志愿者队伍，目前人数已从成立之初的100余人壮大到1000余人。广大队员发扬奉献、友爱、互助、进步的志愿精神，恪守行善立德的志愿理念，不计得失、不顾风险，长年累月值守江边，挽救了数以百计的生命和家庭，用善行义举诠释了人间大爱，谱写了一曲"我为人人、人人为我"的壮美乐章。

守护生命的好汉们

——记武汉长江救援志愿队

他们是一群普通的游泳爱好者。"救人",这个朴素的信条将他们聚在一起。他们定期在长江边值守,没有任何报酬,但因为他们的存在,武汉长江溺亡人数下降一半。他们是武汉长江救援志愿队,一个以生命践行志愿精神的"草根"群体。

"不能眼看着一个生命消失在面前"

2014年10月25日晚,天已漆黑。滚滚长江中,3名年轻男子不慎落水,被水葫芦缠住,卷进激流。听到呼救声,64岁的陈忠贵和8名武汉长江救援志愿队员立刻赶到现场救人。3名青年全部获救,但陈忠贵却因体力不支,沉到大片水葫芦下,失去踪影。4天后,警方巡逻艇才在15公里外找到陈忠贵的遗体。这是志愿队成立以来牺牲的第一人。但队员们加入志愿队之时,早已明白将面对怎样的风险。2010年5月,在冬泳爱好者俞关荣的倡议下,武汉18支冬泳队共同组建长江救援志愿队。在"报名须知"中,大家商议写下了这样一条:"本人在报名时意识到志愿参与救援行动潜在的风险:包括人身伤害、物质和经济损失,并且可能得不到合理的赔偿。"

"武汉人习惯戏水避暑,所以每年溺亡人数很多。"俞关荣说,近两年来,救援队每年从6月7日高考至9月1日开学,实行轮班定岗值守,2014年武汉市长江溺亡人数比往年下降50%。"先要保护好自己,然后才能救人。要坚持岸上优先、团队优先、器材优先,不要盲目下水。"在救援技巧培训中,俞关荣这样告诫队员。但每一次救人,总潜藏着风险。救援队100多位队员,都有过救人和"后怕"的时候。2014年8月底,队员龙江一个下午下水3次,救了

4人。当他第三次下水时,身体已经很疲惫了,落水的是父子俩,龙江先将男孩儿托出水面,递给岸边的队友,再游到大人身边。没想到,男子挣扎中一下子抱住他的腰,两人同时往下沉。"我呛了几口水,差点昏过去。"龙江说。幸亏队友及时赶到,掰开男子的手,才化险为夷。2013年秋,61岁的蔡崇轩救起一位从长江二桥跳下的轻生女子。当他拉着女子往岸边游的时候,一股回流把二人往回推了好几米,当他力气快用尽时,一条渔船路过救了两人。"回去的路上,我的手一直抖,要是没遇上渔船,我可能就没力气游回岸边。"蔡崇轩说。

面对危险,队员们从不退缩,他们有一个朴素的信念:"不能眼看着一个生命消失在面前。"志愿队员的义举感动了全城,越来越多的游泳爱好者加入到这支队伍。目前,武汉长江救援志愿队员已经发展到1000多名。他们用义举书写至善,用生命诠释大爱。

"我们是一支草根队伍,但我们有一颗'高端'的心"

今年3月,志愿队员赵汉清在北大与学子交流时,他的女儿、北京电影学院学生赵靓也悄悄来到现场,"以前我只知道他有去江边游泳的习惯,救人还是才知道。"活动后,赵靓在微信中这样写道,她对父辈有了全新的了解,"他们都是小人物,但在危急的时刻,却能够挺身而出。"

和赵汉清一样,救援队的许多队员都没告诉过家人自己加入了这样一支队伍。陈忠贵直到牺牲之后,儿子才知道爸爸是救援队的一员。救援队员年龄从40多岁到70岁不等,许多是下岗工人、退休老人,身边人看他们很平凡,年轻人看他们很"out"。"我们的确是一支草根队伍,但我们有一颗'高端'的心,专业化、制度化一直是我们努力的方向。"救援队员周汉明这样回答"民间队伍怎么才能保证持续健康发展"的问题。"不会游泳的人结成'人链'入水,一旦倒入水中只会造成更大的灾难。"在与大学生交流时,俞关荣反复强调。他还现场展示了被落水者抓住后的解脱技巧:一位男生紧紧扣住他的右手,他左手一推、俯身一闪就挣脱完成。

救援队自成立之初就致力于建成一支专业化的救援队伍。2010年7月,武汉水上救援队与武汉生命阳光公益培训组织合并,免费对冬泳队员们展开救援培训。有些队员还获得了救生员国家职业资格。虽然队员来自各行各业，互相没有"硬约束"，但在长江边定岗值守却定成了"硬规矩"。2014年，长江救援志愿队正式注册。过去，一般的意外险都将救援作为免责条款，意味着根本没有适合救援队员的意外险种。2014年年底，在武昌区政府的协调下，救援队为180多位队员购买了为他们"量身定制"的意外险。清华大学自动化系大一学生冉靖尧说："长江救援志愿队员的事迹让我感到，个体力量虽然渺小，一旦汇聚在一起，就能影响甚至拯救一大批人。"

（《人民日报》2015年3月25日9版，记者：田豆豆）

湍激江流中的生命守望

——武汉长江救援志愿队记事

在长江武汉段，无论是烈日炎炎的盛夏，还是寒风凛冽的严冬，都活跃着一支救援志愿队。他们"以命搏命"，冒着生命危险勇救江中遇险群众，谱写了一曲守望生命、传递大爱的颂歌。

寒风中，江水卷走年过六旬的志愿者

已到而立之年的陈思，每有闲暇，就会来到长江边，在汉口王家巷轮渡码头凝望江流，回想和怀念舍身救人的父亲陈忠贵。

下岗工人陈忠贵，5个月前在这里参与援救溺水青年时，被江水卷走，献出自己年逾六旬的生命。

去年10月25日20时，寒风骤起的长江上，突然传来阵阵急促的呼救声。

自发在附近值守的几名冬泳队员赶到岸边，发现一名青年被大片水葫芦包围着动弹不得，而20米外另有两人在江面起伏不定……

因长江与汉江在此交汇，看似水流平缓，水下却暗流涌动、漩涡密布。

3人同时涉险，情况紧急。在队友很快用竹篙牵住近处被水葫芦缠绕的年轻人时，陈忠贵和另外两名队友则迅速脱掉外衣，纵身跳入江中施救另外两名溺水者。

和队友一起将一名青年合力拉到岸上后，体力消耗很大的陈忠贵，不顾自身安危，再次跑到上游跃入江中，游向最后一名溺水者……

当大家合力将溺水者拉近岸边时，却不见了陈忠贵的踪影。在岸边指挥救援的冬泳队员李首快说，那会儿陈忠贵刚探出头，一个浪打过来后，一大片水葫芦直接压过去，老陈就再也没有起来。

武汉警方和冬泳队上百人经过紧张搜寻，次日上午在距离事发地10多公里外的江流中找到陈忠贵的遗体。

在陈忠贵的追悼会上，从外地来武汉务工的3名青年长跪不起，为自己任性涉水而自责、愧疚，"陈老给了我们新的生命，我们以后也要做好人"。

"热心肠的爸爸，看到江里还有人没救起来，让他选择一百次，他都会毫不犹豫地跳下去救人。"陈思说。

长江边，"善义"传播守望生命的正能量

陈忠贵的献身，是一个意外，但正是这一偶然事件，却让更多人关注到了这样一个平日默默无闻的特殊群体。

长江与汉江交汇的武汉，拥有350公里的岸线。无论冬夏，渡江嬉水成为江城居民健身休闲的最爱。

但不少江段水情复杂多变，船只来往密集。每年武汉三镇溺亡事故，少则数十，多则上百。遇到险情出手"拉一把"，逐渐成为多数冬泳队员的共同选择。

2010年3月，在一名冬泳队队长的倡议下，武汉市18支冬泳队自发组建起了长江救援志愿队。

救援队"报名须知"中写道："本人在报名时意识到了志愿参与的救援行动本身潜在的风险，且可能得不到合理的赔偿。"

"救援有时生死攸关，并非儿戏。"救援志愿队队长俞关荣说，被队员们称为"生死状"的"报名须知"，旨在告知风险、设高门槛，尽量确保每一位

队员具备舍己为人的志愿精神。

"水中救人是'以命搏命'的事。"一些救援队队员说，水中救人比游泳渡江风险更大。江中遇险后，即便游泳好手也易慌乱，一些意外落水者更易拼命挣扎，将救援队员一同带入险境。

陈忠贵是救援志愿队的第一个牺牲者，但不少队员都曾差点成为"第一个"。队员张纯详救援一名溺水青年时，被后蹬腿踢中，差点在水中昏厥；赵汉清曾一天下水5次，救起6人，最后一次上岸时双腿直打颤……

"我们当然也害怕，但是听到呼救声，却来不及细想。"曾与陈忠贵并肩战斗的童淑华说，救人是一种本能，"老陈不幸成为我们中的'第一个'，但也许不会是最后一个。"

下岗工人、私企业主、白领职员、干部、老师……身份不同、家境各异的队员们，汇聚在这支甘冒生命风险，也要"拉人一把"的救援队，轮流值守江边，自愿承担起在"两江四岸"守望生命的重任。

仅2014年，他们就从凶险的江水中，救起200多名落水人和溺水者。

传递中，草根英雄感动一座城

"人生不是一支短短的蜡烛，而是一支由我们暂时拿着的火炬；我们一定要把它燃得十分光明灿烂，然后交给下一代的人们。"这是陈忠贵在摘抄本上，记下的爱尔兰剧作家萧伯纳的名言。

陈忠贵牺牲后，救援志愿队没有一个人退出，反而还有多支冬泳队加入，长江救援志愿队"扩军"至31支，队员规模上千人。

在武汉三镇，长江和汉江两江的每一个亲水平台，都有救援志愿队设立的值守点。他们不仅要对突发险情及时施救，还提醒戏水者远离危险水域。

长江救援志愿队的草根英雄事迹，感动江城千万市民，也在网络上广泛传播正能量。网民"你我默默无闻"发帖说，（志愿救援）这背后是生与死的挑战，他们心中的大爱，让无数人为之感动，让所有人感到温暖。

江边值守之余，长江救援志愿队还走进高校，开展应急救援技能培训讲座。俞关荣说："水中救援对心理素质、体能要求非常高，需要一腔热血，更需科学理性的方法。"

在市委书记阮成发的提议下,武汉正在江边筹备为长江救援志愿队的英雄立碑塑像。

刚刚加入长江救援志愿队的蔡甸区冬泳爱好者邵光飞说,英雄事迹感召我们加入这支特殊的队伍,"用我们的力量,让身边的悲剧少一点,再少一点,这是我们的责任与使命"。

(新华网,2015年3月24日,记者:熊金超、廖君、冯国栋、李劲峰)

海军372潜艇官兵群体

　　海军372潜艇自2003年组建以来，先后多次完成重大演训任务，多次立功受奖。2014年初，该艇奉命执行任务时突遇险情，艇队官兵在生死关头临危不惧、处变不惊、齐心协力、迎难而上，科学有效处置险情，成功避免艇毁人亡的重大灾难，克服重重困难完成战备远航任务，创造了我国乃至世界潜艇史上的奇迹。

　　海军372潜艇官兵的先进事迹和崇高精神，展现了对党忠诚、信念坚定的政治品质，牢记宗旨、忠于使命的责任担当，开拓进取、攻坚克难的拼搏精神，恪尽职守、敬业奉献的务实作风，生动诠释了培育和践行社会主义核心价值观的要求，不愧为新时期广大部队官兵的优秀代表。

生死航程　英雄壮歌

——记海军南海舰队某潜艇支队372潜艇官兵群体

突发险情,他们临危不惧,创造了世界潜艇史上的奇迹;带"伤"出征,他们不辱使命,义无反顾挺进大洋;强"敌"环伺,他们斗智斗勇,成功突破外军舰机围追堵截……

他们,就是海军南海舰队某潜艇支队372潜艇官兵群体——

在前不久海军组织的一次实战化紧急拉动和战备远航训练中,在突遇掉深、进水等重大险情后,指挥员沉着冷静果断指挥,全艇官兵舍生忘死奋力排险,克服重重困难,圆满完成后续任务。

生死航程,英雄壮歌。胸怀着对党、对国家、对人民最真挚的爱,他们用青春和热血浇铸起一道坚不可摧的水下长城!

在生与死的考验面前,他们齐心协力处变不惊,打赢了与死神的遭遇战

暗流涌动的大洋深处,一个王红理一辈子也忘不了的夜晚:

那个深夜,执行战备远航任务的372潜艇,这艘有着"大洋黑洞"之称的新型常规潜艇,正悄无声息地潜航。

深海潜航,凶险莫测,极其复杂多变的海洋水文环境,处处暗藏危机。虽然距离交更还有十几分钟,海上指挥员、支队长王红理已来到372潜艇指挥舱内,检查值更情况。

一切看上去都是那么平静,井然有序:值更官兵有的操纵着设备,有的注视着仪表,有的穿梭于舱室间巡查管线……个个动作准确娴熟,人人口令清晰流畅。

此时此刻，没有人会想到，危险正一步步逼近。

"不好，掉深了！"正在操纵潜艇航行的舵信班副班长成云朝一声惊呼，骤然打破了指挥舱内的宁静——潜艇深度计指针突然向下大幅跳动，艇体急速下沉！

"前进二！""向中组供气！"当更指挥员、支队副参谋长刘涛迅即下达增速、补充均衡、吹除压载水舱等一系列指令。

"深度继续增大！"在成云朝焦急的报告声中，尽管实施多种应急处置，潜艇仍在加速掉深。

向下的洋流犹如一双无形的巨手，与惯性合力拽着潜艇向极限深度逼近。

怎么办？艇舱里的气氛一下子紧张得让人透不过气来。

掉深，通常指潜艇遇到海水密度突然减小，潜艇由于浮力突然减少而急剧下沉的一种现象，形象地说就是遭遇了"水下断崖"。

"就像一辆疾驶的汽车，突然掉下悬崖，那种境况十分惊险。"回忆起当时的情形，372潜艇艇长易辉至今心有余悸。

潜艇掉深是世界海军的噩梦。有专家曾指出，50多年前，外军的一艘潜艇在深潜试验时，正是因为掉深而失事沉没，造成艇上人员全部遇难，成为世界潜艇史上的悲剧。

祸不单行！就在官兵们忙着处置掉深险情时，更大的危险接踵而至：由于压力陡然增大，主机舱一根管道突然破裂，大量海水瞬间喷入舱室。

"主机舱管路破损进水！"广播器里传来电工区队长陈祖军急促的报告声。主机舱是潜艇的心脏部位，舱内遍布各种电气设备，一旦被淹受损，就会造成动力瘫痪，甚至可能因短路引发火灾。

更可怕的是，如果进水得不到有效控制，潜艇将加速下坠……

"在潜艇工作过的人都知道，潜艇有三怕：一怕掉深，二怕进水，三怕起火。在已经形成掉深惯性、舱室进水、失去动力的情况下，两种最危险、最难处置的险情叠加，对艇队官兵来说的确是一场生死考验。"随艇执行任务的海军司令部参谋马泽说。

"损管警报！""向所有水柜供气！"生死关头，指挥员王红理当机立断，果断下令。

伴随着刺耳的损管警报声，全艇上下闻令而动。

——当警报骤然响起时,陈祖军、朱召伟和毛雪刚3名同志正在主机舱值班。管路爆裂进水的一刹那,陈祖军瞬间作出反应,迅速关停工作设备,按损管部署迅速封舱。

"舱里一片水雾,噪音很大,什么也看不见,也听不清指令,我立即停止主电机,断开电枢开关,关闭通风机、空调,并命令舱底的值更人员停止滑油泵、断电。"陈祖军说,"那一刻,我心里非常清楚,封舱就意味着断绝了退路,而一旦堵漏失败,我们3人没人能活着出去!"

"管路断裂后,海水以几十个大气压力喷射而出,像砂粒一样打在身上,钻心地痛。"位于舱底的轮机兵朱召伟毫不犹豫地扑上去关闭破损管路的阀门,尽管高压海水将他一次又一次冲了回来,尽管被螺杆划破的后背血流不止,但他丝毫不顾疼痛,拼尽全力摸到战位,用液操将阀门关闭,阻止了海水继续涌入。

在水雾弥漫、视线模糊的舱室里,电工班长毛雪刚从前跑到后,从上跑到下,一口气摸索着关闭大小阀门40多个,并成功向舱室供气建立反压力,延缓了进水速度……而他,整个人却被高压气体挤压得呼吸困难,耳膜刺痛,脑袋嗡嗡作响……

——当警报骤然响起时,正在休更的舰务区队长练仕才本能地从床上弹起来,光着脚冲向战位,一边向指挥员请示使用高压气,一边打开供气阀门:如果高压气供不上来,潜艇将继续往下掉,直至跌入黑暗的海底。

——当警报骤然响起时,雷弹班长曾刚一把抓住通风插板手柄,双手转得像飞速旋转的陀螺一样,20秒左右就完成了平时需要一分多钟才能完成的动作,将其完全关闭,防止损害扩散。事后,他的双臂肿得连筷子都拿不起来。

……

在警报骤然响起后,不到10秒钟,应急供气阀门全部打开,所有水柜开始供气;一分钟内,上百个阀门关闭,数十种电气设备关停;两分钟后,全艇各舱室封舱完毕——官兵们以令人难以置信的速度,与死神赛跑。

"该做的都已做完,而这时,掉深速度虽有减缓,但受潜艇掉深惯性的影响,深度还在下降。"随艇远航的支队政治部主任何占良回忆说,"时间一秒一秒过去,每一秒都显得那么漫长、那么煎熬……"

大约3分钟后,在372潜艇即将下沉到极限工作深度时,在所有人的祈盼中，掉深终于停止。紧接着，潜艇在悬停10余秒后，深度计指针缓慢回升——艇体，终于开始上浮！

可是，掉深虽已停止，死神并未走远——

"主机舱大量进水，潜艇出现大幅尾倾，如果姿态控制不好，很可能倾覆；压载水排出后，潜艇上浮速度将越来越快，最后会像过山车一样冲出海面，又重重砸回水里，很可能造成断裂；万一浮起上方有船只，潜艇一头撞上，必然艇毁人亡……"种种可能撕扯着王红理早已紧绷的神经。

然而，此时艇上的高压气已所剩不多，浮出水面的机会只有一次，就是利用供到所有水柜里的高压气产生的巨大浮力直接上浮——从这样大的深度应急浮起，别说与潜艇打了几十年交道的王红理从没干过，就是教科书里也找不到先例。

然而，此时的局面已容不得他犹豫！

在确认海面平静后，王红理立即下令："控制潜艇姿态，直接上浮，不要停留！"一米、两米、三米……上浮的速度越来越快！最终，在一阵剧烈的振荡过后，372潜艇像一头巨鲸跃出海面，摆脱困境！

脱险了！像电光火石一样短暂，又好似一个世纪那么漫长！

"从潜艇掉深进水到安全脱险，他们把握住了最关键的3分钟。面对如此复杂、如此严峻的险情，372潜艇官兵能够成功处置，怎么评价都不过分。"潜艇艇长出身、在潜艇部队任职30多年的海军潜艇学院院长支天龙评价说，"这是一场生与死的较量，也是一个成功处置潜艇险情的范例，完全可以进入教案、进入课堂，使之成为海军潜艇部队一笔宝贵的财富。"

在进与退的抉择面前，他们义无反顾知难勇进，坚决把任务进行到底

浩瀚的大洋上，波涛汹涌，海风呼啸，到处都是漆黑一片。

暗夜里，372潜艇里这群刚刚绝境逢生的血性男儿又面临艰难的抉择——重大险情得以排除，是申请返航、等待后方救援，还是继续执行任务？

"当时，潜艇虽然成功脱险，但装备受损严重，特别是主电机无法修复，潜艇机动能力受限。而后续任务时间漫长、情况复杂、充满变数，可以说挑

战巨大、困难重重。"随艇执行远航任务的支队机电业务长吴千里说，"在常人看来，刚刚经历了生死考验，官兵身心俱疲，请示返航似乎成了最合理、也是最保险的选择。"

何去何从？大家不约而同地将目光投向海上临时党委书记、指挥员王红理。

此时的王红理，这位10多次指挥潜艇圆满完成总部、海军组织的各种重大演习演训任务、往日里被支队官兵们信赖地称为"定海神针"的大校军官，内心同样十分纠结。

王红理清楚，半路撤兵就意味着放弃任务，可作为指挥员，危险面前不敢冲，那还谈什么担当？谈什么带兵打仗、能打胜仗？！

此时的王红理，面临30年军旅生涯中最艰难的一次抉择。

王红理并没有着急开海上临时党委会作决定，而是召集有关人员了解情况，研究对策，经过冷静分析，决定先解决好两个问题：一是尽快恢复潜艇动力，二是使潜艇具备水下潜航能力。

按照部署，官兵们迅速行动起来，全力以赴抢修受损设备——

为了排除设备故障，动力长肖亮3次累倒抽搐甚至休克，军医只好含着泪给他灌生理盐水，补充微量元素。可刚刚恢复清醒，肖亮就直奔战位，别人劝他休息一下，他嘶哑着说："就算是倒下，也要倒在战位上！"

为了尽快疏通排水管路，舱段兵邹晓波连续6次潜入管路交错、混杂着油污和杂物的舱底水中，嘴唇被冰冷的海水冻得发紫，但他硬是用手一点一点把堵在排水口的残渣掏除干净。

为了保证正常的充电充气，轮机技师周军生冒着50多摄氏度的高温守护着柴油机，汗流浃背的他，衣服上结了一层白色盐渍……

不管干部还是战士，不论职务高低，大家争先恐后、争分夺秒地一遍遍擦干电气设备上的海水，用抹布一点点地将舱底角落里的积水吸出来，反复清洁受损电器设备，用吹风机烘干成百上千条线路……

"所有人都在拼命干活，不时有振奋人心的消息传来。"经过10多个小时连续奋战，随着控制箱、滑油泵、空气压缩机等主要设备故障的修复，随着水下航行能力的恢复，王红理心里越来越有底。

"航行条件基本具备了，其他设备也在恢复之中。我不能在官兵心存疑虑的情况下作决定,更不能拿全体官兵的生命开玩笑!大家思想统一,拧成了一股绳,工作就会更主动。"王红理说,"这期间,海上临时党委一班人深入各舱室战位,与大家交换意见,了解思想情况,进行心理疏导。让我们感动和欣慰的是,官兵们坚信海上临时党委能够带领372潜艇走出困境,完成后续任务。"

"支队长几次找我们了解情况,询问设备是否正常,航速是否符合要求,能否按时进入预定海区。"372潜艇航海长李奎回忆说,"作为指挥员,他不是随意拍脑袋说走或说不走。"

经过充分酝酿,险情发生后第二天,372潜艇召开临时党委会。

会上,王红理提议:鉴于装备恢复进展情况比预期要好,尽管要承担一定风险,但基本具备完成任务条件,应继续按计划完成后续任务;只要我们能完成任务,就暂时不要给"家里"发报,以免干扰上级决心。

"我很佩服支队长这个决定,说心里话,很难!20多年前我们的一艘潜艇远航时,一台柴油机齿轮出现了故障,就面临可能回不来的情况。做决定那几天,当时的指挥员忧心如焚,哪个值班员下口令时声音大一点,他都会跳起来喊'什么事什么事……'"满头白发的支队雷弹业务长杨法第在接受记者采访时说,"不过,不仅那次我们没有中断任务,支队历史上也从没有任务中途回来的!"

"海上通信受限,很难将具体情况向上级汇报清楚。如果我们遇到困难就退缩,与战时临阵脱逃没什么两样。个人荣辱事小,履行使命事大。作为海上指挥员,该承担的责任我绝不推诿,该检讨的问题我回去检讨,但有一条,上级交给的任务必须坚决完成!"让王红理更有底气的是,这些年来,历经多次远航任务的考验,艇上官兵素质个顶个过硬。

"我们7名临时党委委员一致表示,海军把这么重要的任务交给我们,是对我们的信任和重托,为了任务,为了胜利,只要还有一线希望,就要做出百倍努力,坚定不移往前走!"回忆那一刻,海上临时党委副书记何占良仍历历在目。

克服一切困难,继续完成任务——海上临时党委的决定得到全艇官兵的坚决拥护!

"如果当时选择返航也能拿3到4分,可你们以智勇双全交了一份出色答卷,完全可以打'5+'。事实证明,你们的选择是正确的!"事后,海军首长对他们的担当精神给予高度评价。

纵有千难万险，也要勇往直前！

浪奔潮涌，向着使命召唤的方向，向着胜利，372潜艇毅然带"伤"挺进大洋！

在胜与负的较量面前，他们敢战强敌能打胜仗，成功突破对手的围追堵截

万顷碧波，波谲云诡。

372潜艇浮出水面后不久，就遭遇多批次外军舰机的跟踪监视。

此时，372潜艇正处在最艰难的境地：主电机无法运转，只能靠一台经航电机航行；经过连续排险、抢修装备，官兵们已经疲惫到了极点……

可当急促的战斗警报拉响，官兵们的斗志瞬间被激发，纷纷以最快的速度冲向各自战位，做好迎战准备。

"当时，我们已连续抢修了几十个小时，又累又困，但一听到战斗警报，全身忽然就来了劲。"观通长王锋说，面对外军舰机的步步紧逼，大家毫不畏惧，斗志昂扬。

"对手近在咫尺，没有一人退缩。我们当时就想，既然有'免费'的陪练，就不能辜负人家的'美意'，那就好好过过招吧！"在王红理看来，只有敢于把对手当"磨刀石"，才能砥砺雄风锐气，练就过硬本领。

声东击西，示假藏真。372潜艇通过采取一系列战术动作，与对手针锋相对，斗智斗勇，成功摆脱外军舰机的跟踪监视。

谁知，刚出包围圈，又遇"拦路虎"：在经过某海区时，372潜艇再次遭遇外军舰机的高强度搜索。他们综合运用一系列战术动作，悄无声息地突破了对手的围堵。

深海逢敌敢亮剑，大洋逐鹿我争雄。任务期间，372潜艇单枪匹马，转战千里，先后与多批次外军反潜兵力周旋。

对手也许不知道的是，像这样的较量，对372潜艇官兵而言，早已是家常便饭。

有一年，372潜艇赴某海域执行远航任务，刚出去没多久，外国反潜机就

跟了上来。

"从离港到抵达预定海域，外军舰艇、飞机跟踪侦察，就从未消停过。但一连数天都没发现我们的踪迹，最终败兴而去。"令时任372潜艇艇长的刘涛印象深刻的是，在那场较量中，官兵们无不把与对手的每一次遭遇，都当成练兵的绝好机会。

凭着一股子顽强和血性，多年来，不管是危机四伏的深海大洋，还是面对强敌的蓄意挑衅，艇队官兵都能不畏艰险，越战越勇。

372潜艇副艇长钟文至今难忘那次"歪脖子远航"的经历：那年，潜艇执行战备巡逻任务，出海不久，就遭遇了外军舰机的围追堵截，可正当他们与敌斗智斗勇时，艇上右浮调柜管路突然破损，整条艇明显向右倾斜，连基本的潜浮动作都难以正常完成。

"面对险境难关，战友们沉着应对，采取一系列应急措施，使潜艇保持一定横倾继续航行。就这样，我们硬是歪着身体在水下航行，圆满完成了战备巡逻任务，开创了海军潜艇带横倾航行训练的先例。"钟文记得，刚上岸那两天，不少同志的脖子还是习惯性地歪着，大家都笑称这次远航为"歪脖子远航"。

战备就是备战，出海就是待战。

372潜艇官兵敢打必胜的过硬本领，源于部队多年来持续开展的实战化训练，源于部队始终保持枕戈待旦、箭在弦上的临战状态。

——几年前的一个夏天，372潜艇顺利完成一次数昼夜航行训练，可刚刚靠上码头就接到上级命令，紧急出航执行长时间水下警戒任务。官兵们几小时内即战斗出航，比规定时间缩短了一半。

——2013年底，372潜艇参加上级组织的鱼雷攻击考核，当时海区气象条件恶劣、浪高超过4米，有人担心此时发射鱼雷风险太大，万一打不好，一年就白训了，建议向上级请示延迟考核。

"考核可以选择气象，但战争绝不会因为气象而推迟！"艇党支部研究认为：只要实战需要，这个险就值得冒！

最终，372潜艇以两发全中的好成绩，顺利通过考核。

一次次闯关历险，一次次实战化磨砺，一次次与强手交锋过招，让372潜艇官兵练就了"强手面前头不懵、险情面前手不抖、生死面前腿不软"的底气胆识和过硬本领——

从接装入列、全训考核到形成战斗力,他们一路闯关夺隘,攻坚克难,半年完成接装,一年内完成全训形成战斗力,第二年就执行战备远航任务,创下了中国海军常规潜艇的14个首次和第一;

从潜艇水下待机时间比原来大大延长到活动范围、下潜深度、出海频率等都有新突破,他们相继创新出10多项训法战法,其中5项被上级推广;

……

用生命书写忠诚,用行动践行使命!

英雄的372潜艇官兵们——

大洋深处跳动着你们最勇敢的心!浪花倾诉,逐梦美丽深蓝的中国海军必将铭记这一次精神无畏的生死航程!

美丽深蓝激荡着你们最宽广的梦!波涛镌刻,筑梦伟大复兴的中华儿女必将铭记这一曲热血澎湃的英雄壮歌!

(新华网,2014年12月17日,记者:王玉山、吴登峰、王东明、张玉亮)

矢志打赢的深海铁拳

——记南海舰队372潜艇官兵群体

车在地面行驶,前路可能遇上悬崖,潜艇在水下潜行,则可能遇到"水下断崖"。今年年初,南海舰队某潜艇支队372潜艇在深海航行时就曾遭遇严重的"水下断崖"险情。危急时刻,372潜艇全体官兵临危不惧、处变不惊,以过人的勇气和精湛的技术,成功处置重大险情,创造了我国乃至世界潜艇史上的奇迹。

372潜艇官兵凯旋时,受到英雄般的欢迎。习主席签发通令,给372潜艇海上临时党委书记、任务指挥员、潜艇支队支队长王红理记一等功。海军党委给372潜艇记集体一等功。

生死三分钟

险情发生在黑夜的大洋深处。执行远航任务的372潜艇正不分昼夜地驶向目标海域。午夜时分,潜艇深度计指针突然向下大幅度跳动。"不好,掉深了!"舵信班副班长成云朝一声惊呼。

"掉深"就是遭遇"水下断崖",通常是指潜艇遇到海水密度突然减小,潜艇浮力骤然下降,艇体急剧下沉的一种现象。小型掉深是潜艇航行中的常见现象,稍作处理便可应对,而强度大的掉深则是全世界海军的噩梦。一艘外国潜艇曾在深潜试验时因掉深而失事沉没,艇上100多名人员全部遇难。

听到成云朝这声惊呼,整个艇舱的空气都紧张起来。"前进二""向中组供气"——当更指挥员、支队副参谋长刘涛迅即下达增速、补充均衡等一系列指令。可多种应急处置措施实施后,潜艇仍在加速掉深,向能够承受的极限深度逼近。更大的危险接踵而至:由于艇外压力陡然增大,主机舱一根海水管道突然破裂,大量海水瞬间喷入舱室。

"损管警报!""向所有水柜供气!"生死关头,海上指挥员、支队长王红理果断下令。

损管警报拉响,全艇官兵都行动起来,倾尽全力处置险情。陈祖军、朱召伟和毛雪刚3人正在主机舱里值班。电工区队长陈祖军瞬间作出反应,迅速停掉工作设备,按损管部署下达封舱口令。"当时舱里一片水雾,噪音很大,什么也看不见,听不清,只有凭着经验去做。"陈祖军说,封舱意味着断了自己的后路,但在听不清指令的情况下,他果断下达封舱部署。

管路断裂,海水以几十个大气压力喷射而出,像砂粒一样打在身上。舱底的轮机兵朱召伟依然扑上去关闭破损管路阀门,海水将他一次次冲回来,后背被螺杆划破血流不止,但他像勇士一样冲上去,阻止海水继续涌入。

雷弹班长曾刚一把抓住通风插板手柄,双手如陀螺般飞速旋转,仅20秒就完成平时需要1分多钟才能完成的动作,将其完全关闭,防止损害扩散。事后,他的双臂又酸又肿,吃饭连筷子都拿不起来。

不到10秒钟,应急供气阀门打开,所有水柜开始供气;1分钟内,上百个阀门关闭，数十种电气设备关停；两分钟后，全艇各舱室封舱完毕。

3分钟后，掉深停止了。紧接着，潜艇在悬停10余秒后，深度计指针缓慢回升，艇体开始上浮。最终，372潜艇像一头巨鲸跃出海面。

带"伤"挺进大洋

绝境逢生之后，372潜艇官兵又面临艰难抉择——是申请返航、等待后方救援，还是继续执行任务？大家将目光投向指挥员王红理。面对30年军旅生涯中需要作出的最艰难的抉择，王红理决定，先修复潜艇动力和潜航能力，再做定夺。

官兵们迅速行动起来，拼尽全力抢修受损设备。为了尽快疏通排水管路，舱段兵邹晓波连续6次潜入管路交错、混杂着油污和杂物的舱底水中，还呛了几口又脏又臭的污油水，嘴唇被冰冷的海水冻得发紫，但他硬是用手一点一点把堵在排水口的残渣掏除干净。为了排除设备故障，动力长肖亮3次累倒在现场。

无论干部战士，不分职务高低，大家争分夺秒地一遍遍擦干电气设备上的海水；用抹布一点点地将舱底角落里的积水吸出来，反复清洁电器设备，用吹风机烘干成百上千条线路。经过10多个小时的连续奋战，控制箱、滑油泵、空气压缩机等主要设备故障修复，潜艇恢复水下航行能力。

险情发生后的第二天，372潜艇召开海上临时党委会。王红理提议：第一，鉴于装备恢复进展情况比预期要好，基本具备完成任务条件，应继续按计划完成后续任务。第二，暂时不要给家里发报，以免干扰首长决心。"如果我们遇到困难就退缩，与战时临阵脱逃没什么两样！"王红理强调。

最终，海上临时党委作出决定：克服一切困难，继续完成任务。向着使命召唤的方向，372潜艇毅然带"伤"挺进大洋。

把对手当"磨刀石"

脱险后，372潜艇刚浮出水面，就遭遇多批次外军舰机的跟踪监视和围追堵截。此时，372潜艇正处在最艰难的时候，主电机无法运转，只能靠一台经航电机缓慢航行，经过连续排险、抢修装备，官兵们已经疲惫到极点。

"战斗警报!"当急促的战斗警报响起,官兵们的战斗细胞瞬间被激发,他们以最快速度冲向战位,做好迎战准备。"既然有'免费'的陪练,就不能辜负人家的'美意'。"在王红理看来,只有敢于把对手当"磨刀石",才能砥砺雄风锐气、练就过硬本领。

372潜艇采取一系列战术动作,与对手斗智斗勇,成功摆脱外军舰机的跟踪监视,到达目标海域,并完成任务后顺利返航。

一次次闯关历险,一次次实战化磨砺,一次次与强手交锋过招,372潜艇官兵练就了"强手面前头不憷、险情面前手不抖、生死面前腿不软"的胆识和过硬本领。

从接装入列、全训考核到形成战斗力,372潜艇官兵一路闯关夺隘、攻坚克难,半年完成接装,一年内完成全训形成战斗力,第二年就执行战备远航任务,创下我海军常规潜艇的14个首次和第一。

那年,372潜艇完成一次三天两夜的昼夜航行训练,刚靠上码头就接到上级命令,紧急出航执行长时间的水下警戒任务。官兵们几小时内即出航,比规定时间缩短一半。

海边小道变成"望夫路"

远航前夕,王红理的母亲病重。他匆匆赶回老家,想陪在母亲身边多照料一些日子,谁知刚进家门就接到任务通知。望着病榻上面容憔悴的老母亲,想到可能无法送老人最后一程,他心如刀绞,泪流满面。自古忠孝难两全,王红理只能做最坏的打算,提前安排好母亲的后事,临走前把善后费用都留给亲戚。

声呐兵张凤婷的父亲是个生意人,曾多次劝儿子退伍回家经商。当他得知372潜艇历险的消息后,又一次劝儿子脱军装:"这兵你快别当了,太危险!""我在372潜艇已经干了8年,对艇队充满感情。尽管今年是我中士最后一年,但我还想继续留在艇上好好干。"张凤婷说服父亲。

一次远航前,动力长谢宝树和雷弹长陈凯军的家属怀孕待产。出海第33天,谢宝树的爱人符蓉临产,按规定必须家属签字。符蓉强忍着阵痛对医生说:"我老公出海了,字由我来签,责任我来担!"

电航技师周军结婚后,妻子王梅一直在老家照顾生病的双亲,12年来,两人团聚的时间加在一起不到10个月。今年她特意买了飞机票,带着10岁的女儿来队探亲,可飞机还没落地他就已随艇出海。妻子苦苦等待了一个月也没等到丈夫回来,眼看女儿就要开学,不得不返回老家。临走时,女儿哭着问妈妈:"爸爸怎么躲着不见我们,你们是不是离婚了?"看着女儿哭花了的小脸,王梅的泪水只能往肚里咽。

372潜艇所在军港码头附近有一条海边小道,在丈夫远航的日子里,军嫂们经常带着孩子来到这里深情守望。时间长了,大家都管这条路叫"望夫路"。

兵家云:"为将忘家,逾垠忘亲,指敌忘身,必死则生。"这无疑是372潜艇官兵报国情怀的真实写照。

(《光明日报》2014年12月18日1版,记者:尚文超,通讯员:高毅)

长沙市望城区公安消防大队

湖南省长沙市望城区公安消防大队组建于1978年。全体官兵以雷锋家乡为荣,立足岗位学雷锋,用雷锋精神建队育警,脚踏实地履行责任,满腔热情服务群众,在社会上叫响了"雷锋家乡消防兵"这一品牌。

雷锋家乡消防兵与时俱进学雷锋

编制了全国首部盲文版《消防安全知识手册》,成立了全国首个消防特殊教育基地,编排了全国首套安全知识手语操,填补了全国消防宣传教育史上的多项空白,在全国率先实施了《火灾返贫家庭救助办法》……近日,《法制日报》记者在湖南省长沙市望城区采访时获悉,从1978年建队以来,望城区公安消防大队充分利用驻地在雷锋家乡的独特地域优势,高调叫响"雷锋家乡消防兵,一心为民保安宁"的铮铮誓言,坚持以雷锋精神建队育人,坚持在生活中学雷锋、在工作中学雷锋、在学习中学雷锋,始终立足本职岗位学雷锋,与时俱进学雷锋,先后创造了多个全国第一,有效促进了官兵全面发展和部队全面建设,用实际行动谱写了一曲感人的时代赞歌。

在创新中弘扬传承雷锋精神

"对于来访的群众,我一定会给予他们最大帮助,因为曾在我最困难的时候得到了望城区消防大队的无私帮助。"现在望城区铜官镇工作的胡少伟说。

胡少伟家境贫寒,2005年考上大学后一度为学费发愁。得知这一情况后,当时的望城区消防大队主官及时对其进行了资助,最终让胡少伟顺利完成学业并于2009年大学毕业后以优异成绩考上了公务员。

"大队每名官兵都有资助对象。雷锋班班长张定轩从新兵到如今的三期士官,一直都在资助一名贫困学生,从未间断。加入雷锋班,成为像雷锋一样的人,是我进入望城中队的第一个目标。"去年刚入伍的益阳籍战士王子龙告诉记者,凭自己的能力和双手去帮助他人,能切实感受到一种快乐。

"在雷锋故乡学雷锋,需要我们紧跟时代发展步伐,不断创新学雷锋方法载体,从做好事、捐钱物向体现人文关怀、关注生命安全转变,使学雷锋活动始终保持生机和活力。"望城区公安消防中队副中队长王金银告诉记者，2006年3月，大队与长沙市特殊教育学校开展了"黑暗和无声世界的消防关爱"主题活动，建立了特殊教育消防基地，编创了消防安全知识手语操，编写了盲文版的消防安全知识手册，填补了我国消防安全宣传领域多项空白。

"我是雷锋故里消防兵。舍生忘死为百姓，赴汤蹈火写真情……"这是长沙市特殊教育学校教师专门为望城区消防大队官兵谱写的一首题为《雷锋故里消防兵》的歌，字里行间中充满着对官兵们的感激与赞赏。

"消防夜校的开展，提高了大家的消防意识，减少了大量消防安全隐患。"望城区喻家坡街道旺旺社区副主任刘赛君告诉记者，从2005年5月起，针对社区内建筑工地多、农民工数量大等突出问题，消防大队在旺旺等多个社区开展了"消防夜校进工地"活动，对建筑工地农民工开展免费消防安全培训。如今这个活动引起越来越多人的关注，也吸引了越来越多人参加。

"凡是遭遇火灾的城乡五保对象、城乡最低生活保障对象、享受民政部门定期定量救济对象以及因患大病造成生活特别困难又无自救能力的特困对象，经调查核实后，可获得火灾专项救助，每户特困家庭可获2000元。"望城消防中队中队长段文奇介绍说，2012年3月，大队经过积极争取，联合区财政局、民政局在全国率先实施了《火灾返贫家庭救助办法》，目前已救助10余户火灾返贫群众。

"建队以来，大队始终坚持把学雷锋、做好事作为政治责任和自觉追求，形成了'后任接着前任干，学习雷锋走前列'的思想共识，努力将雷锋精神融入每一名在这里战斗过的消防官兵血脉与灵魂之中。"望城区消防大队大队长朱湘春介绍说，建队36年来，大队先后开展拥政爱民、扶贫帮困、捐资助学等活动1.1万余次，官兵资助贫困学子44人，长期帮扶驻地困难家庭22户，捐款捐物价值近百万元。

用雷锋精神提升核心业务技能

"学习雷锋，不能只是单纯地帮助他人，还要学习雷锋专心致志肯钻研的'钉子精神'，认真学习掌握各种消防业务技能，掌握各种消防设备的操作维修技能。"王金银告诉记者，中队曾斥资400多万元购进了一台奔驰多功能云梯消防车，但技术资料都是英文。为充分掌握操作技能，张定轩克服英语水平低的困难，将重要技术烂熟于胸。队里的一台韩国产高科技抛投器发生故障，送修被维修商要价4500元，指导员、中队长和他一起研究，凭着对关键技术的掌握和实践经验，只花了几十元买零件就修复了设备。

2012年7月16日17时39分，望城区某食品公司预备车间发生大火，浓烟随着火势迅速向四周扩散，异常凶猛，不时传来爆炸声，强烈的热辐射直接威胁四周车间厂房。在高危、高温和高消耗的艰苦环境下，望城消防大队全体官兵坚守火场，无一人叫苦，无一人后退。在这场生死考验面前，望城消防官兵用血肉之躯为人民群众筑起了一道钢铁长城，以零人员伤亡的优秀表现为社会挽救了6800万元的直接经济损失。

"早在2003年，大队就率先在全国消防部队中向社会公开承诺'有警必接，有灾必救，有险必抢，有难必帮，热情服务'。"朱湘春介绍说，建队以来，大队官兵共接警出动6700余次，参加社会救助3420余次，营救被困群众850人，抢救保护财产价值10亿多元。同时，大队坚持从严治警、精细管理，时刻保持严明的学习、工作、生活、执勤秩序，建队以来没有发生一起严重违纪、责任事故和刑事案件。

在望城消防大队办公楼3楼，有一间被官兵们称为"工作加油站"的房间——大队荣誉室。在这间近40平方米的荣誉室里，挂满了各种奖牌和荣誉证书，记录着大队36年来的光辉历程。记者看到，建队以来，大队先后获得各类表彰240余项，被中共中央宣传部评为"时代楷模"，被中共中央宣传部、中央文明办、解放军总政治部评为"全国军民共建社会主义精神文明先进单位"，被公安部评为"全国公安机关爱民模范先进集体""全国公安系统学雷锋活动成绩突出集体"，被团中央评为"全国五四红旗团支部"，被湖南省委、省政府授予"雷锋式竭诚奉献集体"荣誉称号，被公安部授予"学雷锋模范消防大队"荣誉称号。大队代表多次赴京参加"全国深入开展学雷锋座谈会""全国雷锋精神论坛"等活动，并4次受到党和国家领导同志的亲切接见。

记者了解到，望城消防大队的官兵不仅在部队时学雷锋做好事，调整工作岗位后依然坚持，17名原来在大队工作过的官兵现在仍然资助贫困学生。

转业、退伍官兵仍然以争当雷锋传人为己任，其中6人被所在单位评为"学雷锋先进个人"，两人被评为"见义勇为先进个人"，雷锋精神已经成为代代官兵立身做人、成长成才的政治基因和道德营养。

"1984年至1994年在望城消防的10年，是我终生难忘的经历。"曾是望城消防大队首任主官的王维，目前是长沙一家投资管理公司董事长。王维介绍说，虽然退伍之后的创业困难重重，可自己坚持率领员工一起献血，为灾区捐款，资助社区的雷锋超市，资助贫困大学生……"我是从雷锋故乡出来的消防兵，学雷锋就是靠一件件踏踏实实的小事去温暖和帮助别人。"王维说。

(《法制日报》2014年8月29日，记者：阮占江)

雷锋家乡"雷锋兵"

——记长沙市望城区公安消防大队

雷锋家乡，有这样一支消防队伍，他们以守护这片精神圣地为骄傲。

这支队伍，以雷锋精神鞭策自己，进行着跨世纪的道德接力和传承。

这支队伍，用行动诠释雷锋精神，爱岗敬业、助人为乐、无私奉献。

他们有一个响亮的名字——"雷锋兵"，他们是湖南望城区公安消防大队官兵。

"雷锋兵"爱岗敬业：舍生忘死化解危难

雷锋在自己的岗位上发挥着螺丝钉的作用，成为爱岗敬业的典范。望城区的消防官兵也同样如此，每遇急难险重任务时，他们就会冲锋陷阵，舍生忘死化解危难。

2006年4月18日深夜，望城区黄金乡长沙金环塑胶制品有限公司出现火情，燃烧区存放着22个高3米、直径1米充装氟利昂的金属罐，还有10多个氧气瓶，一旦发生爆炸，后果不堪设想。面对险情，消防官兵毫不犹豫地冲进了火海。由于火场温度过高，队员的衣服都已烤干，甚至都能闻到毛发烧焦的煳味……

经过两个多小时奋战，大火终于被扑灭，但是里面的金属罐和氧气瓶依旧让周围居民提心吊胆，消防官兵又在已经熄灭的火场坚守4个小时，直至第二天黎明。

消防战士汤达路来自四川绵竹，在"5·12"汶川地震发生时，他的家受灾严重、有亲人逝去，但他仍忍着家园破损、失去亲人的悲痛，在北川灾区和战友们一次次冲进危房、一次次刨开废墟。汤达路、王金银、吴宏武……参战官兵为了百姓利益将生死置之度外，全部荣立战功。

望城消防大队建队以来，官兵灭火救援出动6000多次，营救被困群众708人，挽救财产价值10亿多元。

"望城119出警快，非常感谢119干警！"多年来，望城消防大队在当地民意调查中，一直是满意度最高的队伍。

"雷锋兵"助人为乐：不遗余力长期帮扶

向雷锋学习、朝雷锋看齐是大队官兵们心中的道德标尺，他们将这种传承落实到实际行动中，当贫困的孩子无钱上学时，他们从微薄的工资中省出一份；当孤寡的老人生活无依，他们定期上门探望；当聋哑的孩子们想学知识，他们编排手语操、盲文手册。他们让百姓真切地感受到"雷锋"就在身边。

在湘潭大学读大一的贺芳家住望城区含浦镇，一家五口全靠父亲一人在外打零工补贴家用，生活困难。望城消防官兵得知这一情况后，将贺芳纳入"大手牵小手"助学帮扶对象，让她顺利考上大学。刘芳杰、卞栋磊、周游……成为官兵们的助学帮扶对象。自2000年开始以来，消防官兵先后资助20多名学子，捐助资金30多万元、各类书籍资料500多册。

聋哑儿童是大队官兵爱心帮扶的重点，胡婷是大队官兵结成的爱心对子之一。2008年，与胡婷结成对子的王金银接到赶赴汶川灾区抢险任务，临行前王金银犯了难："这一走就是好几个月，胡婷的学业该怎么办？"

作为战友的田原野接过接力棒，田原野退役，张定轩接过接力棒……爱心接力在延续，如今胡婷每个月会收到来自张定轩的资助款。

"消防哥哥是我最尊敬的人。"在老师的翻译下，胡婷带着微笑用手语诉说着自己的心声。

"雷锋的事迹感染着我们，激励着我们走雷锋成长的道路，争做雷锋式的好战士。"张定轩介绍说，新战士进营门，上的第一堂课是雷锋的先进事迹，第一个参观地点是雷锋纪念馆，学唱的第一首歌是《学习雷锋好榜样》，而老兵退伍最后一次参观依然还是雷锋纪念馆。"这已经固化成了一种仪式，雷锋始终伴随着我们。"

1998年至今，望城消防大队共做好事6000多件，爱心捐助近30万元，连续两年被湖南省消防总队评为学雷锋先进集体。

"雷锋兵"无私奉献：一心为民、服务当地

"权力是人民赋予的，职责是我们承担的。"这句话挂在望城消防大队的墙上，也印在每位官兵的心中。官兵们始终坚持"以群众满意为标准"，以便民、利民为中心，强化服务职能。

为了不影响居民休息，官兵早晨出操经过居民区时不喊口号；晚上12点以后出警，在不影响速度的前提下不拉警笛；扑救家庭火灾时尽量少用水，以减少水对财物的损失……望城消防大队这些规定虽"微小"，却让当地百姓感到"服务的温馨"。

"放低姿态、诚信于民、服务于民"，这是望城消防大队官兵在为企事业单位服务中的定位和目标。望城区某酒店负责人说起望城消防大队，连夸他们服务周到。消防官兵主动上门为酒店员工提供消防知识培训，定期到酒店检查，至今该酒店没有发生过火灾。

此外，望城消防大队还深入乡镇农村，依托全区40多家农村书屋，建设消防志愿者服务站，配发消防宣传资料和灭火器材，把消防安全知识送进乡村的每户家庭，大大提高了村民的消防安全意识和防控能力。

望城消防大队与地方合办"周末育才学校"，充分利用学校和地方教育资源，开设了文化补习、电器修理、电脑操作等培训班，培养了一批电脑小专

家、汽车修理工、等级厨师等实用型人才。

"我们在任何时候、任何情况下都坚持团结依靠群众，坚持学习雷锋，真正做到执法为民、救灾护民、灭火卫民、拥政爱民。"望城区公安消防大队教导员黄黔湘说。

"全国公安系统青年文明号""全国公安机关爱民模范先进集体""雷锋式模范消防大队"……1978年建队以来，望城区公安消防大队获得国家、省、市、区230多项集体荣誉。

（新华网，2012年2月27日，记者：陈文广）

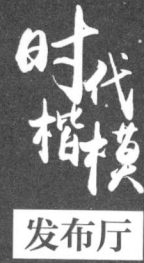

国航"金凤"乘务组

  国航"金凤"乘务组成立近30年来,始终秉承爱国信念,多次代表国家完成艰巨任务;始终坚持爱岗敬业,用真挚服务诠释职业理想;始终践行友善精神,扶危济困,为社会奉献爱心,她们以感人肺腑的生动事迹,体现着对国家和人民的无比忠诚,不愧为"蓝天上的雷锋班组"。

国航"金凤"乘务组

蓝天上唱响"中国服务"

真美!每次国航"金凤"乘务组(以下简称金凤组)列队出现在机舱,总有人由衷赞叹。

是一种高度的职业美,更是一种让所有同行由衷佩服的进取美。成立20年的金凤组是民航业最闪亮的一张名片,在万米高空播洒着爱、传递着美。

责任美

"我们就是要在祖国需要的时候,招之即来、来之能战"

18岁时考空姐,钟莉最想当国航的空姐,因为那是载国旗飞行的航班;进入国航,钟莉的梦想是成为一名金凤,因为最重要的航班常由"金凤"乘务组承担。

今天,刚满40岁的她是金凤组主任乘务长。说起目前全组48名"金凤凰",她最自豪的是这群平均年龄只有26岁的年轻人,每逢急难险重总是主动请缨,像战士一样冲向一线。

最难忘炮火中的飞行。2011年初,利比亚炮声四起,中国启动史上最大规模海外撤侨行动。2月23日,第一架国航撤侨专机落地开舱,迎接饱受战火惊吓的乘客。"同胞们,我们受党和国家的委托来接你们回家了!"当金凤组温暖的声音传过,机舱内立刻爆发出"祖国万岁"的欢呼声。当天的日记中乘务长王建兵写道:"今天我感受到了这身制服的特殊价值所在,我们就是要在祖国需要的时候,招之即来、来之能战。"

最自豪奥运保障。承担着北京奥运会圣火传递的任务,2008年,金凤组执飞的"圣火号"包机飞越境外19个国家和地区的21个城市,创造了中国民航史上单机在外连续飞行时间最长的纪录。

最严峻的考验是非典。即使疫情最严重的时候，金凤组也坚持让乘客们看到一双带笑的眼睛，有的空乘还在口罩上画出微笑的嘴唇。"虽然口罩让我辨别不出你们的面容，但通过你们的眼睛，我体会到了真心和真情。"非典期间一名乘客的来信，金凤们至今难忘。

进入金凤组，工资不涨一分、工作还更忙碌。但每到选人时，国航数千名空乘总是争先恐后，她们看重的是什么？"有机会在祖国和人民需要的时候，为国分忧、承担重任，这是所有空乘最高的荣耀。"中航集团党组书记王银香说。

敬业美

"成为一名金凤，就是要把平凡的工作做好、做精、做成'中国服务'的标杆"

对空乘工作，外界有两种截然不同的看法。一种是"高大上"的，常常会投来艳羡的目光；一种则认为是"伺候人的"，不就是送水送餐盖毛毯吗？

"我们的工作的确很平凡。成为一名金凤，就是要把平凡的工作做好、做精、做成'中国服务'的标杆。"培训新组员时，金凤组首任主任乘务长耿丽萍总要重复这句话。

每飞一个航班，金凤组空乘都要经历一次考评。十项服务标准，根据执飞状况一一打分。季度末，数百次分值汇总，做出绩效评定。每年还有一次应急大考，急救知识、应急处置、最新设备应用……上百项考试内容。其他空乘允许多次考试后达标，金凤必须一次通过。

每天都有案例分析会。钟莉记得，有一天飞完所有航班，已是夜里11点，但当天国航的某个航班上出现了乘务员不同意孕妇使用头等舱卫生间继而产生争执的事件，几名在公司的组员立刻聚在一起研讨。遇到特殊情况，服务规范是否可以适当调整？最佳的处理方案应当是什么样？大家你一言、我一语热烈地讨论起来，连夜写好案例总结。

服务，就是在这一点一滴的钻研积累中提升的。几年来，金凤组编写了《客舱服务案例汇编》《经验汇聚地》等手册，成为国航乘务员最贴心的服务指南。

什么是最好的服务？"我刚做空乘时，行业内说得最多的是微笑、热情。"钟莉说："现在我们认为，最好的服务是在乘客需要时提供个性化的、适度的服务。"

"我们的金凤，是多领域、专家型的空乘。"中航集团总经理助理林明华说。现在，国航每条新开航线，都交给金凤组率先执飞，由她们总结航线特点，协助制定服务流程。

真情美

"病人很幸运，他看到了国航天使的脸庞"

做服务工作，挨骂受气是平常事。航班延误、飞机颠簸、餐食不合口味……空乘都是第一个被抱怨的对象。

"金凤服务是高质量规范化的服务，也是用真情、真心赢得理解、换取信任的服务。"国航客舱部总经理黄宗瑛说。

真情是无保留的付出。一次，北京飞往旧金山的航班上，一名担架上全身瘫痪的旅客，身上插满呼吸管、进食管、导尿管。十几个小时的航程中，金凤空乘一直贴身照顾，哪怕导尿袋渗漏出的尿液沾在了身上……目睹这一切，航班上的美国旅客动情留言："病人很幸运，他看到了国航天使的脸庞。"

真情是爱的担当。2009年，从北京出发的国际航班上，一名6个月大的女婴因呛奶发生窒息。飞机不具备立刻降落的条件，难道只能眼睁睁地看着一个小生命在身边逝去？乘务长付亚莉说："把孩子给我！"这位乘务长有行医资格吗？她能承担责任吗？周围人投来怀疑的目光。管不了那么多，付亚莉果断把婴儿呈倒立状抱好，推揉婴儿腹部，拍打婴儿肩胛骨，一下、一下、又一下……"哇"的一声，婴儿大量呕吐，缓了过来！婴儿母亲泪流满面，不停地感谢……

2013年7月，北京至香港一次长时间延误航班上，乘客情绪激动，有人开始摔东西。金凤组的空乘们全部走到旅客中间耐心沟通、细致解释。飞机到达香港后，当金凤组最后列队走出廊桥，不少乘客还等在那里，给他们送上热烈的掌声。

服务最好做，也最难做，因为你永远不知道下一秒钟会遇到什么样的要求。然而，在金凤组看来，这正是服务工作的魅力所在——"当我们终于创造性地化解了难题、换来乘客的笑容，我们会深深地爱上服务。"一位金凤说。

（《人民日报》2014年7月31日16版，记者：白天亮）

万米高空，"这厢有礼了"
——国航金凤乘务组的故事

"这厢有礼了。"这可以算是古时中国人的一句日常用语。

现今，航班乘务员这么一个群体，就是大家经常说的"空姐""空少"，在万米高空的客舱，以实际的点滴行动，向四方宾客道一声"这厢有礼了"。而这个群体的佼佼者，就是中国国际航空公司金凤乘务组。

金凤乘务组的诞生，源于一场有关服务的竞赛。20世纪90年代初，中国民航行业掀起服务质量上台阶、创建"精神文明号"的大潮。国航应声而动，成立若干个"青年文明号"创建班组。当时恰逢中韩航线即将开通，引来多家国内外航空公司的申请。国航决定"放大招"，将一支在"青年文明号"创建中表现优秀的班组配备到这条航线上。这个班组顶住压力，放开手脚，迎难而上，确立四个"更字诀"，即在服务标准上"更热情、更周到、更细致、更生动"。眼看着反响不俗，国航顺势将之与另一个表现优异的班组进行优势整合，成立"金凤乘务组"。

从这时开始，"永远都坐前排，永远肩挑大梁，永远专注旅客的需求"成为金凤乘务组的服务基调，并创新推出以老带新的导师工作法、与旅客沟通和乘务员之间互相沟通的工作法、主动发现旅客所需的亲和工作法等"金凤乘务组工作法"，不断升级空中服务标准，这个群体成为中国服务水准、服务能力的一个代表。

"展翼鲲鹏气象高，风华正茂立云霄。一从亮相蓝天后，廿载芳菲万里娇。情万里，念朝朝，满腔炽热掏风骚。冲天必有凌云志，大写中华一代娇。"2014年7月28日，在国航金凤乘务组被授予"时代楷模"荣誉称号的现场，中华诗词学会以一首《鹧鸪天》，用文字为这个可爱的群体塑像。5年来，经过沉淀与激发，"金凤人"以新面貌、新作为展现出新风采。

"立云霄""万里娇"，国航金凤乘务组把优质服务送达万米高空，将用心服务视为一种生活方式、一种日常习惯。与"金凤人"有关的故事里，不经意间流露出"礼"的风华，诠释着"礼"的要义。

一步一步"走"到美国：服务要用心去丈量

一架普通的民航客机，客舱长度在20多米到70多米之间。这几十米的距离，"金凤人"杨金荣走了20多年。

许多人觉得"空姐"光鲜靓丽、优雅端庄，却多少忽略了这个职业背后的艰辛。杨金荣说，在常人眼里，自己这个群体经常在天上飞来飞去，到过许多国家，很潇洒，很过瘾。然而她经常跟朋友开玩笑说，自己是"走"到美国的。

国际航班一飞就是十几个小时。以前作为乘务员，杨金荣还可以换班休息休息。但自从担任带班乘务长，她丝毫不敢怠慢，要求自己一路上都不睡觉，"我要用缓慢移动的脚步和搜寻的目光，去发现需要帮助的旅客。虽然只是两点一线，但这个过程，是用我的脚量过来的，用我的眼睛看过来的，用我的嘴说完的，用我的手做完的。"

乘务员这个工种，看似简单，不过是通过广播提醒一些注意事项，分发餐盒和饮料，但其内里是在逼仄的客舱空间，为大多彼此不相识的旅客，营造出一个"家"的氛围。于是，细心、用心是她们的职责与使命，最终换取的是旅客的放心、舒心。

"对于我们金凤乘务组组员来说，客舱便是我们的家。一年三百六十五天，大概有三分之二的时间是在客舱里度过的。"金凤组乘务员吕小飞说，"每当看到怀抱婴儿的旅客，我们的爱便会油然而生，立即帮她们放好行李，为母亲冲好牛奶，帮宝宝盖好毛毯；每当看到年迈的老人坐着轮椅来到客舱，我们就感觉他们是我们的长辈和亲人，会立刻递上一块湿巾和一杯温水。"

营造"家"的温馨感觉，需要用心的付出。

一次航班上，一位老人由于晕机来不及去洗手间，脏物都吐在自己身上和座椅上。这让正在客舱巡视的"金凤人"刘晓鸥看见了。她马上为老人清理衣物，提供温开水和湿毛巾。老人感觉难为情，要自己来清理、打扫。刘晓鸥把老人安顿稳妥，自己动手擦洗干净。老人感激不尽，刘晓鸥说道："大妈，不用客气的。谁家没有老人呢？您以后坐飞机前要多注意休息，提前服用晕机药。"

既然客舱是"家"，那么旅客上了飞机就像是到家里做客，旅客是自己邀请到家里的客人，对客人好是再自然不过的。秉持这样的理念，工作时的"金凤人"，总是想着伸出双手，献出自己的真诚与真心。

"金凤人"李丹回忆，在一次登机过程中，乘务长王嘉叮嘱她再次确认一位旅客前方的小桌板是否已经收好，周边行李架的物品是否摆放安全。李丹来到这位旅客的座位跟前，顿时明白了王嘉的心思：这名旅客怀有身孕。"对她周边环境的再次确认，是对她以及即将到来的小宝宝的保护。这是一件很小的事情，却体现着大爱。这份真诚与对客人的贴心保护，让我铭记。"

细微处，有大学问。

一次空中旅行，乘客伸手按呼叫铃，基于个人需要提出五花八门的需求，在"金凤人"看来，再正常不过，绝不会有"没事找事""奇葩"的念头。乘客的各类要求，能当即解决的，赶紧办了；没法解决的，就耐心解释，尽量提供一个相对妥当的答案。

"金凤人"孙季婷说自己喜欢的一句话是"用微笑改变世界，别让世界改变你的微笑"。微笑是"金凤人"的一个武器。微笑是沟通，是亲和。不过，微笑不是技巧，不是装点门面，而是要发自内心，蕴含着对旅客的真诚与友善、爱与尊重。

"金凤人"魏环说，机上服务不仅仅是简单的端茶倒水，不仅仅是一个标准的微笑、一句亲切的"您好"，而是考验着乘务员智慧与真诚的品格。空中乘务员需要内外兼修，不断修炼自己的文化素质和个人修养，让客舱因自己的存在而精彩。

有"金凤人"在，这个航班就多少有点不一样。这是金凤乘务组的能耐，也是这个"蓝天上的雷锋班组"的底气。

于是，当她们发现有旅客大汗淋漓登上飞机，想着的是赶紧送上毛巾。当她们看见有旅客取出药盒，她们就设法端上一杯温水。用保温箱热牛奶时她们小心翼翼，以确保适宜的温度。当旅客心怀在高空中求婚的念头，她们甘当绿叶，把旅客的"好事"办得浪漫而温馨。在交接飞机时她们不顾辛劳，叠好所有安全带，给下一组飞行的同事留下一片整洁。

在国航，有一个不成文的惯例，每条新开国际航线，金凤乘务组都要首先执飞，在服务中总结航线特点，制订更加适合这个航线的服务计划。普通舱餐饮同步配送、高舱位旅客姓氏服务、飞机起降环节广播致谢……许多服务标准，都是金凤乘务组以类似方式从实际工作中提炼、总结出来的，最终确立为行业的服务规则。

航班有终点，服务无止境。金凤乘务组还探索出一套个性化的工作方式。比如，有时在一个航班上，乘务长的既定身份被临时"剥夺"，干起普通的号位，而一名普通组员担负起乘务长的责任，成为航班乘务的指挥管理者，并负责到底。借助这样的航班轮岗制，金凤乘务组做好"传帮带"，让每个人都把工作状态调适到最佳位置。

对自己严一点，对客人好一点，"金凤人"在用心做事，也在塑造着一个行业的新形象。

善于把发现和捕捉的点滴酿成蜜

"金凤人"的另一个能耐是善于发现、善于捕捉，更为重要的是善于把发现和捕捉的点滴酿成蜜。

北京飞往悉尼的CA173次航班，旅客正在有序登机。"金凤人"孟繁玉乘务长按惯例优雅地站在机门迎接客人。一名外籍女士迎面走来，孟繁玉向她颔首致意。细心的她发现这位女士手里拿着贺卡，其中有英文"生日快乐"的字样。孟繁玉用流利的英语询问当天是不是这位女士的生日。在得到肯定的答复后，她热情地送上祝福，也记住了这位女士名叫娜塔莉。随即，一颗美好的种子在她的内心拔节生长。

当飞机翱翔在万米高空之际，孟繁玉和同事们按照既定流程提供着客舱服务。利用间隙，她们开始商议，如何充分利用机上现有资源，为这位乘客送上特别的问候。当她们把蛋糕、巧克力甜点、贺卡送到娜塔莉跟前时，引发一阵欢呼。娜塔莉激动不已，她体验到被尊重的感觉。在这里，"礼"已经超越了物质本身，而成为一种精神的沟通与心灵的抚慰。

"每一名金凤组员在航班中除了完成自己本职工作之外，还会帮助其他组员至少做一件事。在迎客的过程中，要了解并洞察本区域的旅客需求，是否有特殊旅客。在完成客舱服务流程后，每人都会为有需要或潜在需求的旅客提供适时、贴心的服务。"孟繁玉说。

挖掘乘客的潜在需求，需要基于现场的细致观察，更需要扎实的业务知识和良好的心理素养。

在一次航行中，"金凤人"魏莉娜在巡视客舱时发现一位男士神情有些异样，内心的恐惧写在脸上。她择机与男士同行的女友进行沟通，得知他曾经在一次直升机失事过程中负伤，从此对飞行心存恐惧。魏莉娜给他递上一杯咖啡，耐心地跟他介绍国航的安全状况和对飞行的严格要求。男士直接发问："你能确定你们的飞机是安全的吗？"魏莉娜给予肯定回答："你就放心吧！我们一定会安全地把你送到目的地！"飞行途中，她时不时来到这位男士身边，寻找合适的话题，跟他闲聊，话家常。航程结束时，这位旅客主动要求和魏莉娜及其他乘务员们合影。镜头里，他的微笑纯真，有着来自内心深处的心安。

多看一眼，多问一句，多做一点，工作状态中的"金凤人"内心保持着前倾的姿态，时刻准备着。

一次慕尼黑飞往北京的航班中，"金凤人"杜丽萍乘务长在巡视客舱时，发现有一个非洲小伙子露出不安的神情。他抿着嘴，不时地搓手，眼睛瞄瞄电视屏幕上的航路图，一会儿又打开遮光板张望一下外面漆黑的夜空。杜丽萍看在眼里，内心起了波澜：这是一个有故事的小伙子。

她到服务间取来一杯水，轻轻放在小伙子面前的桌板上，看似不经意地跟小伙子聊了起来。杜丽萍得知，这个看起来20岁出头的小伙子实际年龄只有16岁，妈妈在北京学习进修，他独自一人从非洲到德国转机再到北京看望妈妈。这是他第一次独自远行，心中有不少的担忧：语言不通怎么办？到了北京自己的电话能不能联系上妈妈？妈妈在机场哪个地方等他？杜丽萍微笑地叮嘱他不用担心，她可以帮忙搞定。小伙子舒了一口气，露出了笑容。落地了，顺利完成各项航班交接，杜丽萍领着这个小伙子排队过安防，一起乘坐摆渡车，等托运的行李时还用自己的手机联系上了小伙子的妈妈。杜丽萍一直记得小伙子在电话里喊"妈妈"时的幸福模样，也记得母子在国际出口大声欢呼、紧紧拥抱时的幸福情景。那一刻，杜丽萍也体验到了这个职业的意义。

你说的我已经想到了，你想了想还没说出口的我也想到了，你没想到的我还是想到了，"金凤人"的服务领先半步，甚至领先一步。

在4月23日世界读书日，金凤乘务组会邀请旅客一起，来一场"带本好书去旅行"的云端悦读之约。乘务组事先进行活动预演，模拟主持、送书签、互动朗读、写寄语等环节，都用秒表计时，以确保活动质量。"云端朗读"让不少人重新找回了文字间的律动之美，禁不住热泪盈眶。

在长途航班上，为了消除旅客的疲劳，活跃客舱气氛，"金凤人"会出其不意地推着盛满礼品的工作车来到大家中间，来一次航空知识趣味问答比赛："为什么飞行中要关闭电子设备？""为什么坐飞机有时耳朵不太舒服？""为什么机上不允许吸烟？"旅客们兴致来了，热情参与，引得阵阵喝彩声和欢呼声。

正是这一心为人的精神劲头，正是这点点滴滴的努力，一代又一代的"金凤人"，把"金凤"这块金字招牌擦得越发亮堂。"金凤乘务组"是个铁打的营盘，加入的组员被这个集体的氛围感染着、塑造着，同时也为"金凤"添加新的光华。当她们离开时，身上携带着"金凤"的基因，像一缕缕清风，在新的岗位上让"金凤"的精神飞扬起来。

"大事"面前，她们的身影是一种力量

客舱这个方寸之地，其实大有乾坤，时有"大事"发生。

面对"大事"，"金凤人"总是能主动站出来，以自己的专业水准和一腔热情，将"大事"办得稳妥又漂亮。

她们经历的事，与国家荣誉有关。

在中国历史上最大规模的海外撤侨行动利比亚撤侨中，金凤乘务组站好属于自己的一班岗。"金凤人"王建兵依然记得大家登机时的情景，"看上去有些心神不定，甚至张皇失措，眼神里流露出急切回家的渴望和深深的疲惫感"。王建兵和同事知道，这个时候，需要给这些同胞一些鼓励。于是，她们

开启机上广播:"同胞们,我们受党和国家的委托,来接你们回家!"顿时,机舱里掌声雷动,"祖国万岁"的欢呼声迭起……

因为许多人已经有好几天没有有效进食,金凤乘务组担心过度饥饿后进食太快导致身体不适,她们先为大家送上温热的八宝粥、小烧饼,还有提味儿的小咸菜。有一位同胞嘴部严重受伤,乘务组基于现有条件制作了流食,让他用吸管吸食。

"爱出者爱返。"乘务组当即收到了同胞的真心反馈:她们给每个人分发两个橙子,一名女留学生决定留下一个,说要把这个特殊的橙子带回家珍藏起来。

她们经历的事,与国家形象有关。

在一次航行中,"金凤人"范琳珂遇见了时任联合国秘书长潘基文。这位特殊的客人在跟她交流时说自己喜欢中国文化,特别是对孔子很着迷,并且感觉自己深受"修身、齐家、治国、平天下"思想的影响,还向她请教这句话用中文如何说。

她们经历的事,与生命诞生有关。

有一个孩子,在妈妈乘坐飞机的途中,迫不及待地想要降临这个世界。这可忙坏了正在担任执飞任务的金凤乘务组。当胡女士出现早产征兆时,机组临时把头等舱变成空中产房。已为人母的乘务员站了出来,冷静地布置各项事宜,飞机上现有的急救包、紧急药品和小氧气瓶都被搬来了,消毒酒精不够,就把洋酒也算上……一场惊心动魄,换来的是母女平安。胡女士执意要乘务组给闺女取了名字。于是,这个孩子唤名"天凤"。

她的这辈子,与天边的云彩有关,与一群可爱的阿姨有关。

"祥云深处展奇葩,迎了朝霞送晚霞。剑胆柔情连广宇,妥播大爱遍天涯。"这是在被授予"时代楷模"现场,中华诗词学会送给这个群体的诗句。"金凤人"就这样把"剑胆"和"柔情"熔铸在一起,诠释着"礼"的真正境界。

(《光明日报》2019年12月20日14版,作者:王国平、郭超)

编外雷锋团

河南省邓州市"编外雷锋团"由雷锋生前所在团560名邓州籍退伍战士组成,他们始终铭记"雷锋战友"的光荣称号,把传承弘扬雷锋精神作为崇高追求,坚持不懈开展学雷锋志愿服务活动,积极吸纳社会各界共1万余人参加,成为中原大地传承弘扬雷锋精神的一面鲜艳旗帜。

"编外雷锋团"记事

6月25日,中宣部发布河南邓州"编外雷锋团"先进事迹,授予其"时代楷模"荣誉称号。

54年前,560名与雷锋同在一个团的邓州籍官兵,陆续转业退伍后,坚持弘扬雷锋精神,截至目前,为困难家庭、灾区群众、贫困病人捐款近150万元,捐衣物30余万件,在社会上做好事40余万件,为学校捐赠各类书籍20余万册,用自己的点滴行动践行着社会主义核心价值观。

坚守一个信念

面临湍河,背靠农田,有座为人称道的"雷锋小屋"。门上一副对联,"处事向雷锋看齐力量无穷""立身为国家分忧自强不息",横批"艰苦奋斗"。屋主人丁世豪在这已住了10多年。作为雷锋战友,丁世豪爱助人,深受邻里爱戴。

"编外雷锋团"团长宋清梅,转业前是雷锋团第九任团长。转业后,他被安排到邓州市文明办任副主任,一干就是十几年,很多人赞叹:老宋就是一块铺路的砖,有扎实的根基,有承重的能力,看着不起眼,其实接地气。

"一生无愧为雷锋的战友。"带着铮铮誓言,这些经历雷锋团培育的军人,陆续退伍转业。一次老战友聚会,让大家萌生了组建个"编外雷锋团"的想法。1997年4月,"编外雷锋团"正式成立,下设3个营9个连。随后,邓州市政府出资建起了"编外雷锋团"展览馆。17年来,"编外雷锋团"成员由560人发展到一万多人,先后有500多人次被各级评为"优秀共产党员""先进工作者""精神文明建设标兵",近百人立功受奖。

担当一种责任

在邓州腰店乡西岭村,62岁的老支书徐建周一边指挥拉菜车,一边对记者说:"我们是南水北调的移民,4年前转移到移民新村,俺们种菜富了,可忘不了编外雷锋团'电力营'腰店雷锋班,他们把电线架到井口、接到新家,为俺们服务。"据了解,电力营共有35个"雷锋电力服务班"和一个由10名女电力工人组成的"三八雷锋班"。

在方圆40平方公里的邓州城区,邓州人都见过一辆写有"编外雷锋团服务车"的三轮车。这是原湍河办事处烟站站长高林富退休后经常穿行在大街小巷,义务为行动不便的特殊人群服务所骑的车。

"编外雷锋团"的18个营结合自身的工作特点,坚持不懈进行着奉献社会、服务社会、提高自我的活动:"青年营"长期开展"我为邓州增辉"活动,"交警营"叫响"执勤一分钟为群众负责60秒","少年营"立志"读好书,做好人,争当雷锋好少年","电力营"坚守"辛苦我一人,照亮千万家"承诺,"大学生营"誓言让"雷锋精神在我身上延续"……

凝聚一种力量

6月10日,一则求助帖子在网上发出:靠卖红薯为生的张国宾去年8月被查出了食道癌,家庭雪上加霜。6月13日,素不相识的网友聚集到一起,一次就为这位兄弟捐款16370.5元。邓州"编外雷锋团"以"邓州吧"和"湍河吧"两个贴吧为平台,成立吧友营,网上寻找帮扶对象,网下实施帮扶活动,已先后成功开展救助活动百余次。

"编外雷锋团"政委姚德奇说:"用做好事去感染别人,用行动去传递雷锋精神,一颗颗雷锋精神的火种,就这样使正能量汇聚起来了。"

光阴荏苒,当年的560名邓州籍雷锋团官兵已有186人离世,但"编外雷锋团"成立十余年来,越来越多的新生力量加入进来,传承雷锋精神。

聚是一团火,散是满天星。"编外雷锋团"用行动赢得了赞誉:邓州助人为乐的退休职工张才选等多人当选南阳市道德模范,捐肾救子的农妇李化珍荣获"感动河南十佳母亲",火海救父"最美女孩"闫倩玉被评为"河南省美德少年"、"京城活雷锋"孙天丛、"抗震救灾英雄战士"武文斌等人的事迹，都在全国产生广泛影响。

（《人民日报》2014年6月29日4版，记者：戴鹏、任胜利）

河南邓州"编外雷锋团"
——把温暖的种子播撒大地

不靠雷锋沾光，要为雷锋争光——在河南邓州，有个"编外雷锋团"，助人为乐已有20余年。

"做一件好事不难，难的是做一辈子好事。""编外雷锋团"团长宋清梅介绍，1960年，邓州560名青年应征入伍到原沈阳军区工程兵工兵第十团，恰好与雷锋同志在一个团服役，亲身感受到了平凡而伟大的雷锋精神。后来他们相继复转回乡，把雷锋精神也带回了家乡。1997年，邓州"编外雷锋团"成立，从最初的560名雷锋战友，如今已发展到30个营、近两万人。他们把温暖的种子播撒在邓州大地上。

有一次，河南邓州市赵集镇河北村，李云生老人一直在家门口张望。不一会儿，一群人提着米、面、油朝李云生家走来："李老，我们又来啦！"他们是邓州"编外雷锋团"义工营的义工，专程来看望老人。

"家里水管坏了……"李云生向义工们说起烦心事。了解情况后，义工们立刻向有关人员反映情况，敦促修复工作。

原来，78岁的李云生跟患有小儿麻痹的儿子相依为命，家里没有劳动力。2016年，义工营得知情况后，通过转发QQ群、朋友圈等方式，发动身边朋友捐款，为老人募集善款2.4万余元。

"在工作之余，能帮助到有需要的人，不仅光荣，自己心里也舒坦。"义工营营长孙甜说，义工营定期组织义工们打扫公园、指挥交通、看望孤寡老人、关爱留守儿童，"每次志愿活动，都有来自各行各业的人加入，上至60岁老人，下有十几岁孩童，少则四五十人，多则100多人。"

巾帼不让须眉。"编外雷锋团"电力营"三八雷锋班"从2003年成立到现在，已帮助孤寡贫困群众400余户、800余人，被孩子们亲切地称为"电力妈妈"。

雷云梦是"三八雷锋班"帮扶的孩子之一。"第一次看到她时，她才上一年级，很害羞，不爱说话。""三八雷锋班"原班长门金梅说，小云梦的父亲在她5岁时去世，母亲离家出走，留下她和未满周岁的双胞胎弟弟，跟着年迈的爷爷奶奶生活。

从此，"三八雷锋班"成了小云梦的依靠。每次"妈妈们"要来看她，小云梦就早早在门口等着。遇到学习生活上的困难，云梦都会找"妈妈们"说说。

如今，"三八雷锋班"帮助的孩子有的还在上学，有的已经毕业参加工作。每逢"三八"妇女节，门金梅都会收到很多孩子的短信或电话祝福。"看着他们成长，是一件多么幸福的事情。"她说。

"三八雷锋班"帮扶过的贫困大学生李孟写过一封感谢信："用谢谢两个字来表达感激，已显得苍白无力，但我还是想由衷地说声谢谢，感谢你们对我学习生活的关心，我会把这些关爱化作学习的动力，将来为国家和社会服务。"

"编外雷锋团"的"彭桥卫生排"由医生护士组成，常到村里义诊，还给敬老院老人检查身体、陪老人吃团圆饭、带他们去旅游。截至目前，"彭桥卫生排"义诊1万多人次，免费发放药品价值20余万元。排长曾伟扎根乡村28年，建立病人档案800多份，为患者减免医药费近70万元。

"编外雷锋团"吸引着越来越多人加入其中。2015年退休的门金梅一直没闲着，一直坚持弘扬雷锋精神，"只要还能工作，我就会坚持做下去，带动更多人参与进来"。

（《人民日报》2020年1月7日6版，记者：朱佩娴、杨天姿）

塞罕坝机械林场

　　塞罕坝机械林场位于河北省承德市围场境北，60多年来，一代代林场干部职工始终牢记使命、不畏牺牲，成功营造出世界上面积最大的人工林，夺取了治沙造林的重大胜利，创造了沙漠变绿洲、荒原变林海的人间绿色奇迹。他们的先进事迹，体现了忠诚于党、热爱祖国的坚定信念，艰苦创业、迎难而上的拼搏精神，一心为民、无私奉献的高尚情操，生动诠释了社会主义核心价值观的深刻内涵。

河北承德塞罕坝机械林场

荒原上筑起绿色长城

塞罕坝机械林场位于河北省承德市围场境北，在这片140万亩的土地上挺立着112万亩、世界面积最大的人工林。这个巨大的森林生态系统，每年为京津地区净化输送清洁淡水1.37亿立方米，固碳74.7万吨，释放氧气54.5万吨。最近十年，北京春季沙尘天数减少了七成多。

1962年以来，河北塞罕坝机械林场三代人同土地沙化顽强抗争，在荒原筑起了为京津阻沙源的绿色长城。

艰苦创业阻沙源

塞罕坝曾是"飞鸟无栖树、黄沙遮天日"的高原荒丘。当时，海拔1400米的浑善达克沙地，距北京仅180公里。1962年，林业部决定在这里建立直属国营林场，由此拉开了塞罕坝三代人育林锁沙的创业之幕。

这一年，一支平均年龄不到24岁的建设队伍来到林场。林场老书记王尚海，把爱人和5个孩子从承德市搬到坝上；副场长张启恩也带着爱人和3个孩子举家从北京迁到坝上。住的是临时搭建的草窝棚、马架子和新挖的地窨子，吃的是窝窝头、莜面就咸菜，喝的是雪水，369名干部职工当年栽下近1000亩树苗，第二年又造林1240亩，可是连续两年成活率都不足8%。

要想在塞罕坝造林成功必须自己育苗。塞罕坝人攻克了高寒地区引种、育苗、造林等一系列技术难关。1964年，千亩机械林根植地下，成活率高达95%。通过50多年的艰苦努力，塞罕坝以只占河北省2%的林地面积，培育了河北省10%的森林蓄积。

无畏坚守护好绿

塞罕坝百万亩林海来之不易,为了看护好这片绿色,林场积极加强防火扑火体系建设,防火瞭望员每年有七八个月驻守在山顶的望火楼上。54岁的赵福洲和妻子陈秀玲在这里一干30年。

即使条件艰苦,陈秀玲说她从不后悔当初的选择,儿子如今也是林场扑火队员。为了做好防火瞭望员的工作,在望火楼驻守的很多家庭都作出了巨大牺牲。52年来,塞罕坝机械林场没有发生过一起森林火灾。

海拔高、气温低、气候变化剧烈,职工医疗、孩子就学条件差,文化生活单调。然而,他们以坚定的信念和坚强的意志,始终坚守在这里。

代代传承精神在

在52年的发展历程中,塞罕坝林场曾经多次陷入困境。1963年造林失败,几万亩耕地大减产;1977年50多万亩的森林遭遇冰冻;20世纪80年代十几万亩林地遭受严重干旱……一代代塞罕坝人接过老一辈手中的接力棒,将治沙造林进行到底。

"80后"于士涛是保定人,从小生活在平原地区的他,2005年大学一毕业就扎进塞罕坝,开口闭口都是"林子"。他说:"我的专业在这里,离开这儿,就像树没了根儿!"在他的感召下,相恋多年的女友2011年林学院硕士毕业后,放弃北京优越的工作,也"投靠"了塞罕坝。

近年来,塞罕坝机械林场开启了二次创业的新征程,他们在荒山沙地、贫瘠山地、石质荒山展开攻坚造林战,坚持科技兴林,多项科研成果获国家、省部级奖励,部分成果填补了世界同类研究空白;坚持创新发展,主动降低木材蓄积消耗,将一度占全部收入90%以上的木材产业比重降到41.6%,森林旅游、绿化苗木、风电等绿色经济收入逐渐占据了半壁江山。

今天的塞罕坝,有职工1972名,1500多户在县城有了自己的楼房,老人孩子在城里安居,职工在岗位乐业。"河的源头,云的故乡,花的世界,林的海洋,摄影家的天堂,创业者的战场。"人们如今这样形容塞罕坝,著名作家魏巍则写下了这样的诗句："万里蓝天白云游，绿野繁花无尽头，若问何花开不败，英雄创业越千秋。"

（《人民日报》2014年5月1日4版，记者：杨柳）

努力向前辈学习，想干得更好，追逐绿色梦想不停歇——
塞罕坝机械林场里的年轻人

初秋的塞罕坝，天高云淡。蓝天下，浩瀚林海连接广袤草原，叠翠流金。清风徐来，光影变幻，呈现一幅色彩绚烂的画卷。

"90后"的塞罕坝机械林场阴河分场技术员李明君正沿着森林边缘，走向斜坡上新栽种的树苗。他蹲在半米多高的树苗旁，摆弄观察、认真记录。他背后的森林高大茂盛、铺满山坡，多年来为这片土地遮风挡雨；眼前的小树苗，正沐浴阳光，茁壮成长。"这些树苗长势很好，用不了多久，它们将会长成大树，长成一片林。"李明君说。

1962年至今，一代代塞罕坝务林人餐风啮雪、艰苦创业，将荒坡变成百万亩林海，建成世界上最大一片人工林。如今，年轻的"80后""90后"林场职工成长起来，在前辈引领鼓励下，抓住新机遇、迎接新挑战，续写塞罕坝的绿色传奇。

阴河分场技术员李明君：
不怕苦，将奋斗精神传承好

李明君从小在塞罕坝机械林场长大。他的父亲是林场里的老职工，一辈子都在山上造林、营林。在他记忆中，童年时父亲每天很晚才回家，身上总是一身土。

2016年，李明君大学毕业，来到塞罕坝机械林场阴河分场工作。次年，他被调到分场生产股担任技术员。一到岗，他便下沉到一线——阴河分场红水河营林区，从事营林造林工作。红水河营林区在大山深处，那里职工不多，方圆几十公里无人家，职工们工作、吃饭、居住都在一排平房里。

一次和家里通电话，李明君描述了自己工作生活的环境，没想到父亲却说："我当年在营林区住的是黑土房，窗户是塑料布，四面漏风……"李明君一下子觉得很羞愧，心里暗暗下决心："前辈们为了林场吃了这么多苦，我也要克服困难，鼓起干劲，把林场建设好。"

2018年冬天，李明君接到进山伐木的任务，结果突遇大雪封山，被困在营林区。一天晚上，他突发高烧，但营林区里没大夫，吃完了随身携带的感冒药，只能硬挺。那几天，李明君几次想给家人打电话说"不想在林场工作了，太苦太累了"，但拨通电话后，他还是选择了报平安。

就这样，李明君硬挺了一个星期，烧终于退了。他自我反思，一是意志还不够坚定，身体素质还需锻炼；二是工作准备不周全，"药品纱布等重要物资，应提前备好并检查，以防意外"。之后，李明君把这件事原原本本地告诉了父亲，父亲平静地说："事非经过不知难，苦难磨炼意志，苦难也增添智慧。"父亲的教诲，李明君一直牢记在心里。

过去，林场攻坚造林需要用骡子驮着苗上山，或者人力背筐，顶着风雪运上山，每人每次只能背十几株容器苗。一名职工受"景区缆车"启发，提出架设索道，用缆车来运苗上山下山。索道架起使用后，大大提升了效率，节省了人工。

"咱林场的前辈们，既不怕吃苦，又会动脑筋、使巧劲，我要向他们学习，把奋斗精神传承好。"李明君告诉记者，今年他的主要任务是在红水河营林区附近一片干涸沼泽地上造林一百亩。他给自己定下小目标：争取树苗成活率98%，造一片活一片。"我会盯紧整个造林过程，认真检查经手的每一棵树苗，同时创新思路方法，提升工作效率。"李明君信心满满地说。

塞罕坝展览馆讲解员魏路吉：
下决心，将精彩故事讲述好

20世纪90年代，经过林场大规模造林，塞罕坝地区森林面积已成规模。

以前，总场周围几乎没有休闲娱乐场所，学校老师就经常组织孩子们到山上"寻宝"、做游戏、画画，他们常常看到鹿、野鸡、狍子等动物。这一片片山林，给孩子们留下珍贵美好的回忆。1984年出生的魏路吉从小在林场长大，小时候父母工作忙，总是不在家。"塞罕坝的孩子们从小看着老一辈务林人上山忙碌的身影长大，大家都以植树造林为荣。"她说。

后来，她去县城上中学，才发现很多人对塞罕坝不太了解。"那时，我就暗下决心，要让所有人都知道塞罕坝是个好地方，这里有很多默默奉献的林场人。"魏路吉说。

2010年大学毕业后，魏路吉回到塞罕坝，成为一名展览馆讲解员，向人讲述塞罕坝的峥嵘岁月。

魏路吉刚上班时，展览馆以图片、实物、模型为主，很多细节内容需要靠讲解员耐心讲解。为此，她刻苦练功：上网看视频学习播音主持方面的技能，早起站在窗前说绕口令苦练嘴皮子；没事的时候，对着镜子背解说词，掐着表训练表情和语速。几个月下来，魏路吉的语言表达能力进步明显。她声情并茂地讲解出塞罕坝的今昔变化，让人点头称赞。

然而，做好讲解员，不只是背背解说词、动动嘴皮子这么简单。2012年，一位老大爷来参观时，防治病虫害为何要凌晨3点上山？魏路吉当时没答上来，觉得很尴尬。于是，她请教了病虫害防治专业人士，又将准确答案用短信发给了老大爷。老大爷回复："谢谢，向塞罕坝人致敬！"

这给了魏路吉极大的鼓舞。为了给大众讲好塞罕坝精彩故事，魏路吉和其他几名讲解员联系林场林业科、气象站、消防等部门，搜集各类关于塞罕坝的资料、老职工的事迹典型；将答不上来的游客提问记录下来，找专业人士解答。"我们花了将近5年时间，积累大量的图片文字材料，总算可以从容应对。"魏路吉告诉记者。

经过数次翻修扩建，塞罕坝展览馆现设有四大展厅，陈列图片、实物、模型及视频影像资料。如今，魏路吉和其他讲解员配合声光电设备并精心设计路线，不断提升讲解效果，展现塞罕坝务林人的艰苦创业历程、英雄事迹以及林场建设情况等，让广大游客更好地了解塞罕坝、了解务林人。

2017年以来，展览馆共接待全国各地600余批次、约10万人次来此参观学习。"把我知道的塞罕坝故事讲给全神贯注倾听的观众，是让我最有成就感的事儿！"魏路吉说。

森防站技术员袁中伟：
勤钻研，用科技将林场事业发展好

"80后"的袁中伟是塞罕坝机械林场森林病虫害防治检疫站技术员。说起森林病虫害防治，很多人脑海中浮现出这样的画面：工作人员背着沉重的药箱，举着喷头，漫山遍野地穿梭在林子里喷洒药物，杀灭病虫害。实际上，林场病虫害防治要复杂辛苦得多。

防治病虫害主要是防治幼虫病，如落叶松毛虫会在春天苏醒上树，吃大量树叶来储备能量进行羽化。因此，森防人员需要爬上树枝、捆上黏虫胶带，定期查看数量，判断幼虫高峰期。"以前，人防就是喷烟或者喷雾防治，喷烟须选择气压低、无风的天气，且喷药过程中众人要并排前进，所以每年春夏之交，森防人员凌晨3点就得起床背着机器上山，趁天亮前作业。"袁中伟介绍。

近年来，随着科技手段进步，飞机防治开始广泛应用。直升机速度快、载药量大、覆盖范围广，一个机次可以携带800公斤液体药、覆盖2000亩林地，两三天便可完成全林场病虫害防治任务。

今年开始，塞罕坝机械林场组织进行无人机洒药防治，一次防治十几亩地，特别适合树林茂密、地势陡峭等人进不去、直升机不易覆盖的地方。

袁中伟是塞罕坝机械林场首批持证上岗的无人机操作人员。去年夏天，他和林场其他部门几名业务精通的年轻同事一起前往北京，接受封闭式培训，考取了无人机驾驶资质。今年6月下旬，袁中伟操作无人机，在三道河口分场周边林区起飞，高空悬停，通过机上的高清摄像头，巡查树木病虫害防治情况。

"驾驶无人机，既要学习高度、风向等操作知识，还要上机模拟飞行，练习手感，比如'悬停'等动作。"他发现，这比学开车难多了，无人机在空中可不是说停就停，而是上下飘浮、左右摆动，除了操作，方向感、空间感非常重要，稍不注意就掉下来。"左边旋钮上下飞，右边左右飞……"袁中伟没日没夜地练了20多天才学会，最终顺利通过考试。"我希望不断学习新技术，掌握新技能，守好眼前的一片绿。"袁中伟说。

最近，袁中伟又琢磨起物联网测报灯。这种设备每天晚上8点半以后发出灯光，吸引趋光性飞蛾，再通过电击让飞蛾掉进装有摄像头的金属箱内。摄像头每20分钟拍照一次，生成数据和画面传到森防站指挥部，分析这些数据，便可以检测飞蛾夜间活动规律，提前研判病虫害趋势，高效防治。"利用好现代科技手段，可以提升工作效率，助力塞罕坝事业发展。"他说。

(《人民日报》2020年11月1日5版，记者：张腾扬)